엄마, 나는 자라고 있어요
워크북

OEI, IK GROEI! (WEETJES EN MIJLPALEN)
OEI, IK GROEi! (SPEEL EN DOE BOEK)

by Dr. Frans X. Plooij

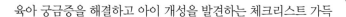

육아 궁금증을 해결하고 아이 개성을 발견하는 체크리스트 가득

워크북
•WORK BOOK•

엄마, 나는 자라고 있어요

프란스 X. 프로에이 지음 | 유영미 옮김

내 아이 전문가가 기록한 최고의 육아 일기

이 책의 저자 프란스 X. 프로에이 박사처럼 발달심리학을 전공한 나 역시 대한민국 부모들을 위한 자녀교육서를 쓰고 있다. 글을 쓰면서 항상 느끼는 아쉬운 점이 두 가지 있다. 첫째는 전문적인 내용을 누구나 읽을 수 있도록 쉽게 쓰는 것이 무척 어렵다는 것이다. 부모들이 재미있는 소설을 읽듯 자녀교육서를 술술 읽을 수 있게 쓰는 것이 목표지만, 이론이나 개념을 정확하게 설명하려면 자꾸 어려운 전문 용어를 쓰게 된다. 결국 전문 용어가 잔뜩 들어간, 읽기에 골치 아픈 책이 되고 만다. 둘째는 책을 읽어서 습득한 지식이 실제로 아이에게 행하는 행동과 일치하지 않는다는 것이다. 책을 읽을 때는 '그래~ 이렇게 해줘야지.' 하고 다짐하지만 그것을 실제로 행하려면 엄청난 노력이 필요하다.

그런데 『엄마, 나는 자라고 있어요 워크북』은 쉽지 않은 이 두 가지 문제를 간단하게 해결했다. 한마디로 이 책의 내용은 모든 부모가 쉽게 읽고 따라 할 수 있다.

이 책의 구성은 간단하다. 먼저 1부 〈부모 클리닉〉은 정신 발달, 신체발달, 잠자기, 울기, 영양, 정서 발달, 스트레스, 지능, 양육의 영역으로 구성되어 있다. 출생부터 만 2세까지 아이를 키우며 누구나 한 번쯤 궁금해했던, 그리고 꼭 알아야 할 발달의 주요 이슈들을 총망라했다. 게다가 각 이슈들을 적절한 질문과 대답 형식으로 아주 쉽게 설명해 읽기에 부담이 없다. 내 아이의 발달에 대해 궁금하고, 아이를 더 잘 이해하고 싶은 부모들에게 꼭 권하고 싶다.

2부 〈실전〉에서는 도약 시기별로 발달을 돕는 놀이, 장난감, 상황을 자세히 소개하고 있다. 아이의 어느 영역이 발달하고 있는지 알려주고 적절한 놀이 방법도 알려준다. 그리고 아이를 관찰하면서 아이의 발달 상황을 체크할 수 있는 워크시트도 함께 제공한다. 각 놀이법을 적용하며 워크시트를 작성해나가면 훌륭한 육아 일기가 완성될 것이다. 아기가 발달하는 귀중한 순간들을 관찰하고 꼼꼼하게 기록해 간직하고 싶은 부모들에게 꼭 필요한 지침서가 될 것이다.

마지막으로 『엄마, 나는 자라고 있어요 워크북』을 활용하는 부모들에게 당부하고 싶은 것이 있다. 바로 '발달의 개인차'다. 아이마다 발달 속도가 다르고, 특히 출생 후 3년간 발달 급성장기에는 그 차이가 더 크게 나타난다. 따라서 워크북에서 제시하는 월령에서 1~2개월 정도 발달이 느리더라도 조바심 낼 일은 아니다. 오히려 현재 내 아이에게 적절한 놀이와 장난감, 상황이 무엇인지 지속적으로 관찰하고 기록하는 자세가 필요하다. 관찰과 육아 일기를 통해 내 아이를 깊이 이해하기 바란다. 그러다 보면 부모는 내 아이의 최고 전문가가 될 것이다. 그리고 내 아이의 첫 20개월을 꼼꼼하게 기록한 이 책은 아이를 위한 '보물 1호'가 될 것이 확실하다.

아동발달심리학자 장유경

아기의 성장 발달에 관한 궁금증과 해답

진심으로 축하한다! 당신은 귀여운 아기의 자랑스러운 엄마(또는 아빠)가
되었다. 여러 달 동안 아기가 태어나기를 얼마나 고대했는가! 태어난 아
기를 안아주고, 아기와 함께 이야기하고, 아기의 꼬물거리는 발가락에 감
탄하고……. 세상에 부모가 되는 것보다 더 멋진 일은 없다. 이제부터 당
신은 아기와 멋진 팀을 이루게 되었다. 당신은 엄마 노릇(아빠 노릇)을 정
말 잘 해내고 싶다. 아기를 키우다보면 걱정도 많고 궁금한 것도 많을 것
이다. 질문하고 싶은 것들, 의심스러운 것들이 생기는 것은 당연하다. 아
니, 당연히 질문을 해야 한다. 그로 말미암아 최선의 방법을 이끌어낼 수
있고, 그것은 아기에게 유익한 일이 될 테니 말이다. 먼저 이 책에서 소개
한 주요 개념들을 살펴보자.

성장 급등

신체 또는 신체의 일부가 갑자기 커지거나 변화하는 것을 성장 급등(혹은
성장 폭발, 급격한 발육)이라고 한다. 때로 아이들은 하룻밤 사이 몇 밀리미
터가 자라기도 한다. 그러고 나면 한동안 성장이 정체되어
아무 일도 일어나지 않는다. 흔히 "하룻밤 사이에 옷이
맞지 않는다"라는 말을 하곤 하는데, 정말로 그런 일
이 일어난다.

머리둘레도 성장 급등기를 거친다. 머리둘레가
생후 처음으로 성장 급등을 하는 세 번의 시기는 정

신 발달상 첫 세 '도약' 시기와 맞아떨어진다. 다른 성장 급등은 정신 발달상 '도약'과 시기가 맞물리는 경우가 드물다. 성장 급등이 훨씬 더 자주 일어나기 때문이다. 치아도 '도약'과 무관한 시기에 돋아난다.

도약

아기의 정신 발달에서 나타나는 갑작스러운 변화를 도약이라고 부른다. 도약은 보통 전형적인 증상들을 동반한다. 도약 시기에 아기는 특히 엄마에게서 떨어지지 않으려 하고, 짜증과 떼가 심해진다. 도약은 아기가 정신적으로 발달하고 있음을 알려준다. 생후 20개월까지 모든 건강한 아이들은 10번 도약을 거치는데, 도약 시기는 거의 같은 월령대에 일어난다. 도약의 증상은 아기마다 차이가 있어 어떤 아기는 더 심하게 보채곤 한다. 도약을 거칠 때마다 두뇌 속에 변화가 일어나 인지능력이 확장된다.

능력

도약을 통해 새로운 인지능력이 생기면, 아기는 많은 새로운 능력(skill)을 습득한다. 두뇌가 발달하면서 그동안 하지 못했던 새로운 행동양식을 배우는 것이다. 새로운 행동은 하늘에서 저절로 떨어지는 것이 아니라 부단한 노력의 결과물이다. 아기는 이런 능력을 얻기 위해 열심히 연습해야 한다. 모든 능력은 연습을 요하며, 연습은 시간을 요한다. 아기는 자신에게 맞는 능력을 습득한다. 모든 능력을 동시에 습득할 수 없기에 아기는 선택을 해야 한다. 따라서 아이가 새로운 행동을 보이는 월령은 아이마다 다르다.

인지능력(cognitive ability)

모든 도약은 아기에게 새로운 인지능력을 선사한다. 인지능력은 선물로 주어지는 것이며, 아기는 이런 능력을 얻기 위해 아무것도 할 필요가 없다. 태어나 20개월까지 아기는 10가지 인지능력을 획득하는데, 새로운 인지능력은 각각 두뇌의 갑작스러운 변화에 따른 결과다. 모든 아기에게 있어 두뇌의 변화는 대략 같은 시기에 일어난다. 각 단계마다 인지능력이 확장되면 아기는 새로운 학습능력을 갖게 되어, 여러 가지 새로운 능력을 습득한다. 새로운 인지능력을 갖기 전에는 배울 수 없었던 능력들이다. 태어나서 생후 20개월까지의 아기에게 차례로 주어지는 인지능력은 '감각', '패턴', '변화', '사건', '관계', '카테고리', '순서', '프로그램', '원칙', '시스템'에 관한 것이다. 이런 인지능력에 대해서는 『엄마, 나는 자라고 있어요』에 자세히 기술해놓았다.

능력의 슈퍼마켓

새로운 인지능력을 슈퍼마켓에 비유할 수 있다. 슈퍼마켓의 진열대는 확장된 인지능력을 통해 가능해진 많은 구체적인 능력에 해당한다. 인지능력이 있어야 비로소 아기는 이 슈퍼마켓에서 능력들을 구입할 수 있다.

구입한다는 것은 선택한다는 의미이다. 처음에 아기는 자신에게 가장 잘 맞는 한두 개의 능력을 선택한다. 시작은 늘 쉽지 않기 때문이다! 그다지 흥미가 느껴지지 않는 능력들은 몇 달간 '진열대'에 남아 있기도 한다. 모든 아기는 자기 나름의 선택을 한다.

지난 몇 년간 아이를 키우는 부모들이 내게 다양한 주제에 대해 많은 질문을 해왔다. 질문들은 모든 엄마, 아빠들이 관심 있어 할 만한 것들이었다. 나는 이 책을 통해 그런 질문들에 답변하고자 했다. 즐겁고 유익한 독서가 되기를 바란다.

프란스 X. 프로에이

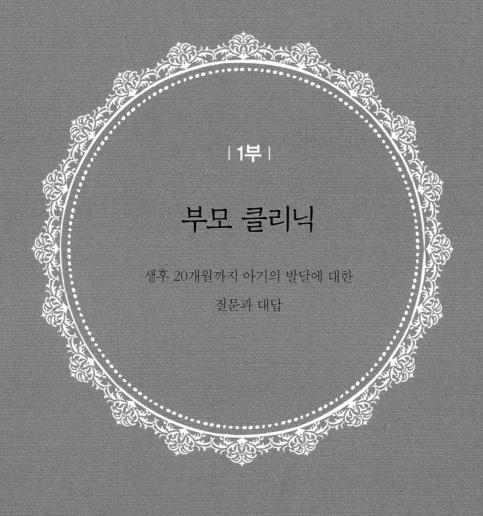

| 1부 |

부모 클리닉

생후 20개월까지 아기의 발달에 대한

질문과 대답

1장

정신 발달

도약, 두뇌 작업, 달라붙기,

울기, 떼쓰기

부모는 아기의 머릿속에서 무슨 일이 일어나고 있는지 너무나 궁금할 것이다. 아기는 무엇을 경험할까? 어떤 기분을 느낄까? 무엇을 알아채고, 무엇을 알아채지 못할까? 어떤 것을, 왜 즐거워할까? 하지만 아기에게 물어볼 수가 없다. 아기의 행동과 보디랭귀지를 통해 파악할 뿐이다. 아기의 정신 발달이 어떻게 진행되는지 알면, 아기를 이해하기가 훨씬 쉬워진다.

정신 발달이 왜 중요할까?

우리는 눈에 보이는 결과물만을 중요시하는 경향이 있다. 아기가 걸음마를 하는가? 벌써 말을 하는가? 이런 일들을 경험하는 것은 정말 멋진 일이다. 그러나 사실은 이런 전환점 이전에 아기의 두뇌 속에서 일어나는 과정이 훨씬 더 중요하고 흥미롭다.

아기가 어떤 행동을 하려면 두뇌가 신체에 뭔가를 '전달'해야 한다. 두뇌는 외부 세계의 신호들을 받아 전환한 뒤, 뭔가를 '하도록' 신체를 자극한다. 두뇌가 외부의 신호를 아직 소화시키지 못하면, 두뇌는 아무것도 실행하거나 자극할 수 없다. 가령 어른들은 계단 앞에 서면 계단이 높으니 발을 들어 올라가야 한다는 것을 알지만 어린 아기는 이런 높이 차이가 주는 의미를 파악하지 못한다. 아기의 눈은 계단을 보고 있지만, 계단이 어떤 것인지 알지 못한다. 두뇌 발달 가운데 정신적 도약이 이루어진 다음에야, 이를 알게 된다.

정신 발달의 도약이 이루어지면, 아기는 갑자기 높이의 차이에 훨씬 잘 대처하게 되고, 부모는 최종적인 결과를 목격하게 된다. 그래서 아기가 계단을 올라가는 걸 보고 대견해한다. 아기는 이전보다 많은 것을 할 수 있다. 하지만 전환점은 행동 이전에 이미 두뇌 속에서, 정신 발달 가운데 일어났다는 사실을 명심하는 것이 중요하다. 모든 능력은 정신 발달이 결정한다.

도약이란 대체 무엇일까?

아기의 정신 발달에서 도약은 머릿속에서 갑자기 많은 변화가 일어나는 걸 의미한다. 그 결과 아기의 작은 두뇌는 전에 인지하지 못했던 것들을 인지하게 된다. 이것은 아주 큰 변화여서 아기의 모든 세계가 갑자기 다른 모습을 띠게 된다.

정신 발달의 도약이 이루어질 때 아기의 세계는 어떻게 변할까?

도약이 있을 때마다 아기는 새로운 인지능력을 획득한다. 이런 새로운 능력은 아기로 하여금 새로운 것들을 지각하고, 보고, 듣고, 맛보고, 냄새 맡고 느낄 수 있게 해준다. 아기가 인지하는 모든 새로운 것은 도약 전에도 이미 주변에 있었다. 그러나 두뇌가 아직 그것을 파악할 수 없었기 때문에 그동안 아기의 눈에 띄지 않았다. 하지만 도약하는 순간부터 상황은 달라지고, 아기는 갑자기 주변의 새로운 것들을 지각하게 된다. 어른들은 상상할 수 없지만, 이를 통해 아기의 모든 세계가 변한다.

도약을 할 때 아기는 어떻게 반응할까?

도약을 하는 동안 아기의 세계는 잠시 뒤죽박죽된다. 이런 상태를 다른 행성에서 깨어나는 것과 비교할 수 있을 것이다. 눈을 떴는데 모든 것이 달라져버렸다. 이럴 때 엄마라면 어떻게 하겠는가? 소심하게도 이미 알고 있고 친숙한 것에 착 달라붙으려고 할 것이다. 그러면서 서서히 새로운 행성을 탐색하기 시작할 것이다. 아기도 마찬가지다. 아기는 엄마에게 달라붙어 있으려 하고, 강한 애착을 보인다. 그러나 과도하게 달라붙는 것에 그치지 않고 평소보다 더 많이 울고, 더 떼를 쓴다. 엄마한테 강한 애착을 보이고, 울고, 좋지 않은 기분을 느끼는 것들은 도약할 때마다 나타나는 현상이다.

> ♕ **기억하세요!**
>
> 개념들 때문에 아주 어지럽다고요? 그럼 앞으로 돌아가서, 개념 설명을 다시 읽어보세요.

아기가 새로운 인지능력을 획득하면 어떤 일이 일어날까?

도약을 통해 얻은 새로운 인지능력은 아기로 하여금 여러 가지 새로운 능력을 개발할 수 있도록 해준다. 이런 능력들은 특정한 공통점에 따라 여러 그룹으로 분류할 수 있다. 이를 상품이 종류별로 구분되어 있는 슈퍼마켓에 비유해보자. 슈퍼마켓에 가면 서로 연관 있는 상품들끼리 모여 있다. 따라서 아기는 처음에 슈퍼마켓의 특정 코너로 들어가 상품을 선택해야 한다. 한꺼번에 코너 전체를 모두 쇼핑할 수는 없다. 무엇을 선택하고 어떻게 선택할지는 아기마다 다르다.

정신 발달의 도약을 마치면 다 잘할 수 있을까?

발달의 도약을 이루었다는 것은 아기가 새로운 인지능력을 활용할 수 있게 되었다는 뜻이다. 도약을 마치면 아기는 이제 도약할 때처럼 막 울어대거나 달라붙거나 떼쓰지 않는다. 그렇다고 아기가 새로운 인지능력으로 말미암아 가능해진 새로운 능력들을 두루두루 섭렵했다는 뜻은 아니다. 이제 아기의 작은 두뇌는 여러 가지 새로운 행동양식을 구사할 수 있다. 그러나 그런 능력들은 노력도 없이 저절로 얻어지는 것이 아니다. 아기는 실수도 하고 시험해보면서 그런 능력들을 배운다. 연습에는 시간이 필요하다. 그래서 어떤 능력은 도약 후 곧 구사할 수 있지만 어떤 능력은 좀 더 시간이 필요하다. 그리고 도약 직후 어떤 능력들을 선보일지는 아기마다 다르다.

도약을 처리할 때 무엇을 주의해야 할까?

도약이 일어나면 우선 그것을 소화시켜야 한다. 그때 아기는 새로운 가능성을 얻고자 애쓴다. 이런 시기에 부모는 아기의 성격에 대해 많은 것을 알 수 있다. 무엇보다 다음 사항을 주의해서 보라.

- 새로운 시도가 잘 되지 않을 때 어떻게 대처하는가?
- 어떤 새로운 능력에 가장 관심을 보이고, 가장 빨리 배우는가?

새로운 것을 하려고 하는데 잘 되지 않을 때 아기는 어떻게 반응하는가?

도약을 마친 아기는 확장된 인지능력으로 인해 가능해진 일들을 시도해 보려 할 것이다. 하지만 모든 것을 한꺼번에 시도하지는 않는다. 가끔은 몇 개월의 시차를 두고 시도하기도 한다. 또한 시도하더라도 단번에 성공하지 않는다. 연습이 대가를 만든다는 말은 아기들에게도 해당된다. 어떤 아기는 할 수 있을 때까지 참을성을 가지고 계속 시도하고, 어떤 아기는 잘 되지 않으면 짜증을 내며 쉽게 좌절하고 다시는 시도하지 않는다. 또 어떤 아기는 잘 안 되면 짜증을 내며 좌절 반응을 보이지만, 그러고 나서 될 때까지 열심을 해낸다.

    이외에도 아기들은 첫 실패에 대해 다양한 반응을 보인다. 이런 과정을 주의 깊게 보면 아기의 성격을 어느 정도 알 수 있다. 아기가 실패했을 때, 또는 목표에 도달했을 때 어떤 태도를 보이는가? 아기가 아직 '이성적으로' 행동하는 법을 배우지 못했기 때문에 이런 태도는 시사하는 바가 아주 크다. 아기는 아직 스스로를 자제하지 못하고, 화를 다스리지 못해 본연의 자세로 반응한다.

 아이가 도약할 때

다음 표에 아기가 도약하는 과정에서 새로운 능력을 어떤 태도로 연습하는지 메모하자. 하얀 선 왼쪽은 아기가 인내심을 잃지 않고 평온한 가운데 새로운 것을 시도한다는 의미이며, 오른쪽은 상당히 좌절하고 실망하는 태도에 해당한다. 도약할 때마다 아기가 어떤 태도를 보이는지 평온과 좌절 중 한 쪽에 체크하라. 편견 없이 객관적으로 평가하라.

도약 1: 5주	평온	좌절
도약 2: 8주	평온	좌절
도약 3: 12주	평온	좌절
도약 4: 19주	평온	좌절
도약 5: 26주	평온	좌절
도약 6: 37주	평온	좌절
도약 7: 46주	평온	좌절
도약 8: 55주	평온	좌절
도약 9: 64주	평온	좌절
도약 10: 75주	평온	좌절

어떤 새로운 능력에 가장 흥미를 보이는가?

이 책에서 엄마는 아기가 각각의 도약에서 무엇을 배울 수 있는지 알게 될 것이다. 각 도약과 함께 아기는 많은 새로운 가능성을 얻는다. 아기는 많은 새로운 일을 할 수 있고 이해할 수 있다. 많은 가능성이 있기에 아기는 선택할 수밖에 없다. 모든 것을 동시에 갑자기 연습하고 습득하기는 불가능하다. 다시금 슈퍼마켓을 생각해보라. 슈퍼마켓에는 수백 가지의 상품이 있다. 그중 어떤 상품을 자신의 쇼핑 바구니에 담는가? 끌리는 상품을 집는다. 도약을 처리할 때 아기도 그렇게 한다. 아기에게 원칙적으로 제공되는 모든 능력 중에서 아기는 자신에게 끌리는 것을 골라낸다. 즉 자신이 좋아하는 것을 고른다. 아기가 무엇을 선호하는지 보면 성격을 알 수 있다.

아기의 개성을 어떻게 발견할까?

아기가 보디랭귀지로 '이야기하는' 모든 것에 유심히 주의를 기울이면, 일찌감치 아기의 개성을 상당히 알 수 있다. 그냥 보는 것으로 그치지 않고 아기가 '가능성의 슈퍼마켓'에서 무엇을 선택하는지 기록해보면 더 잘 알 수 있다. 많은 부모들이 아기가 원칙적으로 할 수 있다고 생각되는 모든 능력을 'Must-have-list'에 올리는 경향이 있다. 유감스럽게도, 그러면 쇼핑 카트가 정말 가득 찬 것처럼 보일 것이다. 그러나 많은 능력을 목록에 체크하는 것이 아니라, 아기의 성향이 어느 쪽인지 파악하는 것이 중요하다.

도약을 소화하고 나면 어떤 단계가 뒤따를까?

아기가 도약을 어느 정도 소화하고 새로운 능력들을 얼마 배우자마자, 다음 도약 단계가 시작된다! 아기의 삶은 다시 한 번 대폭 변화한다. 생후 20개월 동안 총 10번 정도 도약이 일어나는데, 생후 첫 3개월간이 특히 바쁘다. 이 시기엔 도약이 더 자주 찾아온다.

지나간 도약 덕분에 구사할 수 있게 된 능력들에 미처 익숙해지지도 못한 상태인데 다음 도약이 찾아온다. 그러나 걱정하지 마라. 새로운 도약과 상관없이 아기는 능력들을 계속 습득해나간다. 하나의 도약으로 가능해진 모든 능력은 뒤따르는 도약과 중복되면서 완벽하게 소화해가는 것이다.

아기가 어떤 능력을 습득하고 나면
그 능력은 더 이상 변하지 않는 걸까?

새로운 도약으로 얻은 새로운 인지능력은 아기로 하여금 예전에 배웠던 능력들을 개선하거나, 그 능력으로 더 많은 것을 할 수 있게 한다. 이를 집을 짓는 것에 비유할 수 있다. 집을 지을 때는 우선 기초를 닦은 다음 벽을 만들고, 이어 지붕을 씌우며, 공간을 나누어 방을 만들고, 방을 설비한다. 벽이 없는데 지붕을 놓는 것은 가능하지 않다. 아기 역시 정신 발달의 토대 위에 세부적인 것들을 계속 지어나간다. 도약할 때마다 새로운 차원이 추가된다.

아기는 도약할 때마다 더 많은 것을 배울 뿐 아니라, 이미 할 수 있던 것, 이미 습득한 능력들을 다른 방식으로 활용하는 것까지 배운다. 각각의 도약을 통해 이미 습득한 능력들을 더 창조적으로 다루는 방법을 배우는 것이다. '쥐는 것'만 해도 그렇다. 아기가 처음으로 뭔가를 쥐었을 때는 움직임이 아직 경직되어 있다. 손을 자유자재로 통제하지 못해 움직임이 약간 로봇 같다. 엄마가 장난감을 아기의 손 근처로 옮겨주어야 간신히 쥐곤 한다. 그러나 몇 번의 도약을 거친 아기는 어딘가에 놓여 있는 물건을 쥐고, 그것을 다른 장소로 옮긴다. 쥐는 것에 능숙해진다. 쥐는 것은 더 이상 그 자체로 목적이 아니고 뭔가를 이루기 위한 수단이다. 최종 목표는 더 높은 차원으로 옮아간다. 아기의 작은 손은 능란하게 움직이고, 아기는 이제 손을 능숙하게 '조절한다'. 아기가 도약을 소화하면서 획득한 능력들은 시간이 지나면서 더 섬세해진다(2장 '신체 발달', 51페이지 참조).

정신 발달 가운데 어느 시점에 도약을 할까?

모든 아기들은 같은 월령에 도약을 한다. 늘 출생 예정일로부터 환산해야 한다. 아기가 출생 예정일보다 몇 주 먼저 세상에 나왔거나 늦게 나왔거나 상관없이 두뇌 발달은 원래대로 이어지기 때문이다. 다음 표는 아기의 도약 시기를 정리해놓은 것이다.

🐾 아기가 힘들어하는 10번의 도약 시기

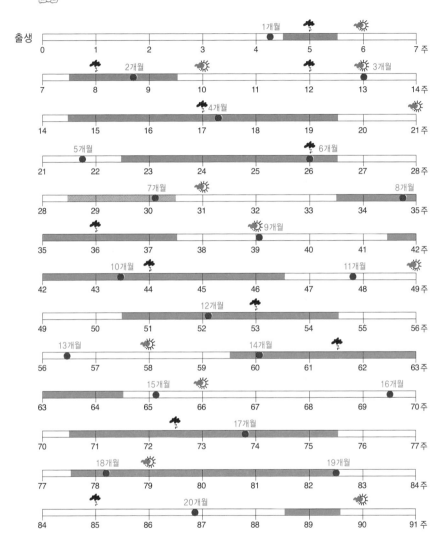

이 시기에는 상대적으로 아기를 돌보기 쉽다.

이 시기의 아기는 엄마에게 더욱 매달릴 것이다.

대부분의 아기가 생후 7개월 무렵에도 매달리고 칭얼대고 변덕을 부리는데, 이것은 도약과 상관없다. 단지 엄마가 자신을 혼자 남겨두는 것이 두려워서 그러는 것이다. 의아하게 들릴지 모르지만 그것도 진보다! 아기는 이제 엄마와의 떨어짐을 인식하게 되고, 이것은 새로운 능력을 얻은 것이다.

이 주에 '폭풍의 시기'를 겪을 가능성이 높다.

이 주에 아기는 기분이 좋아 가족의 인기를 독차지할 것이다.

모두 제각각인데 어떻게 모든 아기가
같은 시기에 도약을 할 수 있을까?

모든 아기가 같은 월령에 도약하는 것은 도약을 유발하는 요인이 내부에 있으며, 환경은 영향을 미치지 못하기 때문이다. 그렇다고 모든 아기가 도약에 같은 방식으로 대처한다는 의미는 아니다. 모든 아기는 새로 확대된 자신의 인지능력에 각자 다른 방식으로 반응한다. 정확히 이것이 각각의 아이를 유일무이한 존재로 만든다.

아기의 도약에 맞추어
엄마의 스케줄을 변경해야 할까?

도약을 할 때 아기는 정서적으로 편안하지 못하다. 그러나 얼마나 불안해하는지는 아기마다 달라서 가늠하기 어렵다.

　아기는 생후 2년간 여러 차례 도약을 거치므로, 그때마다 엄마가 전적으로 시간을 비우기는 힘들 것이다. 이런 경우엔 그다지 필요하지도 않다. 하지만 도약으로 인해 아기가 힘들다는 점은 염두에 둬야 한다. 가령 도약 시기에는 가급적 예방 접종을 피하는 게 좋다. 엄마의 중요한 스케줄 역시 아기의 도약 시기를 피해서 잡을 수 있다면, 당연히 그렇게 해야 할 것이다.

어떤 아기는 도약하는 것이 단박에 표시 나는데, 어떤 아기는 그렇지 않은 이유가 뭘까?

도약은 이를테면 아기가 겪게 되는 커다란 변화라고 할 수 있다. 그런데 어른들 역시 삶의 변화에 대해 사람마다 다른 반응을 보인다. 어떤 사람은 다른 사람보다 더 격하게 반응하고, 어떤 사람은 더 평온하게 지나간다. 아기들도 마찬가지다. 어떤 아기는 천성적으로 변화에 더 쉽게 적응하고, 어떤 아기는 적응하기 힘들어한다.

천성 외에 다음과 같은 요인들도 영향을 미칠 수 있다.

- 스트레스 상황
- 건강

이사나 다른 스트레스 상황, 혹은 감기를 비롯한 신체 컨디션 저하가 도약 시기와 맞물릴 수도 있다. 그러면 아기는 외부 상황으로 인해 엄마에게 강하게 달라붙을 것이고, 그러다보면 도약 자체가 상대적으로 눈에 띄지 않고 지나갈 수도 있다.

도약하는 중에 아기는 더 자주 아플까?

많은 아기는 도약하는 동안 아프지 않고, 도약을 마친 직후에 앓는다. 이 시기에 많은 새로운 것을 소화하느라 질병에 더 취약해지기 때문이다. 힘든 도약 시기에 아기는 잠을 잘 못 자고, 식욕도 감퇴하고, 기분이 좋지 않다. 그러다보면 감기나 몸살에 걸리기 쉽다.

미국의 유명한 소아과 의사인 T. 베리 브래즐턴은 막 도약을 마친 아기들이 병원을 찾는 일이 많다는 것을 확인했다. 하지만 그렇다고 질병을 무조건 도약 탓으로 돌리며 과소평가해서는 안 된다. 아기가 건강한지 의심이 들 때는 곧장 의사와 상의하라. 별일 아닌 경우가 대부분이지만, 그래도 안전을 기하는 것이 좋다.

도약에 따라 언제는 더 힘들어하고, 언제는 무난하게 지나가는 이유는 뭘까?

어떤 도약기에는 아기가 더 달라붙고 울며 칭얼대는데, 다른 도약기에는 무난히 지나가는 경험을 하게 될 것이다. 이것은 아기가 각각의 도약에 속한 능력을 얼마나 흥미롭게 생각하느냐와 관계있을 수 있다. 또는 도약이 시작되었을 때 다른 요인으로 인해 기분이 좋지 않은 것과 우연히 맞물려 상태가 더 심하게 나타날 수도 있다.

도약에 따라 불안한 정도가 차이를 보이는 것은 아주 정상적인 일이므로 걱정할 필요는 없지만, 어떤 도약에 유난히 격하게 반응할 경우 그 이유가 무엇인지 관심을 갖고 살펴보는 것이 좋다. 도약으로 특히 더 힘들어하면 아기를 더 세심하게 보살펴주라.

아기가 도약으로 힘들어할 때 어떻게 도와줘야 할까?

도약은 아기 스스로 소화해야 한다. 엄마는 이 일을 즐거운 일로 만들어줄 수 없다. 그러나 아기가 좀 더 쉽게 견디도록 도와줄 수는 있다. 이렇게 해보라.

- 아기가 새로 획득한 인지능력을 자극하는 상황을 제공하라.
- 아기가 쉴 수 있는 편안한 환경을 제공하라.

아기가 도약을 앞두고 있다면 일주일쯤 전에 『엄마, 나는 자라고 있어요』의 주차별 도약에 대한 내용을 읽고 숙지하라. 그러면 아기가 이제 곧 어떤 것에 관심을 가지게 될지 알 수 있어, 아기가 필요로 하는 것들을 준비했다가 제공해줄 수 있다. 그처럼 아기가 새로운 세계를 발견할 수 있도록 도와, 도약을 쉽게 넘어갈 수 있게 하라.

도약에서 경험하는 새로운 인상들은 아기에게 많은 에너지를 요구한다. 그래서 아기는 쉬고 싶어 하고, 때로는 잠시 혹은 몇 시간씩 잠을 자려고 할 것이다. 엄마는 아기에게 휴식이 필요한 때를 비교적 잘 가늠할 수 있으므로, 적당한 때 쉴 수 있는 환경을 제공해줌으로써 아기의 도약을 도울 수 있다.

영리한 아기는 도약으로 얻은 새로운 능력을 곧장 구사할까?

정신 발달에서 하나의 도약이 끝나면 아기는 그때까지 알지 못했던 새로운 것들을 받아들일 수 있다. 그리고 이런 도약에서 얻은 새로운 인지능력을 통해 새로운 능력들을 구사할 수 있다. 이런 능력의 반경이 아주 커서 많은 것들을 포괄하므로, 모든 것을 동시에 해낼 수는 없다. 월령에 맞게 아기에게 새로운 능력들이 주어져 아기는 수많은 새로운 것들을 할 수 있게 된다. 그렇다고 아기가 이 모든 것을 한꺼번에 선보일 수 있는 것은 아니다. 연습이 대가를 만든다는 말은 인생의 모든 면에 적용된다. 아기는 새로운 몇 가지 능력을 저절로 시험하게 될 것이다. 아기는 많은 능력 중 몇 가지를 무의식적으로 선택하면서 시험을 시작한다. 그런 다음 제대로 해낼 때까지 이런 능력들을 연습하고, 연습하고, 또 연습한다. 그러고 난 뒤 또 다른 것들을 택해서 계속 연습할 것이다.

어떤 도약이 끝난 뒤 아기가 새로운 능력들을 얼마나 많이 선보이느냐는 아기의 지능과 무관하다. 따라서 각 도약에 속한 새로운 능력 목록을 체크리스트로 여겨서는 안 된다. 가능하면 많은 것에 체크하고 싶은 충동에 저항하라. 세상의 어떤 아기도 모든 것을 한꺼번에 하지는 못한다. 스스로와 아기에게 공정하라. 아기가 어떤 것에 매력을 느끼고, 어떤 새로운 일을 시험해보려고 하는지 유심히 보라. 이런 방식으로 엄마는 아기에게 맞춰주고, 자신감을 선사하고, 안정된 애착의 토대를 마련해줄 수 있을 것이다(6장 '정서 발달', 101페이지 참조)

아기는 엄마 배 속에서도 정신 발달의 도약을 할까?

인간은 일생 동안 정신 발달에서 도약을 한다. 그러므로 엄마 배 속에서도 도약할 것이라고 생각된다. 사춘기나 중년의 위기(Midlife-Crisis)도 일종의 도약이다. 그 와중에 있을 때는 그리 즐겁지 않다. 그러나 이런 시기는 일생에서 아주 중요하다. 우리는 일생 동안 발달한다. 우리 인간들은 나중에도 "나는 자라고 있어요"라고 말할 수 있다.

2장

신체 발달

대근육 운동, 소근육 운동,
신체 성장, 반사

생후 몇 년간, 그중에서도 특히 첫해에는 아기의 머릿속에서 많은 일이 일어난다. 그뿐 아니라, 아기는 자신의 신체를 발견하고 사용에 대해서도 배운다. 18개월까지 아기는 신생아에서 물건들을 자유자재로 쥐고, 기어 다니고, 걸어 다니는 아이로 변신한다. 몸집이 점점 더 커지고 강해지며, 신체를 점점 더 잘 활용하게 된다.

아이들이 신체적으로도 성장 급등을 경험할까?

엄마들은 갑자기 아이 옷이 모두 작아져버렸다고 노래를 부른다. 아이들에겐 정말로 하루아침에 그런 일이 일어난다. 급격한 신체 성장과 정신 발달의 도약은 예고 없이 찾아온다. 하지만 신체 성장 급등 시기와 정신 발달의 도약 시기가 동시에 일어나는 것은 아니다.

도약하다보면 선천적인 무조건 반사들은 사라질까?

선천적인 무조건 반사들이 있다. 아기가 태어나면 산파나 의사들은 이런 반사를 점검한다. 하지만 선천적 무조건 반사들이 차츰 사라지고 다른 반사들이 등장한다는 사실을 모르는 사람이 많다! 반사가 사라지고 새로운 반사가 생겨나는 시기가 도약 시기와 무조건 일치하는 것은 아니다.

치아는 도약과 동시에 돋아날까?

이빨이 나는 시기는 아기마다 상당히 다르다. 치아가 나는 것은 정신 발달의 도약과 전혀 상관없다. 다음 페이지의 표를 통해 대략 어떤 치아가 언제 나는지 참고하라.

도약하는 동안 머리둘레도 변할까?

머리둘레가 급격하게 늘어나는 시기가 있다. 종종 정신 발달 도약 전에 그런 시기가 나타난다. 우선 3주경에, 이어 7~8주에, 그다음 10~11주에, 마지막으로 15주경에 그런 일이 일어난다. 그리고 더 이상은 측정되지 않았다.

정신 발달의 도약과 마찬가지로 여기서도 날짜는 실제 출생일이 아니라 출생 예정일로부터 따져야 한다.

신체 발달에는 어떤 형식이 있을까?
신체 발달은 왜 아기마다 다를까?

아기가 신체를 이용해서 하는 모든 것이 신체 발달에 포함된다. 신체 발달은 크게 대근육 운동(고개 가누기, 뒤집기, 앉기, 붙잡기, 기기, 걷기, 뛰기 등)과 소근육 운동(물건 쥐기, 연필 잡기, 단추 누르기, 퍼즐조각 맞추기 등)으로 구별된다. 대근육 운동 능력에 관심이 있는 아기는 해당 능력들을 빠르게 습득하는 데 열심일 것이며, 소근육 운

반드시 도약하는 중에 치아가 나는 건 아니다

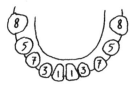

왼쪽 그림에 치아가 나는 순서가 나와 있다. 아기들은 기계가 아니므로, 첫 이가 돋아나는 시기는 각자 다르다. 이것은 유전적 소인으로 결정된다. 첫 이가 난 뒤, 다른 이들이 나는 속도 역시 아기의 건강이나 발달 상태와 무관하다. 이는 빨리 날 수도 있고 늦게 날 수도 있으며, 짧은 기간에 걸쳐 날 수도 있고, 오래 걸릴 수도 있다. 주의할 점은 설사를 하거나 열이 나는 것은 이가 나는 것과 아무 상관 없다는 것이다. 아기에게 설사나 열이 있다면 그것은 이가 나기 때문이 아니라 다른 요인에 의해 아픈 것이다.

첫 이는 대략 생후 6개월경에 돋아난다. 아래쪽 앞니 두 개가 제일 먼저 난다(1). 첫 돌쯤 되면 대부분의 아기는 6개의 이빨이 나며, 두 돌 반쯤에 마지막 어금니가 난다(8). 그러면 유치가 완성되고, 아이는 20개의 이빨을 갖게 된다.

아래 그림에 아기의 치아가 언제, 어떤 순서로 나는지 적어보라.

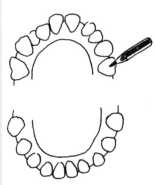

이가 난 날짜

1	....	11	....
2	....	12	....
3	....	13	....
4	....	14	....
5	....	15	....
6	....	16	....
7	....	17	....
8	....	18	....
9	....	19	....
10	....	20	....

동에 더 관심 있는 아이는 이런 범주에 속한 능력을 빠르게 습득하려고 할 것이다. 뭔가 유심히 관찰하는 아이들은 소근육 운동 기술에 관심 있을 때가 많다. 그러므로 아기의 신체 발달에서 대근육 운동 발달에만 초점을 맞춰서는 안 된다.

대근육 운동과 소근육 운동 중 무엇이 더 중요할까?

살아가는 데는 두 가지 능력 모두 필요하므로, 어느 한쪽이 더 중요하다고 말할 수는 없다. 중요한 것은 두 가지 운동을 연습할 수 있는 가능성을 제공하는 것이다. 대근육 운동 발달을 도모하는 놀이도 하고, 소근육 운동을 촉진하는 놀이도 하라. 하지만 어떤 놀이를 할 것인지 여부는 아기 스스로 결정하게 하라. 하고 싶지 않은 놀이에서는 아무것도 배우지 못하며, 오히려 놀이에 대해 반감을 가질 수도 있다.

대근육 운동의 발달은 모든 아기가
같은 시기에 이루어질까?

많은 사람이 우선적으로 눈에 띄는 결과들만을 중시한다. 그러다보니 부모들은 "아기가 벌써 걸어요?"라든가 "아직 기어 다녀요?"와 같은 질문들을 받기 쉽다. 쓸데없는 질문이지만, 이런 것들이 부모를 불안하게 만든다.

　아기는 준비가 되어야만 행동에 옮긴다는 걸 잊지 마라. 그리고 아기가 준비되는 시점은 지능이나 발달 상태와 무관하다. 아기가 앉고, 서고, 기어 다니고, 걸음마를 시작하는 시점에는 개인차가 크다는 점을 의식하면 안심할 수 있을 것이다.

어떤 능력이 나타나는 가장 이른 시점이 언제인지 숙지하고 있는 것도 좋다. 새로운 것을 배울 수 있는 가장 빠른 시점은 정신 발달의 도약을 통해 결정된다. 아이는 신체 조절 능력을 갖추기 전에, 정신적으로 뭔가 할 수 있는 상태에 있어야 한다.

아기의 대근육 운동 발달이 늦어지면 걱정해야 할까?

두뇌가 신체를 조절하므로 아기는 신체를 조절하기 전에 우선 두뇌로 무엇인가를 할 수 있어야 한다. 『엄마, 나는 자라고 있어요』에는 두뇌가 어느 시점부터 신체를 활용해 어떤 것을 할 수 있는지 기술되어 있다. 즉 아기가 어떤 행동을 할 수 있는 가장 이른 시점이 언제인지 설명되어 있다. 대근육 운동 발달뿐 아니라 소근육 운동 발달도 마찬가지다. 어떤 능력을 습득하기 위해 필요한 도약을 한 뒤, 아기가 그런 기술을 구사하느냐 못하느냐는 다음 사항에 달려 있다.

• 아기가 대근육 운동 혹은 소근육 운동 기술에 얼마나 관심이 있는가?
• 두뇌가 원하는 것을 신체가 이미 할 수 있는가?

🪶 대근육 운동 발달

시기	활동
1개월	소리 나는 곳으로 고개를 돌린다
2개월	엎드려놓으면 고개를 좌우로 움직인다
3개월	엎드려서 고개를 쳐들고 주위를 본다
4개월	머리를 바닥에서 45도 정도 들 수 있다
5개월	뒤집는다
6개월	지지하지 않고 혼자 앉는다
7개월	손과 무릎으로 바닥을 지탱하면서 기는 자세를 할 수 있다
8개월	혼자 앉는다
9개월	2초간 서 있는다
10개월	한 손으로만 가구를 잡고 걸을 수 있다
11개월	혼자 걸어서 몇 걸음 나아간다
12개월	잘 걷는다
13개월	앉았다가 일어서고, 섰다가 앉을 수 있다
14개월	팔을 앞으로 뻗어 머리 너머로 공을 던진다
19개월	한 손으로 잡고 두 계단 이상을 오르내릴 수 있다
20개월	달린다
23개월	한 발로 1초 정도 선다
24개월	계단 높이의 낮은 구조물을 뛰어넘을 수 있다

어떤 아기들은 왜 평균적인 시기보다 더 빨리 기거나 걸을까?

어떤 아기들은 기거나 걷는 것에 관심이 없고, 오히려 블록 쌓기나 조각 맞추기처럼 공간적인 측면에 관심을 보인다. 이런 아기들은 걸음마를 배우는 데 그다지 노력을 들이지 않고 다른 활동을 한다. 기거나 걷는 것을 이용해 다른 목적을 이룰 수 있을 때에야 기거나 걸으려 한다. 가령 블록 하나를 가져와야 하는데, 그 블록이 손 닿지 않는 곳에 있으면 그들은 그 블록을 손에 넣기 위해 기려고 한다. 이럴 때 아기의 목표는 기는 것 자체가 아니라, 블록을 손에 넣는 것이다. 기는 것은 수단일 뿐이다.

자동차를 구입하는 것과 견주어보라. 어떤 사람들이 멋지고 고급스러운 자동차를 구입하는 것은, 바로 '그 자동차'를 타고 다니고 싶기 때문이다. 그러나 어떤 사람에겐 자동차가 그저 A에서 B로 이동하는 수단에 불과하지, 꼭 특정 자동차여야 하는 것은 아니다.

대근육 운동에 관심이 있는 아기들은 관심이 없는 아기들보다 더 빨리 기고 걷는다. 당연하다. 인간은 누구나 자신이 관심 있는 것을 하게 되어 있다. 이런 아기들은 정신 발달이 허락하자마자 새로운 신체적 기량을 배우기 위해 열심히 노력한다. 일어서거나, 기거나, 걸을 수 있을 때까지 연습을 거듭한다. 신체적인 활동을 즐기고 뭔가를 해내면 자랑스러워서 환하게 웃는다.

이런 아기들이 다른 아기들보다 더 똑똑한 것은 아니다. 물론 부모가 아기의 관심사에 적극 부응해주는 것은 중요하다. 아기를 유심히 관찰하고, 말로 하든 말로 하지 않든 아기가 엄마에게 '말하는 것'은 들어주어야 하지만, 아기가 할 마음이 없는 것 같으면 절대로 강요하지 않는다.

대근육 운동 기술을 시도하려고 하는데
신체가 따라주지 않을 때는 어떻게 도와줘야 할까?

아기들은 때로 앉거나, 걷거나, 기거나 하는 데 자신
의 신체가 말을 듣지 않는 것을 느낀다. 그러면 실망
과 좌절을 느낀다. 아기가 정신 발달상 앉거나, 기거나, 걸을
수 있는 상태가 되었고 대근육 운동 기술에 관심을 보인다고 해서 아이가
정말 앉고, 기고, 걸을 수 있는 것은 아니다. 신체 기술을 선보이려면 신
체가 필요한데, 때로는 신체가 따라주지 않는다. 근육 발달이 아직 미비
하거나, 제한된 근육의 힘으로 가누기에는 신체가 너무 무겁기 때문이다.
이럴 때 아기가 좌절하는 건 충분히 이해할 수 있는 일이다. 아기는 뭔가
에 열광하고, 뭔가를 하고자 하는 충동이 일어나지만 신체가 따라주지 않
는다는 걸 느낀다.

  이럴 때 엄마는 아기가 운동을 시도하면 한껏 칭찬해주면서 도와주라.
아기를 격려해주고, 계속 아기가 잘하고 있음을 확신시켜주라. 그러면 아
기의 실망감이 줄어들 것이다. 또한 함께 신체 놀이를 하면서 아기가 신
체능력을 잘 습득하도록 도와주라. 그러나 아기에게 무리한 행동이라고
판단되면 즉시 중단하라.

신체적 능력을 습득하도록 아기를 도울 수 있을까?

물론 도울 수 있다. 그러나 억지로 해서는 안 된다. 아기가 신체 기술을
연마하는 데 필요한 기회와 시간을 부여하는 것이 도움의 기본이며, 이것
은 모든 발달에서 마찬가지다. 아기와 함께 필요한 신체 놀이를 하며, 아

기가 신체능력을 연습할 수 있도록 주변 환경을 조성해주라. 때로는 아기를 특정 자세로 눕혀놓기만 해도 되고, 때로는 주변에 뭔가 마련해주어야 한다. 다음 표를 보면 무엇을 해야 할지 대략적으로 조망할 수 있을 것이다.

목적	행동
목 근육 연습하기	부드러운 매트 위에 배를 깔고 엎드린 자세로 아기를 눕힌다
신체 사용 배우기	때로 옷을 입히지 않은 상태로 발가벗겨 눕힌다
쥐기 배우기	장난감을 아이 앞에 대주어 아기가 그것을 쉽게 잡을 수 있도록 한다
앉기	아기 주변에 U자형으로 된 쿠션을 놓아준다
기기	미끄럽거나 딱딱하지 않은 바닥에 아기를 앉힌다
걷기	손으로 붙잡아주거나, 의지할 수 있는 다른 수단을 제공한다
걷기	맨발로 두거나, 미끄럼 방지용 양말을 신긴다

아기를 때때로 발가벗겨놓아야 하는 이유는?

아무리 피부에 착 감긴다고 해도 옷은 운동을 조금 방해하게 마련이다. 또한 옷을 입으면 발가벗고 있을 때보다 신체를 민감하게 느끼지 못한다. 아기도 마찬가지다. 아기는 발가벗고 누워서 자신의 신체에 관심을 기울이는 것을 좋아한다. 아기가 매일 잠깐씩 이런 멋진 느낌을 경험해보도록 습관을 들인다. 그렇지만 바람이 들이치는 곳이나 추운 곳에 아기를 발가 벗긴 채 뉘어놓아서는 안 된다. 아기들은 차가운 온도에 매우 민감하다.

아기가 그만 하고 싶어 하는 것을 어떻게 알까?

아기가 보내는 신호에 유의하면 아기가 한계에 도달했는지 알 수 있다. 갑자기 몸이 늘어지거나 졸린 눈을 하는 등 표시가 날 것이다. 아기가 보여주는 암시들은 때로 아주 미묘해서 가장 가까운 애착 인물인 엄마는 금방 알아채지만, 아기를 매일 보지 않는 이웃은 모를 수도 있다. 그러므로 누군가가 아기와 과한 행동을 하며 놀아줄 때는 즉시 개입하라. 신체 놀이에서는 아이에게 지나친 부담이 가해지지 않도록 신경 써야 한다.

아기의 목을 조심해서 다루는 것이 왜 중요할까?

목 위에 머리가 있고, 아기는 몸에 비해 머리가 매우 크다. 어른보다 몸 전체에서 머리가 차지하는 비율이 훨씬 크다. 어른이 아기와 같은 신체 비율을 가지고 있다면, 머리가 겨드랑이까지 내려와야 할 것이다. 한마디로 아기의 작은 목 위에 크고 무거운 머리가 놓여 있는 것이다. 아기의 목 근육이 아직 어른만큼 발달하지 않았다는 점을 생각하면 아기가 고개를 들고 가누는 것은 진정 중노동임이 분명하다. 그러므로 고개를 든 상태에서, 갑자기 몸이 옆으로 홱 틀어지거나 하면 아기는 심각한 부상을 입을 수 있다. 이런 위험을 염두에 두고 아기의 목에 무리가 가지 않도록 늘 유의해야 한다.

아래 그림은 발달이 진행되면서 인체 비율이 어떻게 변화하는지를 보여준다. 아기는 어른에 비해 머리가 매우 크고 다리가 훨씬 짧다는 것을 한눈에 알 수 있다. 태어나 성인이 되는 사이 머리는 2배, 등은 3배, 팔은 4배, 다리는 5배가 된다.

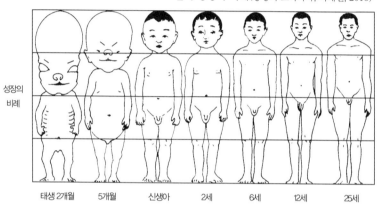

신체 성장의 비례(홍창의 소아과학, 미래엔, 2016)

성장의
비례

| 태생 2개월 | 5개월 | 신생아 | 2세 | 6세 | 12세 | 25세 |

신체 훈련을 어느 정도까지 요구할 수 있을까?

대부분의 아기는 신체 놀이가 부담되면 저절로 멈춘다. 그러나 어떤 아기는 너무 힘들면 쉬어주어야 한다는 것을 아직 알지 못하므로, 아기가 힘들어하지 않는지 잘 살펴야 한다. 이럴 때는 아기의 한계를 알아채고, 아기를 '자기 자신'으로부터 보호해주는 것이 부모의 역할이다. 한편, 신체 발달에 대한 엄마의 열정이 너무 지나쳐, 자칫 아기에게 무리를 초래하는 일이 없도록 주의해야 한다. 엄마는 아기가 앉거나, 뒤집거나, 서거나, 기거나, 걷는 것을 아주 멋지게 생각할 것이다. 그러나 아기가 아직 그런 능력을 습득하는 데 어려움이 있거나 연습하다 지쳤는데도 신체 훈련을 계속하면 아기에게 유익함보다는 해가 된다. 무엇이든 억지로 해서는 결코 안 된다.

도약을 할 때 아기의 신체능력이
더 퇴보하는 것처럼 보이는 이유는 무엇일까?

도약을 할 때 아기는 잠시 발달의 퇴보를 한다. 그래서 도약 전에는 잘했던 것들을 갑자기 할 수 없게 되기도 한다. 물론 이런 현상은 아주 빨리 지나가므로 걱정할 필요 없다. 이런 시기에는 아기의 신체가 좀 힘없고 굼떠 보일지도 모른다. 그러나 아기의 근육과 뼈는 그렇지 않다. 아기는 다만 일시적으로 약간 다른 것에 몰두해, 막 습득한 신체능력을 활용하는 걸 잠시 잊은 것뿐이다. 그래서 가령 18주에 이미 고개를 잘 가누던 아기가 26주경에 갑자기 가누지 못할 수도 있다. 이런 이유로 도약 중이거나 도약 직후에 넘어지는 등 작은 사고들이 잦다. 이를 염두에 두고 이 시기에 특히 신경 써야 한다.

기저귀 갈 때 아기가 엉덩이 드는 행동을
'도와주겠다'는 표시로 이해할 수 있을까?

'유연한 변화'의 도약(출생 예정일로부터 약 12주)을 마치면 기저귀를 갈아줄 때 아기가 엉덩이를 들어 올리는 것을 보게 된다. 아기는 무슨 일이 일어나고 있는지 알고 그 일에 미리 개입한다. 그러나 이런 행동이 아주 사랑스럽게 보이고 엄마에게 도움이 될지라도, 아기가 엄마의 일을 도우려는 것은 아니다. 아기는 아직 누군가에게 기쁨을 선사하기 위해 '돕는 행위'를 하지 못한다. 그런 행동은 55주의 도약이 이루어진 다음에야 비로소 가능하다.

아기 손을 잡고 일으키는 놀이는 언제 시작하면 좋을까?

생후(다시 말하지만 출생 예정일로부터) 약 12주에 일어나는 도약을 마치면, 아기가 원하고 곧잘 따라 하는 경우 손잡고 일으켜주는 놀이를 시작할 수 있다. 아기의 등을 바닥에 댄 자세로 매트나 엄마의 무릎 위에 아기를 눕힌다. 그러고는 손을 잡고 아기의 팔이 쭉 펴지게 잡아당긴다. 이런 방식으로 아기가 앉은 자세로 몸을 일으키도록 권할 수 있다. 아기가 엄마의 손을 잡고 자발적으로 몸을 일으키려 하면 도와주라. 하지만 손을 잡고 일으키려 해도 아기가 전혀 힘을 주지 않고 몸을 일으키려 하지 않으면, 그 놀이를 계속하지 마라. 아직 때가 되지 않은 것이다. 억지로 하다가 아기의 고개가 곤두박질치듯이 급격히 숙여지는 일이 없도록 조심하라.

아기가 유모차에 가만히 누워 있지 않고
주변을 구경하려고 하면 어떻게 할까?

유모차는 보통 아기가 누워 있을 수도 있고, 앉아서 세상 구경을 할 수도 있도록 조정이 가능하다. 아기가 6개월 정도 되었다면 앉힐 수 있다. '관계'의 도약(출생 예정일로부터 26주 내지 6개월)을 마친 아기는 유모차에 가만히 누워 있는 것에 만족하지 않을 것이다. 유모차에 태우고 산책을 나가면 아기는 주변을 구경하려고 한다. 그러므로 앉는 자세를 조절할 수 있는 유모차를 선택해서 아기가 반쯤 누운 자세로 세상 구경을 하게 하면 좋을 것이다. 산책이 너무 길어지지만 않으면, 이런 자세를 취해도 무리 없다. 주변을 구경하면서 아기는 작은 머리에 양분을 얻게 된다.

유모차에서 늘 앉아 있고 싶어 하는데,
무리가 가는 것은 아닐까?

어떤 아기들은 바깥 세계에 호기심이 많아 아무리 보아도 만족하지 않는다. 계속 앉은 자세로 있는 것이 작은 몸에 무리가 되어도 개의치 않는다. 이런 아기에게는 등받이와 머리받이 모두 조절할 수 있는 유모차가 이상적이다. 단계를 조절할 때는 머리의 자세에 유의해야 한다. 고개가 앞이나 옆으로 기울어지면, 머리받이를 한 단계 더 낮춰주어야 한다. 늘 아기 몸에 맞도록 의자를 조절하고, 아기의 고개가 편안한지 늘 주시하라.

어떤 아기들은 앞을 향해 기기 전에
왜 뒤로 배밀이를 할까?

모든 아기가 제대로 기기 전에 뒤로 배밀이를 먼저 하는 것은 아니다. '사건'의 도약을 마친 아기는 원칙적으로 사건을 인지하고 신체를 통제해 기어 다니는 기술을 습득할 수 있다. 따라서 원한다면 기어 다닐 수 있을 것이다. 다만 다른 능력과 마찬가지로 기는 것 역시 저절로 되지는 않는다. 엎어지고 다시 일어나면서 기는 능력을 연습해야 한다. 이런 과정에서 여러 가지 형태의 행동이 나타나는데, 때로는 '괴상한 테크닉'도 나타난다. 뒤로 배밀이를 하는 것도 그중 하나다. 뒤로 기는 시기는 대부분 오래가지 않는다. 일주일 정도에 걸쳐 아기는 각종 버전을 시험해볼 것이다. 그런 다음 제대로 기는 방법을 발견하면, 모든 것이 빠르게 진행된다. 그러고 나면 아기는 이제 전형적인 몸짓으로 기어 다니면서 다른 이상한 행동들을 버린다.

그러나 아기가 제대로 길 수 있다 해도 즐거운 '실수'들은 여전히 나타난다. 가령 어떤 아기는 이미 제대로 길 수 있게 되었음에도, 어떤 손(왼쪽 혹은 오른쪽)이나 어떤 무릎(왼쪽 혹은 오른쪽)을 먼저 내디딜 것인지 의심하는 듯한 행동을 보인다. 오른손과 오른쪽 무릎을 동시에 내딛다 엎어지면 고함을 지르며 화를 내기도 한다. 하지만 이틀 정도 지나면 능숙하게 주변을 기어 다닌다.

기는 단계를 건너뛰면 잘못된 것일까?

대부분의 아기는 한동안 기다가 걸음마로 넘어간다. 하지만 어떤 아기는 기는 둥 마는 둥 하며 기는 단계가 아주 짧고, 어떤 아기는 기지 않고 곧바로 걸음마를 한다. 가령 앉아서 몸을 밀고 다니거나 배밀이를 하다가 걸음마로 넘어간다. 어떤 아기는 뒤로 배밀이만 하고, 앞으로 가고 싶을 때는 그냥 구르기를 한다. 하지만 걸음마를 배우기 전에 한동안 기는 것이 아기의 발달에 도움이 된다는 지적들이 있다. 기어 다니면서 아기는 다른 관점으로 세계를 바라보고, 이것이 시각과 공간 감각을 촉진한다는 것이다. 아기와 함께 기어 다니기 놀이를 하고, 기어 다니기 좋은 환경을 만들어줌으로써 아기를 고무해도 좋을 것이다. 무릎이 아픈 딱딱한 바닥이나 차가운 바닥은 기는 데 도움이 되지 않으니 주의한다.

걸음마를 배울 때 신발을 신겨야 할까?

신발은 추위와 더러움으로부터 발을 지켜주고, 외부의 것들로 인해 발이 상하지 않도록 보호해준다. 하지만 걷는 데 도움이 되지는 않는다. 반대다. 맨발로 두거나 미끄럼방지 양말만 신겼을 때 아기는 발을 더 자유자재로 사용할 수 있다. 그러므로 실내에서 걸음마를 할 때는 이런 조건이 최상이다. 물론 양질의 소재로 부드럽게 마감된 실내화들이 있긴 하다. 바닥이 차가울 경우에는 발이 차가워지지 않도록 그런 실내화를 신기는 것도 좋다. 하지만 신발은 아이가 밖에서 걸어 다녀야 할 때 비로소 마련하라. 그리고 신발을 구입할 때는 품질이 좋은 것으로 골라야 한다. 다른 부분에서 절약하고, 신발에는 결코 돈을 아끼지 마라. 부드럽고 푹신하며 발을 잘 받쳐주는 신발이 좋다. 그리고 너무 끼여서 발의 성장에 방해가 되지 않도록 한다. 신발 전문점에 가서 자세히 상의한 뒤 구입하라.

소근육 운동 구사 능력은 지능지수와 상관있을까?

소근육 운동 능력과 IQ(8장 '지능', 131페이지 참조)는 정말로 상관관계가 있다. 유아들의 IQ, EQ 또는 다른 형태의 지능은 어떤 테스트로도 정확히 확인할 수 없지만, 손기술을 얼마나 잘 구사하느냐 하는 것이 나중에 지능지수와 연관 있는 것으로 입증되었다. 연구자들은 생후 8개월 된 아기들을 대상으로 한 베일리 검사(Bayley test)를 통해 정신 발달, 대근육 운동, 소근육 운동을 관찰했다. 연구 결과 소근육 운동은 만 4세 아이의 지능지수를 예측하는 지표로 활용할 수 있는 것으로 드러났다.

소근육 운동 중 '쥐기'는 발달이 어떻게 진행될까?

대근육 운동과 마찬가지로 여기서도 모든 아이의 발달이 일률적으로 진행되는 것은 아니다. 아기는 때가 되어야 비로소 어떤 능력을 선보인다. 물론 그런 능력을 발달시킬 기회를 부여받는다는 전제하에 말이다. 19주에 일어나는 '사건'의 도약을 마치면, 아기는 작은 손을 조절해 무엇인가 쥘 수 있다. 물론 아직 세련되게 쥐지는 못한다. 제대로 쥐려면 아직 몇 달 더 연습을 거쳐야 한다. 다음 표는 '쥐기'와 관련된 발달을 보여준다. 이 표에서는 아기가 쥐기와 관련해 어떤 행동을 구사할 수 있는 평균 월령과 가장 빠른 월령을 확인할 수 있다.

손으로 쥐기(홍창의 소아과학, 미래엔, 2016)

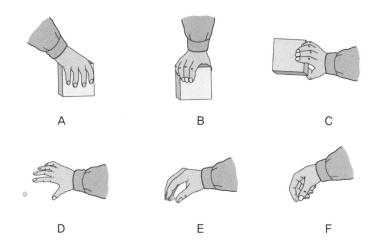

A. 생후 4~5개월 : 손바닥과 척골 측 손가락을 사용하여 잡는다.

B. 생후 6~7개월 : 손바닥과 요골 측 손가락을 사용하여 잡는다.

C. 생후 7~8개월 : 손바닥에 닿지 않고 요골 측 손가락으로 잡는다.

D. 생후 6~7개월 : 손가락들로 바닥을 긁어 움켜쥔다.

E. 생후 7~9개월 : 엄지와 집게손가락 또는 다른 손가락의 일부로 잡는다.

F. 생후 9~10개월 : 엄지와 집게손가락의 끝부분으로만 잡는다.

시기	활동
출생 시	주먹을 쥐고 있는다
3개월	손을 펴고 있는다
4개월	물체를 보면 팔과 손을 뻗는다
5개월	손바닥과 손가락들로 블록을 잡는다
7개월	작은 알을 갈고리 같은 손의 움직임으로 움켜쥔다
10개월	작은 알을 엄지와 집게손가락 끝부분으로 집어 든다
12개월	손에 쥐고 있던 물건들을 의도적으로 놓아준다

손을 발견하고 나면 손 활용법을 배울까?

8주에 찾아오는 두 번째 도약을 마치면 아기는 자신의 팔에 달려 있는 '것들'을 놀라서 관찰한다. 아기는 손을 돌려본 다음, 이마를 찌푸리고는 다시금 손을 돌려본다. '아, 내 몸에 손이 달려 있네' 하는 것처럼 말이다. 그러나 손으로 무엇을 할 수 있는지는 아직 알지 못한다. 생후(출생 예정일 후) 12주에 찾아오는 세 번째 도약, 즉 '유연한 변화'의 도약을 겪고 나서야 비로소 손을 활용해 무엇을 할 수 있는지 알게 된다. 그러고 나면 아기가 손으로 뭔가 쥐려고 하는 모습을 관찰할 수 있다. 하지만 아기는 아직 제대로 쥐지 못한다. 이를 위해서는 또 한 번 도약을 거쳐야 한다. 다음번 장애물인, 출생 예정일 기준 19주 후에 일어나는 '사건'이라는 도약을 거쳐야만, 아기는 정신적으로 뭔가 쥘 수 있는 상태가 된다. 하지만 실제로 뭔가 쥐려면 아직 엄마의 도움이 필요하다.

아기는 왜 장난감을 넘어뜨리거나 손으로 장난감을 쾅쾅 칠까?

장난감을 채뜨려 넘어뜨리거나, 손으로 치는 것은 쥐기에 앞서 나타나는 행동이다. 이 시기의 아기는 장난감에 뚜렷한 관심을 보이면서 몸을 이용해 이런 흥미로운 대상에 도달하려고 한다. 하지만 아직은 잘 되지 않는다. 이 시기에는 베이비짐(Baby-Gym, 아기체육관)을 설치해주면 좋다. 아기는 매달려 있는 물건들을 때리거나 치면서 뭔가 성취감을 느낄 수 있다. 베이비짐에서는 장난감이 튼튼하게 매달려 있어, 아기가 손으로 치면 장난감들이 왔다 갔다 하며 움직인다. 즉 아기의 노력에 보상이 주어진다!

쥐기를 배우는 아기를 어떻게 도와줄까?

아기가 손으로 뭔가 쥐려는 행동을 보이면, 아기의 흥미를 불러일으킬 만한 장난감을 가까이 놓아 아기가 쉽게 쥘 수 있도록 하라. 유심히 관찰하면, 아기가 어느 정도까지 혼자 힘으로 쥘 수 있는지 확인할 수 있다. 쥘락 말락 하는데 아직 조금 모자라면, 아기가 쥐기 쉽도록 장난감의 방향을 돌려준다든지 하면서 도와주라. 점점 시간이 지나면 도와주지 않아도 아기가 잘 해내는 모습을 보게 될 것이다.

아기는 왜 모든 것을 흐트러뜨리고 무너뜨리려 할까?

블록을 가지고 논다고 하면 어른들은 블록을 차례로 쌓아 올려 멋진 탑 같은 걸 만들 거라고 생각한다. 그러나 아기에겐 아직 '만든다'는 개념이 없다. 이런 개념이 형성되려면 '프로그램'의 도약(출생 예정일로부터 55주 또는 13개월, 『엄마, 나는 자라고 있어요』 223쪽 참고)을 마쳐야 한다. 이런 능력이 생기기 전에 아기는 그냥 개별적인 블록과 그것으로 할 수 있는 것들을 실험한다. 그래서 엄마가 만든 탑을 흐트러뜨리고 닥치는 대로 쓰러뜨린 다음, 엄마로 하여금 바닥을 옮겨 다니며 블록들을 다시 주워 담게 만드는 것은 아이에게 아주 매력적인 놀이다. 19주에 일어나는 '사건'의 도약에 아주 잘 들어맞는 놀이다.

그러므로 블록을 쓰러뜨리는 걸 좋아한다고 해서 아기에게 파괴적인 성향이 있는지 의심할 필요는 없다. 또한 아기의 소근육 운동 능력에 문제가 있어 블록을 차근차근 쌓지 못하는 것도 아니다. '프로그램' 도약을 마치자마자, 아기는 열성적으로 블록을 쌓아 올리고 여러 가지를 만들어 소근육 운동 연습도 이루어질 것이다. 이때가 되면 아기는 자신의 손을 조절해 블록을 다른 블록과 정확히 맞추어 쌓는 것을 배운다.

소근육 운동 연습에는 어떤 장난감이 적절할까?

퍼즐 블록, '액티비티 센터(Activity Center)' 등 손가락을 쓸 수 있는 모든 장난감이 소근육 운동을 연습하는 데 알맞다. 그러나 아기는 별도로 구입해야 하는 장난감뿐 아니라, 일상에서 쓰이는 가재도구들도 좋아한다. 아기에게 플라스틱 컵과 숟가락을 주고, 숟가락으로 컵 속을 젓게 해보라. 또는 아기에게 책을 주고 페이지를 넘기도록 해보라. 소근육 운동은 일상과 밀접한 관계가 있어 어디에 있든지 연습이 가능하다. 중요한 것은 즐겁게 하는 것이다. 무엇을 가지고 하느냐보다 어떻게 하느냐가 중요하다.

아이 앞에서 명확하고 침착하게 소근육 운동을 선보인다. 어른은 단추를 누르는 게 특별한 일이 아니지만, 아이에겐 힘든 일이다. 아기는 단추를 누르기 위해 손 전체가 아니라 손가락 '하나'를 사용해야 한다는 걸 파악해야 하며, 손가락을 정확히 조절해야 한다. 엄마가 제대로 모범을 보여준다면, 아기는 약간 더 수월하게 배울 수 있을 것이다. 모든 동작을 하면서 아기가 지금 무슨 일이 벌어지고 있고, 거기서 엄마가 손을 어떻게 사용하는지 정확히 보게 하라. 아기가 시도하다가 실패할지라도, 시도한 것 자체를 칭찬해주라. 계속 아기를 격려해주라.

또한 아기에게 놀이가 너무 어렵지 않은지 유의하라. 가령 장난감에 붙어 있는 단추는 장난감을 구입하기 전에 점검해보아야 한다. 어떤 단추들은 너무 빡빡해서 힘을 많이 써야만 누를 수 있으므로, 단추를 누르기 쉬운 장난감을 고르는 것이 좋다. 아기들을 위한 장난감이지만, 아기에게 맞지 않는 장난감들이 간혹 있다.

3장

잠자기

휴식, 깊은 잠, 수면 패턴, 꿈

아기는 생후 첫해에 정신적, 신체적으로 급격하게 발달한다. 그러다보니 잠이 많이 필요하다. 하지만 유감스럽게도 아기는 그리 쉽게 잠들지 않는다. 부모는 밤마다 자신의 침대와 아기 침대를 왔다 갔다 하며, 제발 몇 시간이라도 연달아 눈을 좀 붙일 수 있기를 바란다.

충분한 수면은 아기의 정신 발달에 중요할까?

새로운 것들을 배우고 발견하느라 아기의 작은 두뇌와 신체는 꽤 힘들다. 정신 발달이 일어나는 두뇌 역시 신체의 일부이며, 신체는 영양 외에 휴식을 필요로 한다. 아기가 충분한 수면을 취하면 새로운 것을 배우고 발견하는 일이 더 쉬워진다.

충분한 수면을 취하고 있는지
어떻게 알 수 있을까?

사람마다 수면 습관이 다르고, 필요한 수면량도 다르다. 수면량은 우리의 두뇌와 신경계가 회복하는 데 얼마나 많은 시간을 요하느냐에 따라 달라진다. 이것은 나이와 상관없이 아기도 마찬가지다. 물론 평균치는 있다. 엄마 배 속에서 아기는 평균 23~24시간을 잔다. 출생 직후 신생아 시기에는 하루 평균 16시간을 자지만, 실제 수면량 분포는 10시간에서 23시간까지 다양하다. 유치원에 다니는 네 살 아이는 평균적으로 약 12시간 자고, 한두 시간 더 낮잠을 잔다.

좋은 매트리스가 아기의 숙면에 도움이 될까?

아기는 어디서든 깊은 잠을 잔다. 하지만 양질의 매트리스를 마련하라. 양질의 매트리스에서 잔다고 아기가 더 쉽게 잠들고 더 오래 자는 것은 아니지만, 좋은 매트리스는 신체를 잘 지지해주어, 아기의 등과 목, 머리가 훨씬 편안하기 때문이다. 아이가 좀 더 자라면 좋은 매트리스에서 잘 때 잠도 더 잘 것이다. 양질의 매트리스를 사용해야 신체 회복도 잘되고, 충분한 숙면을 취할 수 있다.

도약 중엔 왜 잠을 평소만큼 잘 자지 못하는 걸까?

도약기가 다가오면 아기의 세계는 뒤죽박죽된다. 갑자기 모든 것이 달라 보인다. 아기는 혼란스럽고 불안하다. 이런 상태로 인해 아기의 수면 패턴이 달라지기도 한다. 모든 아기는 도약에 이르면 다르게 반응한다. 어떤 아기는 도무지 잠을 자지 않으려 하고, 어떤 아기는 밤에 조금 자고 낮잠을 많이 잔다. 어떤 아기는 자고 싶은데 잠들 수 없어 힘들어한다.

도약하는 동안
잠을 잘 자게 하려면 어떻게 해야 할까?

유감스럽게도 아기를 잠들게 하는 비결은 없다. 있다면 얼마나 좋을까! 그러나 아기가 도약으로 인한 새로운 인상을 잘 처리할 수 있도록 세심하게 배려하면서 아기를 도울 수는 있다. 그러므로 도약기가 가까워오면 더 편안하고 조용한 환경을 조성하라. 스트레스가 많고 분주한 일들은 뒤로 미루고, 아기에게 우선순위를 두라. 이를 위해 엄마의 일정을 약간 조율해야 할지도 모른다. 그러나 장기적으로는 그렇게 하는 것이 아기뿐 아니라 엄마에게도 더 많은 안식을 가져다줄 것이며 모두에게 유익할 것이다.

아기가 도약으로 힘든 시기를 보내면
엄마도 예민해진다. 어떻게 해야 할까?

아기가 잠을 잘 못 자거나, 도무지 잠을 자려고 하지 않으면, 엄마는 그 영향을 그대로 받게 된다. 엄마 역시 깊은 잠이 부족해지고, 이로 인해 지치고 민감해질 수 있다. 아기에게 더 많은 신경을 써주어야 할 시기인데, 너무 피곤해서 아이에게 관심을 보내줄 수 없는 정도라면 어떻게 해서든 휴식을 취해야 한다. 아기가 드디어 잠들었다면, 모든 것을 뒤로하고 엄마도 함께 한 시간 정도 낮잠을 청해보라. 또는 배우자더러 밤에 아기가 깨면 돌봐달라고 부탁하고 내리 몇 시간 숙면을 취하라. 모유를 먹이는 경우에는 잠자리에 들기 전에 미리 유축기로 모유를 짜놓는다.

아기가 혼자 뒤집기를 해서 엎드린 자세를 취하면, 자다가 질식할 위험이 더 많아질까?

우리는 커다란 이불 대신 아기의 신체 사이즈에 맞는 베이비 침낭을 사용하길 권장한다. 그러면 얼굴이 푹신한 이불에 파묻혀 질식할 위험이 없어진다. 언뜻 생각하기엔 아기가 이미 뒤집기를 잘해서 스스로 돌아누울 수 있으면 질식 위험이 없을 것 같지만, 그것은 착각이다. 아기가 낮 동안 몇 번 뒤집고 다른 운동을 했다고 하여, 밤에 자다가도 그렇게 할 수 있을 거라고 여기면 안 된다. 안전을 위해 잠자리를 아기 몸에 맞추는 것이 좋다.

아기와 함께 다른 집을 방문하거나 손님이 오는 경우 아기가 잠만 자는 이유는 뭘까?

어떤 아기들은 많은 사람 가운데 있으면 약간 불편함을 느껴 그냥 눈을 감고 잠들어버리거나, 무의식적으로 잠자는 '놀이'를 한다. 아기의 예쁜 눈과 매력적인 웃음을 친구들이나 친척들에게 선보이고 싶었던 부모들은 아기가 계속 잠만 자면 아쉬움을 느낀다. 하지만 이럴 때 잠든 아기를 억지로 깨우는 것은 좋지 않다. 아기가 조금 더 자라면 많은 사람이 있어도 상관없이 똘망똘망하게 깨어 있을 것이고, 모두가 아기의 귀여운 모습을 보게 될 테니 말이다.

놀다가 깜빡 잠들어버리는 아기는 정상일까?

아기는 새로운 것들에 매우 흥미가 많다. 도약으로 말미암아 할 수 있거나 배울 수 있는 모든 것에 매력을 느끼고 관심을 보인다. 그런 일들에 완전히 몰두해 온 정신을 거기에 쏟기도 한다. 그러다가 에너지가 딸리면 잠시 고개를 돌리고 쉬는 시간도 필요하다. 아기가 놀다가 갑자기 조는 모습을 보이면, 휴식이 필요하다는 표시로 받아들인다. 잠시 쉬고 나면 아기는 다시 전력을 다해 놀이에 몰입할 것이다. 그러고는 어느 순간 또다시 눈이 돌아가 깜빡 존다. 이런 모습을 보이면 '아기가 방금 경험한 것들을 소화시키고 있구나' 생각하면 된다.

남자아이와 여자아이의 수면은 서로 다를까?

연구에 따르면 6개월까지는 남자아이가 여자아이보다 더 많이 자고, 6개월 이후부터는 반대로 여자아이가 남자아이보다 더 많은 잠을 필요로 한다. 그리고 이후 일생 동안 여성이 남성보다 수면 필요량이 더 많다. 약간 더 자란 아이들은 경우는 일반적으로 여자아이가 남자아이보다 꿈을 더 잘 기억한다. 그러나 꿈꾸는 빈도는 남자아이나 여자아이나 비슷하다.

갓난아기가 잠들면 무조건 조용히 해야 할까?

그럴 필요는 없다. 아기는 엄마 배 속에서 이미 일상적인 소음과 함께해와 그런 소음에 익숙하다. 그런데 갑자기 사방이 너무 조용해지면, 아기는 뭔가 허전한 느낌이 들어 오히려 잠을 이루지 못하거나, 자다가 깰 것이다. 아주 시끄럽게 하지 않는 한, 일상적인 일은 그대로 하면 된다.

아기들도 꿈을 꿀까?

꿈을 꾸는 이유가 무엇이며, 꿈에서 정확히 무슨 일이 일어나는지는 예나 지금이나 수수께끼로 남아 있다. 우리는 다만 수면의 어느 단계에서 꿈이 나타나는가 하는 것만 알고 있다. 우리는 깊은 잠을 자는 단계가 아니라 렘수면(Rapid Eye Movement, 급속안구운동 수면) 단계에서 꿈을 꾼다. 렘(REM)수면이란 눈을 빠르게 움직이며 얕은 잠을 자는 단계를 말한다. 총 수면 중 렘수면이 차지하는 비중은 생후 첫해가 흐르면서 차츰 감소한다. 아직 돌이 지나지 않은 아기들은 밤낮을 가리지 않고 상당 시간을 꿈꾸는 렘수면 단계에서 보낸다. 임신 25주 만에 태어난 미숙아는 심지어 수면 전체가 렘수면으로 이루어지며, 32주에 태어난 아기는 렘수면이 전체 수면의 80퍼센트를 차지한다. 그 이후에는 차츰 깊은 잠을 자는 단계가 시작돼, 만삭일 때의 아기는 수면 시간의 45~65퍼센트를 렘수면에 할애하며, 생후 3개월이 지나면 43퍼센트, 12개월 뒤에는 30퍼센트로 줄어든다. 하지만 사춘기에도 렘수면은 총수면의 20퍼센트를 차지한다.

이처럼 아기들은 수면에서 렘수면기가 어른들보다 더 길기 때문에, 어른들보다 꿈을 더 많이 꾼다고 보아야 할 것이다. 아기들의 꿈이 어른들의 꿈과 얼마나 비슷한지는 알 수 없다. 때로 부모들은 아기들이 자면서 잠꼬대하는 모습을 본다. 하지만 아기들이 '스토리'가 있는 꿈을 꾸는지, 아니면 단순히 감정만 경험하는지는 여전히 수수께끼다.

아기들도 악몽을 꿀까?

'관계'의 도약(26주 내지 6개월)이 끝나면 아기들은 자면서 굉장히 불안해하고 뒤척이는 모습을 보인다. 이런 행동을 보며 부모들은 '아기가 악몽을 꾸나?' 하는 생각을 하게 된다. 확실히 알 수는 없지만, 어른의 경우엔 스트레스가 많을 때 악몽을 더 잘 꾸는 걸 감안하면, 아기들도 도약할 때 악몽을 더 자주 꿀 것으로 예측된다.

악몽을 꾸는 것 같으면 아기를 곧장 깨워야 할까?

아기는 대부분 악몽에서 저절로 깨어난다. 그러므로 굳이 깨울 필요는 없다. 하지만 아기가 깨어나서 울면 충분히 달래주는 것이 좋다. 아기는 악몽을 꾸면 어른보다 훨씬 더 혼란스러울 수 있다. 어른은 악몽을 꾸다가 놀라서 깨어나면 '꿈이었구나' 하면서 스스로를 다독일 수 있다. 그 일이 꿈에 불과했다는 것을 알기 때문이다. 하지만 아기는 아직 그런 생각을 할 수가 없다. 그러므로 이럴 때는 믿을 만한 사람이 곁에서 달래주는 것이 중요하다.

언제쯤 수면 리듬이 생길까?

수면 리듬이란 아기가 특정한 '패턴'으로 잠자는 것을 의미한다. 사실 아기는 세상에 나오기 전 엄마 배 속에서도 엄마의 수면 각성 리듬을 기준으로 자신만의 첫 수면 각성 리듬을 개발한다. 간혹 엄마의 수면 각성 리듬과 동일한 리듬을 선보이는 태아들도 있지만, 보통은 엄마와 반대 리듬을 선호한다. 따라서 태아는 엄마가 자려고 하면 활동하고, 엄마가 활동하면 잠을 자면서 엄마 배 속에서 흔들흔들 실려 다닌다. 그렇게 임신 6개월쯤 되면 모든 태아는 자신의 수면 각성 패턴을 갖게 된다. 이런 패턴은 지문과 마찬가지로 아기마다 다르다. 아기는 이런 독특한 수면 각성 리듬으로 무장한 채 세상에 나오는 것이다.

밤낮을 가리는 능력은 언제 가능해질까?

밤낮을 가리는 것이 도약과 관련 있는지는 아직 연구된 것이 없다. 보통은 태어나 2~3개월쯤 되면 밤낮을 가리는 것으로 알려져 있다. 2~3개월 지나면 아기는 밤에 내리 자지만, 아직 같은 시간에 잠들고 같은 시간에 깨어나지는 않는다. 15주쯤 되면 아기의 수면 리듬에 뚜렷한 패턴이 나타난다. 밤낮을 가리면서 24시간 주기로 돌아가는 리듬을 서캐디안 리듬이라고도 한다. 서캐디안 리듬이 하루빨리 자리 잡게 하려면 밤과 낮의 뚜렷한 대비를 보여주는 것이 좋다. 어두운 밤에는 우는 아기를 달래주고, 젖이나 우유를 줄 때도 전등을 켜지 않으며, 아기가 자다 깨면 되도록 낮은 목소리로 아기와 이야기하라. 언제가 밤이고, 언제가 낮인지 뚜렷이 알게 해주면, 아기는 서캐디안 리듬에 수월하게 적응할 것이다.

수면 시간이 왜 자꾸 뒤로 밀릴까?

신생아기에 수면 리듬이 왔다 갔다 하는 건 매우 정상적인 일이다. 첫 도약을 마칠 즈음이면 아기의 수면에 특정 리듬이 생기는 걸 발견하게 될 것이다. 그러나 아기의 수면 리듬은 엄마 배 속에서 하루 24시간이 아닌, 25시간에 맞춰져 있었다. 인간의 생체 시계는 25시간으로 프로그램되어 있어, 외부의 시간 신호가 없는 상태에서는 그 리듬을 유지하기 때문이다. 그래서 아기의 수면 주기는 계속 한 시간씩 뒤로 밀린다. 또한 첫 도약을 마칠 즈음엔 아기가 한 번에 취하는 수면시간이 약간 더 길어지고, 수면과 수면 사이 깨어 있는 시간도 더 길어진다.

15주경의 아기들도 뚜렷한 수면 패턴을 갖는다. 수면 패턴을 알면, 아기가 다음에 언제 잠들지 꽤 정확하게 예측할 수 있다.

소아의 수면 시간(홍창의 소아과학, 미래엔, 2016)

연령	신생아	영아	2년	5~6년	10년	사춘기
수면 시간	15~20시간	14~16시간	13시간	11시간	10시간	8~9시간

언제쯤이면 아기가 밤에 내리 잘까?

생후 첫 달에는 95퍼센트의 아기가 밤에 깨어나면 울어대 부모의 손길을 요한다. 그러나 8개월쯤 되면 60~70퍼센트는 깨어났다가도 스스로 다시 잠들 수 있다. 대부분의 부모는 6개월쯤 되면 아기가 밤에 내리 잔다고 생각한다. 많은 발달전문가들은 이렇듯 '내리 자는 것'을 발달의 시금 석으로 보기도 한다. 하지만 사실은 그렇지 않다. 연구 결과 생후 12개월 이하의 아기 중 밤에 깨지 않고 내리 자는 아기는 거의 없는 것으로 나타났다. 몰래 카메라를 동원한 연구에 따르면 아기들은 중간에 깨어나지만, 울지 않고 혼자서 다시 잠든다. 모든 아기가 실제로 밤에 한 번에서 세 번 정도 깨어나며, 대부분은 4시간 정도 수면을 취한 뒤 깨기 시작한다.

수면 장애가 있는 경우 어떻게 감지할까?

아기가 6개월 정도 지나 밤낮을 잘 가려야 비로소 수면 문제를 이야기할 수 있다. 아기가 언제 얼마나 많이 자는지 메모하라. 몇 주 동안 그렇게 했는데도 여전히 아기가 수면 장애를 겪고 있다고 여겨지면, 소아과 의사나 상담 센터에 문의하라.

도약을 마친 뒤
잠들기 힘들다면 어떻게 도와야 할까?

많은 아기가 천성적으로 새로운 것에 관심이 많아 도무지 중단하려고 하지 않는다. 이런 행동은 어린 아기에게서도 나타난다. 목표에 도달하기 전에는 도무지 휴식을 취하려 하지 않는 아기들은 자칫 스스로에게 과도한 요구를 할 수도 있다. 엄마에게도 마찬가지다. 이런 참을성 자체는 훗날 아이에게 분명 유익하게 작용할 것이다. 그러나 때로 부모는 아이를 스스로에게서 보호해주어야 한다. 그러므로 새로운 능력을 시도해보는 것에 비중을 두고, 마지막 결과와 상관없이 아이의 시도 자체를 칭찬하라. 그렇게 하면 아기의 주의를 다른 데로 돌리기 쉬울 것이다. 그럼에도 아기가 자신에게 너무 무리한 행동을 하는 것 같으면 적극적으로 개입하라. 아이를 잠시 그 상황에서 벗어나게 해 함께 책을 본다든지 하면서 휴식 시간들을 마련해주라.

> ### 🐎 수면을 위한 5가지 꿀팁
>
> 1. 정해진 수면 의식을 마련하라.
> 2. 잠자리에 들기 직전에는 떠들썩한 분위기를 피하라.
> 3. 아기 침대가 있는 방을 아늑하고 고요한 분위기로 만들어라.
> 4. 방 온도를 너무 덥거나 춥지 않게 하라.
> 5. 잠자리에 들기 전에 몸을 이완시키는 목욕이나 마사지를 하면 뛰어난 효과를 볼 것이다.

수면 의식을 마련할 때 지킬 기준이 있는가?

바로 이런 부분에서 엄마의 상상력이 요구된다! 스스로 만족스럽고 편안한 수면 의식을 구상해보라. 아기에게 안식을 선사하는 것이라면 뭐든지 허용된다. 책을 읽어주든, 목욕을 시키든, 흔들침대에 뉘고 흔들어주든……. 수면 분위기를 조성하는 방법은 많다. 부모 중 한쪽이 자리를 비워도 늘 같은 의식을 구사할 수 있도록, 어떤 수면 의식을 행할지 배우자와 상의하라. 늘 똑같은 의식을 구사하면 어른들로선 매우 지루할지 몰라도 아기들은 그렇지 않다. 정해진 수면 의식은 아기에게 잠잘 시간임을 알리는 확실한 신호가 된다. 또 한 가지 중요한 것은 아기를 침대에 널 때 엄마도 이완된 상태여야 한다는 것이다. 아이는 기본적으로 어른보다 촉이 더 섬세해 엄마가 스트레스를 받거나 서두르면 금방 느낀다. 따라서 시간적 여유를 충분히 두고 수면 의식을 실행하라. 엄마가 풍기는 안식의 아우라가 아이에게 전달되어, 아이도 더 빨리 잠들고, 내리 푹 잘 것이다.

잠잘 때 봉제인형을 안고 자는 것이 좋을까?

봉제 동물인형은 귀여워서 아이의 기분을 좋게 한다. 그래서 아이가 계속 동물인형을 원할 수도 있다. 나쁠 것 없지만 아기로 하여금 일부러 봉제 동물인형에 의지해 잠들도록 강요할 필요는 없다. 매일 저녁 침대에 봉제 동물인형을 함께 눕혀주면, 아기에게 봉제 동물인형 없이는 잠자리에 들 수 없다는 메시지를 주는 것과 마찬가지다. 그것은 올바른 메시지가 아니다. 아이가 봉제 동물인형을 찾으면 주고, 요구하지 않으면 줄 필요 없다.

아기들은 잠을 잘 때 신체와 정신이 성장할까?

때로 부모들은 정확히 측정할 수는 없지만 아기가 밤사이 부쩍 큰 것 같은 느낌을 받는다. 수면 중에 호르몬 분비를 자극하는 두뇌 영역인 뇌하수체에서 성장 호르몬이 분비되기 때문이다. 성장 호르몬은 신체 성장을 촉진한다. 그러나 정신적 성장은 성장 호르몬과 상관없다. 정신 발달은 도약을 통해서만 일어나며, 도약은 하룻밤 사이에 일어나지 않고 좀 더 오래 걸린다.

엄마가 방을 나가면 싫어하는 이유는 뭘까?

6개월경에 도약을 통해 '관계'라는 개념이 생기면, 아기는 갑자기 엄마가 가버려 자기 곁에 없을 수 있다는 걸 알게 된다. 자신은 침대에 누워 있는데, 엄마가 곁에 없으며, 이 상태로 꽤 오래 있어야 한다는 것을 파악한다. 이런 상황은 아기를 불안하게 만들고, 아기는 이를 표시한다. 그리하여 전에는 별문제 없었지만, 이제는 엄마가 자신을 두고 방 밖으로 나가버리는 걸 원치 않게 된다. 도약으로 얻은 새로운 이해로 말미암아 새로운 두려움이 생기게 된 것이다. 아이에게 엄마가 이런 새로운 상황을 이해한다는 것을 보여주라. 아기를 침대에 눕힌 다음 잠시 곁에 앉아 있거나, 아이의 시선이 닿는 곳으로 이동하면서 안정감을 주라. 아기의 두려움을 존중해주고, 부모가 늘 함께 있음을 보여주면 그 두려움이 빠르게 지나갈 것이다.

4장

울기

울음 그치기, 달래기,
경험의 처리, 의사소통하기

모든 부모는 아기가 온종일 방긋방긋 웃으며 즐겁게 지내길 바란다. 하지만 아기가 언제나 즐겁지는 않다. 아기들은 운다. 울지 않는 아기는 없다. 신생아는 약 4개월이 되어야 눈물이 나온다. 아기가 울면 부모는 왜 우는지 궁금해하고 불안해한다. 울음을 그치게 하려고 애쓰며 적절한 방식으로 달래고자 한다. 이 방법 저 방법 다 동원해보고, 아기가 드디어 울음을 그치면 안도의 한숨을 내쉰다.

아기는 왜 울까?

아기는 엄마에게 뭔가 알릴 방법이 별로 없다. 아기가 어릴수록 방법은 더 제한된다. 도약을 거듭할수록 아기는 의사소통에 한결 더 능숙해진다. 언어적 방법으로건, 비언어적인 방법으로건 간에 말이다. 하지만 아기가 자신의 상황을 제대로 전달하기 전에는 엄마가 아기의 울음과 보디랭귀지를 보고 상황을 눈치채는 수밖에 없다. 아기가 우는 것은 슬퍼서가 아니라, 뭔가 불편하다는 신호다.

아기의 울음을 유발하는 가장 흔한 이유는 다음과 같다.

- 질병 혹은 통증
- 정신 발달에서의 도약
- 배고픔

- 실망
- 심심함
- 휴식, 청결, 규칙성 부족
- 음식물 소화와 같은 하루에 겪은 일들의 처리

아기가 우는 이유를 어떻게 알 수 있을까?

부모는 아기의 다양한 울음소리를 분간하는 법을 배운다. 몇 주만 함께 지내면 울음소리를 듣고 아기가 무엇을 원하는지 알게 된다. 하지만 간혹 발작적으로 울어서 엄마를 거의 절망하게 만들기도 한다. 우는 이유를 알 수 없으면 엄마는 정말 당황스럽다. 이럴 때는 다음 사항을 점검하라.

어디 아픈 것 아닌가?

어린 아기들은 아픈지 확인하기가 쉽지 않다. 신체를 한쪽으로 과도하게 비튼다든지, 과도하게 오므린다든지, 특정 근육을 과도하게 뻗으면 아프다는 신호일 수 있다. 경련성 복통이 있을 때는 다리를 아주 경직된 자세로 뻗거나, 다리를 박차기 시작한다.

도약하고 있는 것 아닌가?

정신 발달상 도약을 할 때는 세계가 뒤죽박죽되어 아기가 매우 혼란스러워한다. 그러므로 아기가 평소보다 더 많이, 더 오래 우는 것도 놀랄 일이 아니다. 평소와 다른 태도로 우는 경우도 있다. 다행히 우리는 아기가 언제쯤 도약할지 예측할 수 있으므로, 아기가 우는 것이 도약 때문인지 아닌지 분간할 수 있다.

배가 고픈 것 아닌가?

아주 어린 아기는 소화 기능이 어른과 다르게 작동한다. 가령 엄마 젖은 쉽게 소화돼 먹은 지 얼마 지나지 않아 다시금 허기를 느낀다. 그러므로 시간을 미리 정해놓고 수유하기보다 아기의 필요에 맞추는 것이 좋다. 모유 수유를 하는 아기가 배고파서 우는 경우엔 얼른 젖을 물리면 문제가 해결될 것이다. 우유병으로 인공 수유를 하는 경우, 우유는 모유보다 소화하기가 쉽지 않아 수유 뒤 금방 배고파지지 않는다. 엄마 젖을 충분히 잘 빨지 못하거나 우유병으로 먹는 걸 힘들어하는 경우엔 아기의 배고픔을 달래기가 더 힘들다.

짜증을 내는 것 아닌가?

아기도 때로 자기 뜻대로 되지 않으면 실망한다. 어른처럼 의식이 성숙해야 실망감을 느낄 수 있다고 생각하면 오산이다. 실망은 두뇌 속에서 서로 모순되는 관심사나 과정들이 진행되고, 이를 통해 불안과 긴장이 생기는 것을 말한다. 따라서 엄마에게 뭔가 전달하고 싶은데 잘 되지 않으면 실망하고 짜증을 낼 수 있다. 아기 스스로도 왜 이런 감정을 갖게 되는지 알지 못하지만 말이다. 아기를 유심히 관찰하면 이런 실망감과 짜증을 덜어줄 수 있다. 아기가 무엇을 마음에 들어하고, 무엇에 흥미가 있는지 살펴보라. 그리고 아이가 흥미를 보이는 것으로 관심을 돌리려고 해보라. 아기마다 다르므로, 비법 같은 것은 없다. 하지만 아이와 더불어 많은 시간을 보낼수록 대처하기가 쉬워질 것이다. 물론 시간보다 더 중요한 것은 상호 작용이다. 상호 작용을 하는 가운데 아기와 더불어 알찬 시간을 보

낼수록, 엄마는 아기를 더 잘 알게 될 것이다. 몇 시간 동안 아기 침대 옆에 앉아 아무 말도 하지 않고 아무것도 하지 않는다면, 아기를 알 수 없다. 그러면 실망한 아기의 기분을 돌리기는커녕 아기가 왜 실망했는지조차 알 수 없을 것이다.

엄마의 관심을 요구하는 것 아닌가?

어린 아기도 심심하고 지루할 수 있다. 유독 요구가 많은 아기도 있고, 그렇지 않은 아기도 있다. '요구가 많다'는 것은 부정적인 어감을 지니지만, 늘 그렇듯이 모든 특성에는 긍정적인 면과 부정적인 면이 혼재한다. 요구가 많은 아기들은 보통 개성이 뚜렷하며, 많은 것을 보고 듣고 느끼고 경험하고자 한다. 그래서 그렇지 않은 아기들에 비해 엄마의 관심과 에너지가 더 많이 필요하다. 아기에게 필요한 자극과 경험을 중재해주고 애정을 선사하면 아기는 덜 지루해하고, 우는 일도 줄어들 것이다.

관리가 지나친 것 아닌가?

이전에는 아기 양육에서 휴식, 청결, 규칙성이 매우 중요했다. 하지만 최근에는 이 세 가지가 지나치면 안 된다고 밝혀졌다. 가령 위생에 지나치게 신경 쓰는 것은 아이에게 좋지 않다. 아이의 면역 체계가 때로는 일상적인 박테리아와 접촉해야만 더 튼튼해지기 때문이다. 하지만 어느 정도의 위생과 청결은 꼭 필요하다. 기저귀가 푹 젖어 있으면 아기는 불편해서 운다.

휴식과 청결성도 부족해서는 안 된다. 생후 첫해에 아기는 이후 그 어느 해보다 더 많은 것을 배우고 성장하고 경험한다. 모든 새로운 인상들을 받아들여야 하므로 아기는 안정을 취하고 쉬는 것이 꼭 필요하다. 또한 어느 정도 규칙적인 생활을 통해 아이가 다양한 인상들을 더 잘 처리하도록 도와줄 수 있다. 다양한 인상들을 받아들이는 것만으로도 아이는 이미 충분히 혼란스럽기 때문에, 이런 혼란을 가중시키지 않도록 해야 한다. 규칙적인 하루 일과를 통해 안정감과 단순함을 중재하라. 규칙성으로 말미암아 평화와 안식이 찾아올 때가 많을 것이다. 규칙성은 아기뿐 아니라, 가족 모두에게 중요하다. 규칙적인 일과는 아기가 울고 칭얼대는 것에도 긍정적인 작용을 한다.(9장 '양육', 147페이지 참조).

어느 정도 울어야 '울보아기'라고 할 수 있을까?

아기가 일주일에 3일 이상 하루 3시간 넘게 울고, 이런 증상이 3주 이상 지속되면 '울보아기(crybaby)'라고 할 수 있다. 이런 아기를 키우려면 정말 힘들다. 다음의 표를 활용해 아기가 정말로 울보에 해당하는지 판단해보라. 시간대에 따라 아기가 얼마 동안 울었고, 얼마 동안 잠을 잤는지 메모해보라. 하루 정도 지켜보면서 표에 기입해보면 아기가 매일같이 여러 시간을 울어대는 것 같은 느낌이지만, 실제로는 우는 시간이 그리 많지 않음을 확인하게 될 것이다. 우는 것은 아기에게나 부모에게나 힘든 일이어서, 아기가 울면 실제보다 더 길게 느껴지는 것이다.
일주일 정도 체크리스트를 기입해보고, 정말로 아기가 '울보아기'라고 할 만큼 많은 시간 울면, 2주간 더 표를 작성해보라. 그리고 나서도 우는 시간이 줄어들지 않고, 아기가 정말로 '울보아기'에 해당한다면 소아과 의사나 상담 센터를 찾아 상의하는 것이 좋다.

월요일	밤	오전	오후	저녁
잠을 잔다				
깨어 있다				
-운다				
-악을 쓰며 운다				

화요일	밤	오전	오후	저녁
잠을 잔다				
깨어 있다				
-운다				
-악을 쓰며 운다				

수요일	밤	오전	오후	저녁
잠을 잔다				
깨어 있다				
-운다				
-악을 쓰며 운다				

목요일	밤	오전	오후	저녁
잠을 잔다				
깨어 있다				
-운다				
-악을 쓰며 운다				

금요일	밤	오전	오후	저녁
잠을 잔다				
깨어 있다				
-운다				
-악을 쓰며 운다				

토요일	밤	오전	오후	저녁
잠을 잔다				
깨어 있다				
-운다				
-악을 쓰며 운다				

일요일	밤	오전	오후	저녁
잠을 잔다				
깨어 있다				
-운다				
-악을 쓰며 운다				

밤마다 우는 아기, 그 이유는?

낮에 잘 놀던 아기가 밤만 되면 한참 동안 울고불고 잠투정하는 일은 꽤 자주 일어난다. 아기가 이런 울음을 우는 것은 아기의 신경계가 성숙했다는 의미이다. 아기는 신생아기에는 조금씩 자주 잠을 잤으나 신경계가 성숙하면서 한 번에 더 길게 잘 수 있다. 이런 성숙은 도약 식으로 이루어지지만, 정신 발달의 도약과는 다르다. 3~4주쯤 되면 아기의 신경계는 이런 면에서 첫 도약을 경험한다. 그러나 한 번에 연달아 3시간 정도 자는 건 보통 12주 정도 되어야 가능하다. 이런 수면의 패턴 변화가 약간의 어려움을 예비하는 경우, 아기에게 잠투정이 나타난다.

아기는 왜 잠투정을 할까?

새로운 수면 리듬으로 옮겨가는 일은 쉽지 않다(3장 '잠자기', 66페이지 참조). 12주 전의 아기는 아직 신경계가 충분히 성숙되지 않아 한 번에 오래, 그리고 깊이 자지 못한다. 아기의 신경계는 성숙 중이어서, 깊은 잠과 얕은 잠이 아직 최적으로 기능을 하지 못한다. 그러면 어떻게 될까? 아기는 '얕은' 잠을 자며 낮에 경험한 것들을 소화한다. 아기는 나름의 방식으로 그렇게 한다. 하지만 새로운 리듬이 제대로 자리 잡을 때까지 아기는 소화시켜야 할 경험들을 다 소화시키지 못한다.

바로 여기에 문제가 있다. 하루의 첫 잠을 자며 아기는 많은 것을 처리한다. 그러나 아직 '처리하지 못한 것'이 남는다. 아기가 다음번에 잠을 자면 똑같은 일이 일어나고, 그다음번에도 다시금 그렇게 된다. 그렇게 하루의 막바지에 다다르면 처리되지 못한 것들이 많이 쌓인다. 동시에 하루 동안 수면 각성 주기가 계속 짧아지면서 모든 것이 균형을 잃는다. 그러고 나면 어느 순간 쌓인 것이 폭발하는데, 그것이 바로 잠투정으로 나타난다. 그러나 이때가 바로 아기에겐 '해방'의 시간이다. 이것은 다시금 균형을 잡으라고 어머니 자연이 주는 약과 같다. 아기는 실컷 '울어대면서', 하루 동안 정체되었던 감정과 인상을 드디어 처리할 수 있고, 다음 24시간으로 나아갈 수 있다.

잠투정은 언제 시작될까?

생후 3주에서 12주 사이에는 부모들이 매일같이 우는 아기 때문에 힘들어한다. 잠투정은 6주 정도 되었을 때 가장 많이 찾아온다. 부모는 종종 잠투정이 다시 시작되려 한다는 것을 예측할 수 있다. 85퍼센트의 아기가 잠투정을 시작하기 전에 불안해하기 때문이다. 이런 불안은 그다음에 올 일을 확실히 예고한다. 잠투정은 대부분 1~2시간이면 지나가지만, 심하면 4~6시간까지 끌기도 한다. 다행히 좋은 소식은 잠투정하는 기간을 잘 넘기면 아기가 대부분 더 오래, 더 잘 잔다는 것이다. 그 밖에 깨어 있는 시간에도 훨씬 더 편안해한다.

어떻게 하면 우는 아기를 잘 달랠 수 있을까?

유감스럽게도 성공적으로 달래는 방법은 없다. 하지만 '고전적인 방법'들이 잘 통하는 경우가 많다. 아기는 무엇보다 리듬과 따뜻함과 안정감을 원한다. 아기를 안고 방 안에서 왔다 갔다 하라. 팔에 안고 흔들어주라. 콧노래를 흥얼거리거나 노래를 불러주라. 아기에게 평화로운 표정을 보여주라. 가능하면 평온한 얼굴을 하려고 노력하라. 엄마의 평온은 아기에게 아우라로 전해질 것이다. 목소리도 마찬가지다. 아기와 더불어 부드러운 어조로 조용조용 말하라. 엄마가 아기를 이해하고, 함께 있다고 말해주면서 달래라. 아기는 아직 엄마의 말을 알아듣지는 못하지만, 분위기로 충분히 감지하며 진정한다.

우는 것에 대한 엄마의 신경질적인 반응이
아기를 더 불안하게 만들까?

아기는 부모가 느끼는 것, 부모가 풍기는 분위기에 굉장히 민감하게 반응한다. 아기가 우는 것에 엄마가 신경질적으로 반응하면 아기는 더 시끄럽게 울어댈 것이다. 그러면 부지불식중에 악순환이 시작되고, 아기의 울음은 점점 더 길게 이어진다. 이런 상황에서 엄마는 이성을 되찾아야 한다. 한순간 엄마를 둘러싼 상황을 잊어버리려고 노력하라. 의식적으로 엄마에게서 풍기는 전체적인 아우라에만 신경 써라. 깊고 평온하게 심호흡하며, 아기를 엄마의 배 위에 올려놓고 아기로 하여금 엄마의 고요한 호흡을 느끼게 하라. 아기는 엄마의 배가 고르게 올라갔다 내려갔다 하는 것을 느끼면서 저절로 평온해질 것이다.

때로는 아무리 애써도 평온을 유지하기가 힘들 수도 있다. 아기가 오랫동안 너무 심하게 울어대면 아기의 울음소리를 이제 더 이상 듣고 있을 수 없음을 인정하라. 그로 인해 죄책감을 느낄 필요는 없다. 우리는 그저 인간일 뿐이고, 모두 자신만의 한계가 있다. 너무 빠르게 포기하지는 마라. 하지만 자신의 한계 또한 인정하라. 아기가 울어대는 것을 도저히 견디기 어려우면 아기를 침대에 눕히고 잠시 방을 떠나라. 울어대는 아기에게 격한 반응을 보이는 것보다 잠시 혼자 두는 것이 아기에게 더 유익하다.

너무 많이 울 땐 언제 도움을 줘야 할까?

걱정스러울 정도라면 안심하기 위해서라도 상담 센터나 소아과 의사를 찾아가는 것이 좋다. 경우에 따라 소아과 의사는 다른 기관에 의뢰할 것이다. 물론 의사는 정말 필요할 때만 그런 조치를 취할 것이다. 아기가 너무 많이 우는 경우엔 '비디오홈트레이닝(Video-Hometraining)'이 도움이 될 수도 있다. 집에서 동영상을 찍은 뒤 보면서 무엇이 문제인지 분석해보는 것이다. 그러면 아기가 어떻게 우는지, 엄마가 어떻게 반응하는지 등에 대해 많은 것을 느낄 수 있으며, 대부분의 경우 상황을 개선할 방법도 알게 될 것이다.

왜 특정한 음악을 들려주면 울음을 그칠까?

테스트에 따르면 아기들은 따뜻하고 충만하고 부드러운 음악을 좋아한다. 음악의 리듬이 아기의 심장박동보다 느리면 아기들은 진정한다. 클래식 음악이나 아기를 달래기 위해 제작된 특별 음악들이 좋을 것이다.

아기를 달랠 때 스킨십이 중요한 이유는?

아기는 부모를 통해 세상을 알아간다. 엄마는 아기가 세상을 지각하는 과정에서 아기에게 안정감을 주는 사람이다. 엄마가 곁에 있으면 아기는 안정감을 느낀다. 스킨십을 통해 아기가 엄마를 느낄 수 있으면 아기는 안정감이 더욱 강화된다. 아기는 신체적으로나 정신적으로 더 고요하고 편안해진다. 아기가 오랫동안 심하게 울어댈 때는 아기를 안아주고 얼러주기가 굉장히 힘들지도 모른다. 대체 어찌해야 좋을지 알 수 없는 상황인데 아이가 계속 울어대면 엄마, 아빠의 가슴 깊은 곳을 찔러대는 느낌이 들 것이다. 그렇더라도 침착함을 잃지 말고 아기와 스킨십하도록 노력하라. 이런 상황에서 아기가 엄마보다 더 힘들다는 사실을 잊지 마라.

스킨십을 해주면 울음을 더 빨리 그칠까?

원래 모든 아기는 스킨십을 좋아한다. 신생아들도 안아주고 업어주고 스킨십해주는 걸 좋아한다는 것이 확연히 표시난다. 엄마의 체온, 심장박동, 목소리는 엄마 배 속에 있던 시절을 기억나게 한다. 신생아는 엄마 배 속에 있을 때부터 아빠의 목소리에도 익숙해져 있으므로 아빠가 스킨십을 해줘도 좋아한다. 포대기나 아기 띠를 이용해 아기를 늘상 안고 업고 다니는 것도 좋다. 아기는 언제나 이런 스킨십을 원한다. 포대기나 아기 띠처럼 안거나 업는 도구를 활용하면 늘 아기와 몸을 맞대고 있으면서도 손을 자유롭게 쓸 수 있어서 좋다. 유아용품 전문점에 가면 다양한 형태의 안고 업는 도구들이 있다. 플레이룸(유아나 어린아이가 안전하게 놀 수 있도록 작은 구역에 빙 둘러치는 아기 놀이방)에서 그물침대처럼 활용할 수 있는 것

들도 있다. 다양한 제품 중에서 엄마에게 맞고 가장 편안한 느낌을 주는
아기띠를 선택하라.

엄마의 맨몸 위에 아기를 뉘면
아기가 울음을 그치는 것이 이상한 걸까?

벌거벗은 몸은 늘 터부시된다. 그러나 부끄러워할 이유는 없다. 아기는
엄마 아빠의 맨몸을 느끼는 걸 좋아한다. 그래서 엄마 아빠의 벌거벗은
배 위에 뉘면 울음을 그치기도 한다. 종종 엄마의 배 위에 엎드린 채 금방
잠들어버리기도 한다. 아기가 엄마의 배 위에서 잠들었다면, 안전에 신경
써야 한다. 가령 아기를 뉜 채 뜨거운 음료를 들고 마시는 일이 없도록 하
고, 바람이 부는 장소에서는 아기를 벌거벗긴 채 재우면 안 된다.

아기가 울 때 마사지를 해주면 효과가 있을까?

아기 마사지는 아기의 몸을 전체적으로 이완시키는 데 효과 만점이다. 부
드럽게 아기를 마사지해주는 동안 아기는 자신의 몸을 의식한다. 마사지
는 우는 아기를 달래는 것 이상의 효과를 지닌다. 그러므로 이유를 막론
하고 편치 않은 아기에게는 신체를 이완시켜주는 마사지를 해주
면 여러모로 좋을 것이다.

언제부터 마사지를 시작할 수 있을까?

생후 5주 정도 되면 아기 마사지를 시작할 수 있다. 어떤 전문가들은 4주 차부터 가능하다고 말한다. 그러나 수유를 마치자마자 곧장 마사지하는 일이 없도록 하라. 수유를 마치고 30분 정도 기다려야 한다. 아기의 일반적인 컨디션도 고려하라. 아기가 피곤해하면 낮잠을 재운 다음 마사지를 하라. 일반적으로는 저녁에 아기를 목욕시키기 전에 마사지하는 것이 가장 적합하다. 마사지한 뒤 목욕을 시키면서 아기 비누를 사용해 마사지 오일을 닦아내라. 이때 아기의 몸이 마사지 오일로 인해 미끈거릴 수 있으니 아기 몸을 조심해서 잡고 있어야 한다.

아기 마사지

1. 손에 베이비오일을 묻힌 다음, 손을 모아 새끼손가락들이 아기의 가슴 중앙에 놓이도록 한다. 그런 다음 손바닥을 이용해 아기의 가슴 중앙에서 바깥쪽으로 부드럽게 문질러 나 간다. 이 동작을 다섯 번 반복한다.

2. 팔 마사지 차례다. 두 손으로 아기의 한쪽 겨드랑이 부분을 잡고 한 손으로 손 쪽을 향 해 마사지해나간다. 첫 번째 손이 아기의 손에 다다르면 두 번째 손이 이어받고, 두 번 째 손이 아기의 손에 이르면 다시금 첫 번째 손이 이어받아, 겨드랑이 부분부터 마사지 해나간다. 복잡하게 들리지만 실제로 해보면 그렇지 않다. 이 마사지를 제대로 실행하 면, 늘 한 손은 마사지하고 있어 부드러운 마사지 동작이 중단되지 않고 계속 이어질 수 있다.

3. 2번과 같은 순서로 하되, 문지르며 가는 동작을 비틀며 가는 동작으로 바꾼다.

4. 아기의 손을 꼭 잡고 엄지손가락으로 아기의 손바닥을 마사지한다. 아기가 손 마사지를 좋아하는 듯하면, 손가락들도 마사지해주고 싫어하는 것 같으면 계속하지 않는다. 아기 가 주먹을 꼭 쥐고 있으면 이 동작을 건너뛴다.

5. 2, 3, 4번 마사지를 아기의 다른 팔에 적용한다. 다른 팔로 옮겨갈 때 엄마의 손과 아기 의 몸이 계속해서 접촉하도록, 엄마의 손가락으로 한쪽 어깨에서 가슴을 거쳐 다른 쪽 어깨로 마사지해나간다.

6. 손 접촉을 중단하지 않은 채 가슴과 배를 거쳐 다리로 간다. 팔에서 했던 것과 똑같은 순서로 다리를 마사지한다. 한쪽 다리에서 다른 쪽 다리로 바꿀 때도 마사지를 중단하지 말고, 손으로 계속 아기의 몸을 마사지하면서 옮겨간다.

7. 다음은 발 차례! 한쪽 엄지손가락으로 발뒤꿈치 위를, 다른 쪽 엄지손가락으로 발가락 밑을 누른 다음 오르락내리락하며 발을 마사지한다.

8. 피부 접촉을 중단하지 않은 채 그대로 배로 옮겨간다. 손바닥으로 원을 그리듯 배를 쓸 어주되 배꼽 방향으로 갈수록 점점 더 작게 원을 그린다.

9. 아기를 엎드리게 해놓고 손으로 목에서부터 등을 거쳐 발에 이르기까지 기다란 동작으 로 쓸어준다.

10. 양쪽 엄지손가락으로, 척추를 따라 아래쪽으로 가면서 조심스러운 동작으로 부드럽게 등을 마사지해나간다. 이제 두루두루 마사지를 마친 다음 잠시 안아주고 나서 목욕시키 면 된다. 규칙적으로 마사지해주는 것을 습관화하라. 아기가 아주 좋아할 것이다!

5장

영양

영양 섭취, 식습관, 먹고 마시는 것,

영양이 미치는 영향

먹는 욕구는 순전히 신체적인 욕구지만, 정신 발달에도 중요한 역할을 한다. 수유를 통해 아기는 젖만 얻는 것이 아니라, 사랑도 함께 취하기 때문이다. 아기는 어디가 불편하면 잘 먹지 않는다. 두 돌 정도 되면 아기는 한층 독립성이 강해져 혼자 숟가락질을 하려고 하고, 엄마가 도와주려고 하면 완강하게 거부한다. 그러므로 먹고 마시는 것은 단순히 영양을 공급하는 일이 아니라, 사회적인 활동이다.

아기가 얼마만큼 섭취하는지 매일 기록해야 할까?

그럴 필요는 없다. 아기의 몸무게가 순조롭게 늘고 있으면 영양을 충분히 섭취하고 있다고 볼 수 있다. 하지만 생후 며칠 간은 갓 태어난 아기가 잘 먹고 있는지 유심히 살펴야 한다. 여러 주가 지나는 동안 아이가 잘 자라고 있으면 몸무게를 자주 체크할 필요는 없다. 몇 주에 한 번씩만 체크해도 영양 섭취가 잘 이루어지고 있는지 가늠할 수 있다.

갑자기 먹는 양이 줄어들면 걱정해야 할까?

때로 아기는 평소보다 식욕이 줄어들기도 한다. 갓 태어난 신생아일수록 잘 먹는지 주의 깊게 살피고, 의심스러운 경우 상담 센터나 소아과 의사와 상의해야 한다. 보통은 특별히 걱정하지 않아도 되지만, 혹시 모르니 확인해볼 필요는 있다. 컨디션이 좋지 않을 때 평소보다 먹는 양이 감소하는 것은 극히 정상적인 일이다. 어른도 컨디션이 안 좋을 땐 식욕이 감소하지 않던가. 아기는 앓기 직전에 식욕이 줄어들기도 한다. 정신 발달의 도약기에도 식습관이 변하고, 잘 먹지 않을 것이다. 이것은 도약으로 인한 증상이니 걱정할 필요가 없다. 하지만 아기가 정말로 충분히 먹고 있는지 의심이 든다면 소아과 의사에게 문의하라.

정신 발달의 도약을 할 때 특별히 더 많이 먹어야 할까?

다행히 이제는 아기가 원할 때마다 수유하는 게 좋다는 걸 모두가 알고 있다(이것은 아기가 엄마 젖을 원하는 표시를 내면 아기에게 젖을 물려야 한다는 소리다). 배가 고픈지, 언제 배고픈지는 결국 아기 자신이 가장 잘 알고 있다. 그런데 간혹 모유 수유를 하는 엄마를 힘들게 하는 점은 아기가 배고파서 엄마 젖꼭지를 원하는 것이 아니라, 잠을 이루기 위해서나 정서적 안정을 위해 젖을 찾는다는 사실이다. 도약을 할 때 아기의 친숙한 세계는 엉망이 되므로 아기는 믿을 수 있는 사람, 즉 엄마에게 찰싹 달라붙는다. 엄마 젖꼭지를 빠는 것보다 더 아기에게 안정감을 주는 일이 어디 있겠는가? 아기가 그렇게 엄마를 간절히 원한다는 사실이 감동적으로 느껴질지도 모른다. 그러나 아기가 젖꼭지를 오랜 시간 세게 빨면 엄마는 젖꼭지가 갈라지고 아파서 고생할 수도 있다.

젖꼭지가 아픈 이유는 뭘까?

젖꼭지 아픈 것이 일시적인지 장기적인지가 중요하다. 아기가 도약 중에 마음이 불안해서 자꾸 엄마 젖꼭지를 찾는 것은 걱정할 이유가 없다. 수유 방식을 바꿀 필요도 없다. 그러나 젖꼭지가 계속 심하게 아프다면, 꼭 필요한 영양 섭취와 정서적 충족을 구분해야 한다. 아기가 정서적 위로를 위해 젖꼭지를 물려는 경우라면 정서를 충족시켜주는 다른 방법을 강구해보라. 젖꼭지가 아픈 경우엔 아기에게 젖꼭지를 물리고 난 뒤 따뜻하게 해주면 도움이 된다. 드라이어를 가장 약한 단계로 맞추어 따뜻한 바람을 쐬어주어도 좋다. 또한 젖꼭지를 가능한 한 자주 신선한 공기에 노출시키는 것이 좋다.

아기가 정서적 충족을 위해 과도하게 빠는 것과 상관없이 젖꼭지가 아픈 것은 보통 다음 세 가지 이유 때문이다.

- 아기가 젖을 제대로 빨지 못하는 경우
- 젖먹이는 자세가 바르지 못한 경우(아기에게 젖꼭지를 대주는 위치가 적절한지 점검)
- 엄마와 아기가 칸디다증에 감염된 경우

아기가 젖꼭지를 제대로 빨지 못하는 경우엔 젖병으로 수유하고, 정서적 충족을 원하는 경우엔 공갈 젖꼭지를 물리면 될 것이다. 하지만 인공 젖꼭지를 빠는 것과 엄마 젖꼭지를 빠는 것은 메커니즘이 다르다는 점을 유념해야 한다. 생후 얼마 되지 않은 아기의 경우, 두 가지 방법을 혼용하면 헷갈릴 수 있다. 그러므로 모유 수유를 하는 신생아는 가능하면 인공 젖꼭지 사용을 자제해야 한다. 그러면 대부분의 경우 아기는 자연스럽게 제대로 빠는 법을 터득할 것이다.

모유 수유 시 엄마 젖꼭지에 가해지는 부담을 덜기 위해서는 적절한 자세로 수유하는 것이 중요하다. 애써보았는데도 불구하고 적절한 자세를 취하지 못하는 듯한 느낌이라면 상담 센터의 모유 수유 전문가와 상의하라.

칸디다증(Candida albicans)은 곰팡이 균에 의해 유발되며, 아기의 약 4퍼센트가 칸디다증을 앓는다. 칸디다증에 감염되면 아기의 입안에 백태가 끼고, 그것이 엄마의 젖꼭지에 옮아 엄마도 상당히 괴로울 수 있다. 칸디다증은 위험하진 않지만, 병원을 찾아 치료해야 한다.

임신과 수유기에 생선을 많이 먹으면
아기의 정신 발달에 좋을까?

모든 아기는 같은 시기에 발달의 도약을 하고 도약 후에는 같은 인지능력을 갖게 된다. 아기가 이렇게 얻은 새로운 능력으로 무엇을 하는가는 우선 유전적 소인에 좌우된다. 하지만 보스턴의 하버드 의대 연구 팀은 임신기와 수유기에 생선을 많이 먹으면 아기의 정신 발달에 도움이 된다는 사실을 증명했다. 생선의 영양성분이 아기의 인지능력 발달에 좋은 영향을 미친다는 것이다. 물론 수은 함량이 낮은 생선을 섭취해야 한다는 점에 유의하라. 연구에 따르면 엄마의 혈액 속 수은 함량이 높으면 역효과를 초래한다. 생선을 충분히 먹는 것은 기본적으로 임신기와 수유기뿐 아니라 평소에도 건강에 좋다. 그러므로 아기의 정신 발달에 긍정적 영향을 미치는 것도 당연한 일이라고 하겠다.

모유 수유 대신 분유 수유를 하면
아기의 정신 발달에 부정적인 영향을 줄까?

연구에 따르면 인공 영양보다는 모유 수유가 좋다. 물론 불가피한 이유로 모유 수유를 할 수 없어 인공 영양을 택하는 경우도 많다. 인공 영양이 아기의 정신 발달에 눈에 보이는 영향을 미치지는 않는다. 아기는 같은 시간에 같은 도약을 한다. 그러므로 도약과 관련해 인공 영양을 하는 아이를 모유 수유를 하는 아이와 다르게 대할 필요는 없다.

이유식은 언제쯤 시작할까?

이유식은 생후 4개월쯤부터 시작할 수 있다. 물론 꼭 그래야 하는 것은 아니다. 오히려 이유식을 너무 빨리 시작하는 것은 바람직하지 않다. 이유식과 관련된 연구들을 종합해보면, 지역을 막론하고 공통적으로 태어나 6개월 정도는 엄마 젖을 주식으로 하는 게 좋다는 의견이다. 모유 수유가 불가능한 경우는 6개월 정도까지 아기 분유를 주된 영양원으로 삼으면 된다. 모유나 분유로 충분하지 않으면 이유식을 시작할 때가 된 것이다. 이유식을 하는 것 자체는 도약과 관계없다. 하지만 '관계'의 도약이 다가올 즈음 이유식을 시작하지 않도록 주의하라. 이런 도약은 출생 예정일로부터 약 26주, 즉 6개월 정도 되었을 때 찾아오는데, 으레 그렇듯이 도약 시기에 아기는 기분이 좋지 않다. 익숙한 세계가 뒤죽박죽되어 힘들어하므로, 공연히 이유식이라는 새로운 것까지 들이댈 필요는 없다. 그러므로 연관 도약 이전이나 이후에 이유식을 시작하는 것이 좋다. 그러나 아기가 아픈 경우에는 이유식을 시작하지 마라.

건강한 식습관이 정신 발달의 도약에 영향을 줄까?

건강한 식사는 기본적으로 긍정적인 영향을 미친다. 아기의 정신 발달을 위해서뿐 아니라, 어느 나이를 막론하고 건강한 식사는 중요하다. 그러나 건강한 식사를 하건 그렇지 않건 아기는 정해진 시기에 도약을 한다. 물론 아기가 도약을 통해 새로운 인지능력을 습득해 어떤 능력들을 구사하고, 어떤 것들을 하지 않느냐는 간접적으로 건강한 영양의 영향을 받는다. 가령 아기가 과체중이 되면 무거운 몸을 끌고 다녀야 하고, 그러다 보면 걸음마를 빨리 배우기 힘들 것이다. 기본적으로 새로운 모든 능력이 두뇌를 비롯한 신체가 잘 따라줘야만 가능하다. 아기가 건강하고 영양 상태가 좋으면, 아기의 신체는 당연히 더 잘 기능할 것이다. 그리고 신체기관 중 에너지를 가장 많이 소비하는 기관이 바로 두뇌라는 걸 알고 있는가?

만 한 살에서 네 살 아이가 하루에 대략 얼마만큼의 영양을 섭취해야 하는지 다음 페이지의 목록을 참고하라.

하루 영양 섭취량

- 마가린이나 저지방 마가린을 살짝 바른 빵 1~3조각
- 감자 1~2개, 또는 밥이나 국수 1~2스쿱(scoop)
- 야채 1~2 스쿱(100g)
- 과일 1~2 작은 접시
- 우유나 유제품 300ml. 저지방이나 무지방이면 더 좋다
- 치즈 1/2조각
- 소시지 1/2 조각
- 익힌 육류나 육류 대용품 50g
- 마가린이나 기타 조리에 들어간 유지류 15g
- 음료 0.5 또는 1리터(우유 300ml 포함)

주스나 물을 마시는 것이 정신 발달에 영향을 미칠까?

6개월부터 이유식을 시작하면 우유병이나 아기 컵에 음료를 담아서 주는 경우가 많은데, 되도록 빨리 일반 컵을 사용하는 버릇을 들여라. 9개월 전까지는 일반 컵에 익숙해지는 것이 좋다. 일반 컵을 사용하면 치아 건강뿐 아니라 저작 능력과 언어 능력의 발달에도 좋으며, 이로써 정신 발달에도 간접적으로 영향을 미친다. 언어 발달을 위한 최적의 환경을 마련해, 가능하면 언어를 잘 습득할 수 있도록 도와주라.

갑자기 손에 잡히는 것을 모두 입안으로 가져다 넣는다면, 이유식을 할 때가 된 것일까?

'사건'의 도약(출생 예정일로부터 계산해 19주 또는 4개월 반)을 마치면, 아기가 연신 모든 것을 입으로 가져가는 것이 눈에 띌 것이다. 손가락, 장난감, 주변의 물건 등 아기는 관심이 가는 모든 것을 입에 넣어본다. 하지만 이것은 아기가 배고프다는 뜻이 아니고, 이번 도약으로 인한 결과다. 아기는 입술로 물건들의 감촉을 느껴보고 입안에 넣어보면서 사물을 탐색한다. 따라서 아기가 무엇을 탐색하고 있는지 주의해서 보아야 한다. 아기가 위험한 것을 입속에 넣으면 "아야!" 또는 "안 돼!"라고 말하면서 경고를 해주라. 아기에게서 그 물건을 뺏고, 이유를 설명해주라. 아기가 엄마의 말을 구체적으로 알아듣지는 못하겠지만, 자신이 가져도 되는 물건과 안 되는 물건이 있다는 것을 배우게 될 것이다.

언제부터 배고픔이나 포만감을 표시할 수 있을까?

사실 엄마는 아기가 태어난 첫날부터 아기가 배고픈지, 충분히 먹었는지 직관적으로 파악한다. 그리고 나서 점점 아기와 친숙해지면 아기의 울음이 각각 어떤 뜻인지 알 수 있다. 그러다가 아기가 '사건' 도약(출생 예정일로부터 19주 또는 4개월 반)을 하게 되면, 아기는 전과 다른 방식으로 배고픔을 표시한다.

가령 음식이나 음료 쪽으로 팔을 뻗는다든지, 엄마 젖이나 우유병을 보면 입맛을 다신다. 또한 배부르다는 걸 표시하는 방법도 알게 된다. 배가 꽉 찼다는 것을 표시하기 위해 의식적으로 음식을 뱉어내기도 하고 엄마 젖이나 우유병을 밀어내는 행동을 처음으로 선보이는 것이다. 그러면 엄마는 아기가 갑자기 훨씬 더 자란 느낌을 받는다.

아기는 언제쯤 음식에 대한 호불호를 갖게 될까?

6개월 이전까지 아기는 제공되는 모든 것을 잘 먹는다. 아직 특별히 좋아하는 음식 같은 것은 없어 보인다. 그러다가 '관계'의 도약을 마치면(출생 예정일로부터 26주 또는 6개월) 음식에 대한 호불호가 나타난다. 이것은 물론 좋은 일이다. 음식에 호불호를 보이는 것 역시 아기가 정신적으로 그만큼 성장했음을 보여주기 때문이다. 하지만 음식에 대한 호불호가 뚜렷해서 음식을 먹는 것이 힘들어지면, 엄마는 곤란해진다. 의지가 강한 아기는 호불호가 뚜렷할 뿐 아니라, 자신이 맛없다고 생각하는 음식을 그냥 거부해버린다. 그러면 엄마는 아기가 양질의 영양을 취할 수 있을지 고민에 빠진다. 골고루 먹는 것이 건강한 영양을 섭취하는 데 중요함을 알기 때문이다. 하지만 양질의 영양이라는 기준을 가지고 아기와 계속 다투지 않도록 하라. 이 월령에서는 '건강한 음식'을 제공하며 먹으라고 다그치거나 억지로 먹이는 것이 전혀 도움이 되지 않는다.

아기가 음식을 거부하면 어떻게 할까?

아기가 음식이나 음료를 거부해 탈수나 영양실조에 이르는 일은 극히 드물다. 하지만 그럴지도 모른다는 걱정이 든다면 소아과 의사와 상의하라. 음식을 먹지 않으려 하는 것은 보통 뭔가 다른 것을 더 맛있게 생각하거나, 엄마가 숟가락을 들고 아기 뒤꽁무니를 따라다니는 걸 재미있게 생각하기 때문이다. 아니면 엄마나 아빠가 계속 음식을 대령해 식욕이 별로 느껴지지 않기 때문이다. 그러므로 음식을 먹으라고 강요하지 마라. 아이가 먹으려 하지 않으면 음식을 치웠다가 얼마 뒤에 다시 주라. 식사 시간을 권력 다툼으로 만들지 마라. 권력 싸움으로 만들면 엄마는 반드시 지고 만다. 아기가 엄마보다 더 오래 견딜 테니 말이다. 어쨌든 엄마가 더 불리하다. 이유식은 어디까지나 보충식이라는 점을 잊지 마라. 물론 보충식에도 영양소들이 포함되어 있지만, 주목적은 아기가 다양한 맛에 익숙해지고, 음식을 씹고 삼키는 것을 배우도록 하는 것이다.

아기가 좀 더 자라 정말로 음식을 통해 중요한 영양소를 섭취할 때가 오면 음식을 남기지 말고 먹으라고 아이에게 좀 더 강하게 요구할 수 있다. 이 단계에서 엄마는 아이가 무엇을 먹어야 할지 결정하고, 배부르면  표시할 기회를 주라. 아이가 음식을 거부하고 별로 먹지 않으면, 어느 정도 양을 먹을 때까지는 디저트나 간식을 주지 마라. 이런 방식으로 하면 아이가 건강한 영양을 취할 때만 달콤한 것도 얻을 수 있음을 확실히 가르칠 수 있다.

아이는 언제부터 혼자 음식을 먹을 수 있을까?

'순서'의 도약을 마치면(출생 예정일로부터 46주 또는 11개월, 『엄마, 나는 자라고 있어요』 195쪽 참고), 아이는 특정한 목표를 이루기 위해서는 많은 것을 특정 순서대로 해야 한다는 것을 파악한다. 이런 도약을 마친 아기 중 식사 과정에 관심을 느끼는 아기는 음식이 담긴 숟가락을 들어 입으로 가져가는 행동을 보인다. 이것은 아기가 스스로 음식을 먹을 수 있음을 보여주는 첫 표지다. 물론 그렇다고 아기가 이제부터 혼자 정말로 모든 식사를 완벽하게 해낼 수 있기를 기대해서는 안 된다. 아기는 아직 상당히 서툴 것이다. 하지만 음식을 흘리는 등 엄마를 번거롭게 하더라도, 아이가 혼자 먹는 연습을 할 수 있도록 늘상 기회를 부여하라. 잘 안 되어 지치거나 참을성을 잃어간다는 생각이 들면, 엄마가 숟가락을 받아들고 남은 음식을 떠먹여주라. 그리고 혼자서 잘 해냈다며 칭찬해주는 일을 잊지 마라.

아기가 스스로 먹게 내버려두는 것이 중요할까?

아기가 독립적으로 새로운 것을 습득하려는 노력을 도와주는 것은 물론 중요하다. 먹고 마시는 것과 관련해서도 마찬가지다. 아기는 어느 순간에 스스로 먹고 마시려는 모습을 보일 것이다. 정신 발달의 도약을 거듭할수록 '스스로 하는 것'은 점점 더 중요해진다. 특히 '순서'의 도약을 마친 아이는 스스로 하는 것을 굉장히 중요하게 생각한다. 그래서 엄마의 도움을 거부하고 혼자 먹으려고 할 것이다. 입으로 들어가는 것보다 바닥에 떨어지는 것이 더 많은 상황을 견디다보면 많은 부모가 인내심의 한계에 부딪히곤 한다. 또는 열심히 혼자 먹어보려고 하지만 잘 되지 않아 좌절하는 모습을 보이는 아기를 보며 함께 괴로워하기도 한다. 긍정적인 방식으로 아기를 도우려고 노력하라. 아기의 노력을 칭찬해주고, 이런 연습을 놀이로 만들어보라. 아기에게 숟가락을 쥐여주고 엄마도 숟가락을 들어, 아기는 엄마를 먹여주고, 엄마는 아기를 먹여주게끔 해보라. 아기는 스스로를 근사하게 생각할 것이다. 그렇게 되면 아기는 충분한 영양을 섭취할 수 있을 것이다.

특히 언제부터 건강한 영양에 신경 써야 할까?

아이를 키우면서 건강한 영양은 늘상 중요한 주제다. 아기의 건강한 영양은 임신 직후부터 시작된다. 따라서 임산부는 아기에게 해로운 음식을 먹으면 안 된다. 그리고 아기가 좀 더 커서 군것질을 해도 되는 나이가 되면 특히 건강한 음식에 신경 써야 한다. 아기는 점점 더 달콤한 것들을 원하고 '정상적인' 식사를 도외시하려고 할 것이다. 그러므로 애초부터 건강한 영양을 취하는 습관을 들이도록 해야 한다. 어릴 적에 양질의 영양을 취하면 일생 동안 유익을 본다. 어릴 적부터 건강한 식습관을 길들이면 나중에 비만이나 다른 건강상의 문제를 예방할 수 있다. 아기가 건강한 영양을 취하게 하려면 솔선수범이 특히 중요하다. 엄마가 먼저 의식적으로 건강한 식사를 하려고 노력하라.

식사에서 영양소 외에 무엇을 주의해야 할까?

건강한 식사는 신체에 모든 중요한 영양소를 공급한다. 그러나 먹고 마시는 일은 영양소 섭취에서 더 나아가 사회적 활동이기도 하다. 그러므로 식사시간에는 온 가족이 식탁에 둘러앉아 함께 식사하도록 하라. 아이가 충분히 자랐다면, 아이에게 식사 준비를 도와달라고 부탁하라. 시장 보는 것에서부터 식사용구 세팅, 설거지까지 두루두루 참여시킬 수 있다. 이처럼 식사 준비를 적극적으로 돕게 되면 아이는 가족 안에서 자신의 몫을 감당할 기회를 가질 뿐 아니라, 무의식적으로 좋은 식습관을 배우게 된다. 놀이 삼아 일을 하면서 음식을 의식적으로 대하는 법도 배울 수 있다. '프로그램' 도약(출생 예정일로부터 55주 또는 13개월)이 끝나면 아이는 다음과 같은 활동을 아주 멋지게 생각할 것이며 열광적으로 함께할 것이다. 이 중 어떤 활동은 '원칙'의 도약(출생 예정일로부터 64주 또는 15개월, 『엄마, 나는 자라고 있어요』 251쪽 참고)을 마친 다음에야 비로소 이해할 테지만 말이다.

- 슈퍼마켓 진열장에서 구입할 물건을 집어 쇼핑카트에 넣어달라고 부탁한다.
- 집에 와서 구입한 식료품들을 정리할 때 도와달라고 부탁한다.
- 자신의 접시와 식사용구를 식탁에 놓아달라고 부탁한다.
- 엄마를 도와 뭔가를 저어달라고 부탁한다.
- 음식과 그릇, 숟가락을 아기에게 주고, 아기 역시 뭔가를 '요리하게끔' 한다.
- 아이에게 설거지를 도와달라고 한다. 물이 다 튀고 난리가 날 수도 있지만, 재미난 놀이가 될 것이다!

6장

정서 발달

안정된 애착, 낯가림, 분리불안,

경험과 감정, 자신감

지능만으로는 행복할 수 없다. 삶을 살아가는 방식, 삶에서 느끼는 기쁨, 자신감, 이 모든 것이 유쾌한 삶을 살아가는 데 중요하다. 그러므로 정서 발달은 신체 발달만큼이나 중요하다. 정서 발달에 의식적으로 신경 써줌으로써 아기가 유쾌한 인생을 시작하게 해야 한다.

정서 발달은 언제 시작될까?

태아에 대해 많은 것이 알려져 있음에도 불구하고, 태아의 감정에 대한 연구는 예나 지금이나 어려운 일이다. 하지만 이와 관련한 지식은 계속 불어나고 있다. 감정은 보통 호르몬 분비와 관계있는데, 이것은 엄마 배 속에서도 마찬가지다. 그리하여 감정을 신체적으로도 측정할 수 있다. 가령 깜짝 놀라는 반응은 감정의 눈에 보이는 결과다. 그렇게 보면 아기는 엄마 배 속에서부터 이미 감정을 가지고 있다고 하겠다. 근처에서 갑자기 커다란 소리가 나면 태아는 갑자기 몸을 회전하거나 발을 찬다. 놀란 것이다. 어떤 아기들은 소리에 놀라 작은 머리를 치골 밑에 숨기기도 한다.

신생아도 감정을 느낄까?

신생아는 세상을 '수프'처럼 경험한다. 느끼고, 보고, 냄새 맡고, 맛보고, 듣는 모든 것을 포괄적인 경험, 즉 하나의 커다란 전체로서 지각한다. 출생 예정일로부터 5주 지나 '감각적 인상'의 도약을 할 때까지 아기는 세상을 그렇게 경험한다. 신생아는 시끄러운 소음을 들을 뿐 아니라, 이 불쾌한 감정을 온몸으로 감지한다. 그러고는 갑자기 기분이 안 좋아진다. 신생아는 유쾌한 것들에도 온몸으로 반응한다. 아기는 자신이 경험하는 모든 것을 대략 긍정적인 것, 부정적인 것, 또는 중성적인 것으로 경험한다. 발달의 도약을 거듭하면서, 아기는 감정을 더 섬세하게 인지할 수 있다. 그러고 나면 아기는 긍정적인 감정을 행복, 즐거움, 사랑 등으로 차별화하여 경험할 수 있다. 신생아기에 감정이 세분화되어 있지 않다고 해서 신생아의 감정을 별로 고려할 필요 없다고 생각하면 오산이다. 반대다. 감정을 아직 다양한 정서로 구분할 수 없기 때문에 신생아들은 훨씬 더 격렬한 반응을 보인다.

'안정 애착'이란 무슨 의미일까?

안정 애착이란 관계 속에서 안정감을 느끼는 것을 말한다. 아기에게 그것은 무엇보다 엄마와의 관계를 뜻한다. 엄마와의 관계에서 아기는 안정된 애착을 필요로 한다. 즉, 엄마가 자신을 조건 없이 사랑하고, 늘 자신을 위해 있어준다는 것을 느끼고 싶어 한다. 아기의 행동 때문이 아닌, 있는 그대로의 자신을 사랑해준다는 느낌 말이다. 신생아에게는 이런 '느낌'이 아직 매우 단순하게 주어진다. 엄마와 스킨십(가장 좋게는 엄마와 서로 배를 맞대고 있는 것)을 하고, 엄마의 따뜻한 음성을 들으면 아기는 만사 오케이다. 그러다 움직일 수 있고 안전한 토대(엄마)를 떠나 커다란 세계로 '소풍'을 나가게 되면, 아이는 자기가 '소풍'에서 돌아온 뒤에는 엄마가 있다는 것을 신뢰할 수 있어야 한다. 처음에는 소풍이라고 해봤자 종종 엄마의 팔이 미치는 곳에 있다. 엄마가 외출하거나 집안일을 하느라 아기 곁을 떠나면 아기는 불안해지고, 안정감을 얻기 위해 엄마에게 꽉 달라붙을 것이다. 이런 시기에 아기는 종종 칭얼대면서 엄마 뒤를 따라 기어 다니거나, 아직 기어 다니지 못하면 엄마를 찾아 울어댄다. 아기가 자랄수록 안정 애착에 중요한 역할을 하는 엄마와 아이 간의 상호작용도 더 복잡해진다.

안정 애착은 어떻게 형성될까?

안정 애착은 하루 중 몇 시간 사이에 작동하는 것이 아니다. 스케줄을 짜서 계획할 수도 없다. 안정 애착은 엄마가 아이에게 선사하는 모든 것을 통해 느껴진다. 여기서 중요한 것은 아기의 인간적 존엄성을 존중하고, 아기의 필요를 사랑이 넘치는 방식으로 채워주는 것이다. 이런 필요들은 처음에는 순전히 신체적인 것들이지만, 좀 더 자라면 더 복합적이고 정신적인 필요들이 생겨난다.

아이를 인간으로서 어떻게 존중할까?

부모라면 누구나 자녀의 인간적 존엄성을 일부러 침해하려고 하지는 않을 것이다. 이 부분에서 부모가 실수를 한다면, 그것은 의도적인 것이 아니라 대부분 무의식적인 것들이다. 실수를 피하기 위해 엄마는 늘 아기가 현재 발달상 어느 단계에 있는지 파악해야 한다. 발달의 도약에 대해 상세히 알고 있으면 아기의 세계를 더 잘 이해하게 되고, 아기가 지금 무엇을 이해할 수 있고, 무엇을 이해할 수 없는지 알게 될 것이다. 이를 고려한다면, 아기의 개성을 한결 수월하게 파악하고, 아기의 존엄성을 존중할 수 있을 것이다.

어떻게 하면 아기의 필요를 사랑스러운 방식으로 채워줄까?

양육에서 어려운 것은 아이의 필요를 구체적으로 채워주는 것보다, 아기의 필요가 대체 무엇인지 깨닫는 것이다. 엄마가 뭔가를 만지지 못하게 해서 아기가 칭얼댄다고 하자. 이때 아기는 바로 이 물건에 욕구를 느끼는 것처럼 보인다. 아기 스스로도 바로 이 순간 이 물건이 자신이 가장 원하는 것이라고 생각할 것이다. 하지만 원래의 필요는 다른 데 있을 수도 있다. 즉 규칙을 배우고자 하는 것이 원래의 필요일 수도 있다. 따라서 아이의 필요를 채운다고 해서 모든 면에서 아이에게 맞춰주기만 해야 하는 것은 결코 아니다.

모든 아기의 '감정적 필요'는 무엇일까?

아기는 첫날부터 자기 자신을 계발해나가고 공동체 안에서 자리를 찾는 것에 열심이다. 물론 단순하고 무의식적인 방식으로 말이다. 하지만 '스스로를 계발해나가는 것'과 '공동체 안에서 자리 찾기'라는 말로부터 이미 많은 주된 감정적 필요를 유추할 수 있다. 다음은 스스로를 계발해나가기 위한 아이의 주된 감정적 필요들이다.

- 도약하는 동안 아이가 매력적으로 생각하는 것에 부응하는 놀이나 상황
- 아이가 무엇에 매력을 느끼며, 왜 그것에 흥미를 보이는지 이해하는 부모
- 아이가 필요할 때 곁에 있어주는 부모
- 아이의 인간적 존엄성을 존중하는 부모
- 아이의 흥미(관심사)를 다른 모든 것보다 우선시하는 부모
- 아이가 행위와 상관없이 존재 자체로 사랑받는다는 것을 느끼는 것
- 놀랐을 때 슬퍼하거나 무서워하는 등 감정을 가져도 된다는 것을 깨닫는 것
- 부모가 자신의 감정을 존중하고, 근심과 걱정이 있을 때 함께한다고 느끼는 것
- 자신이 어디에 있는지 아는 것
- 자신이 커다란 전체, 즉 가족의 일부분임을 느끼는 것

이것들은 아기의 중요한 감정적 필요 중 몇 가지에 불과하다. 안정 애착을 만들어내는 비법 같은 것은 없다. 안정 애착은 일생에 걸쳐 형성되며, 한 번 형성되었다고 해서 끝까지 변치 않는 것은 아니다.

아이의 필요와 엄마의 필요를 어떻게 조화시킬까?

약간의 수완을 발휘하면 두 사람 모두의 필요에 부응할 수 있을 것이다. 안정 애착을 형성시켜야 한다고 해서, 아기가 다른 모든 가족 구성원 위에 군림하는 식이 되어선 안 된다. 아기는 엄마와 아빠가 때로는 다른 일도 해야 하며, 그렇기에 자신이 약간 기다려야 한다는 것도 배워야 한다. 아기는 생후 1년쯤 될 때 만나는 '프로그램' 도약을 통해 그것을 파악한다.

아이가 불쾌한 경험을 하는 경우 어떻게 해줘야 할까?

모든 아이는 불쾌한 경험, 심지어 신체적, 정신적으로 아픔이 있는 상황들을 경험하기도 한다. 물론 부모는 되도록 그런 상황들이 발생하지 않게 해주려 할 것이다. 그러나 때로는 그런 상황을 막을 수 없다. 예방접종만 해도 그렇다. 주삿바늘의 경험은 아이에게 즐거운 일이 아니다. 아이는 왜 이런 일을 당해야 하는지 이해하지 못한다. 많은 부모가 아이가 예방접종을 하고 난 뒤 '배신자'라고 말하는 듯한 눈길로 자신들을 쳐다보았다고 보고한다. 그러면서 예방접종이 아이에게 필요한 안정 애착을 형성시키는 데 방해가 되는 것은 아닌지 자문한다. 물론 예방 접종은 한 가지 예에 불과하다. 예방 접종 외에도 부모로서 영향을 끼칠 수 없는 수많은 좋지 않은 상황들이 있다. 중요한 것은 그런 것들이 아기에게는 실로 불쾌한 경험이지만, 장기적으로는 아이에게 그것이 최선이라고 말할 수 있어야 한다는 것이다.

아이에게 그런 경험을 면제시켜줄 수 없음을 인정하면서 부모 스스로 갈등하거나 자신의 능력을 의심하는 일이 없어야 한다. 이런 문제에 긍정적인 측면에서 접근하도록 노력하라. 슬프거나 아픈 시간에 엄마는 아이가 믿을 만한 사람이며, 주변의 파도 속에서 든든한 바위가 되어줄 수 있음을 보여주라. 아이의 감정을 참작하고 아이를 달래주라. 따뜻한 음성으로 아이를 달래주고, 엄마가 아이와 공감한다는 것을 느끼게 하라. 아이에게 엄마는 네가 아픈 것, 기분이 좋지 않은 것을 이해한다고 말해주라. 아프면 울 수 있도록 하고, 그 아픔이 곧 지나갈 거라는 점을 아이가 확실히 알게 하라.

안정 애착과 정신 발달의 도약 간에 연관이 있을까?

아이가 자랄수록 도약은 더 오래 걸리고, 아이가 불안해하는 시기도 더 오래간다. 아기는 이런 시기에 특히 더 칭얼대고, 울고, 떼를 부리며, 계속해서 엄마 곁에 있으려고 한다. 도약이 아이의 친숙한 세계를 엉망으로 만들기 때문에 도약 시기에 아기는 믿을 수 있는 사람에게 달라붙는다. 물론 아기에 따라 정도의 차이는 있다. 부모에게 이런 시기는 어렵고 때로는 좌절감을 느끼게 한다. 여기서 엄마는 아기가 그렇게 혼란스러워하는 이유가 아기 탓이 아님을 분명히 해야만 안정 애착에 도움이 되는 행동을 할 수 있다. 도약 시기에 아기는 무척 힘들어하며, 울음으로써 엄마가 자신의 안정감과 안전감을 채워줄 거라고 기대할 것이다.

아기로 인해 엄마, 아빠가 너무 피곤해서
무조건적 사랑을 쏟기 힘들 때는 어떻게 할까?

정신 발달의 도약에 동반되는 어려운 시기는 엄마, 아빠에게도 영향을 미쳐 많은 부모가 거의 인내심의 한계를 느낀다. 그러다보면 자칫 아이에게 화를 내는 경우도 생길 수 있다. 만약 진짜로 그랬다면 정말 너무 많이 나간 것이다. 엄마는 인내심의 한계를 아이에게 해소한 것이고, 그로써 아이의 인간적 존엄성을 손상시킨 것이다. 이런 행동이 아이의 긍정적인 정서 발달에 도움이 되지 않는 것은 자명하다. 아이는 엄마에게 의존해 있으므로 더 이성적인 부모가 되어야 한다.

그러나 자신의 한계를 인식하는 것은 부끄러운 일이 아니다. 반대다. 자신의 한계를 인식하는 것은 긍정적인 일이며 안정된 애착에도 도움이 된다. 정말 견디기 힘든 경우엔 예방책을 강구하라. 누군가에게 몇 시간만 아기를 봐달라고 부탁하고 산책을 다녀오거나 한숨 자라. 다시금 아이를 사랑스럽게 돌볼 수 있도록 배터리를 충전하라.

낯가림과 분리불안을 어떻게 이해해야 할까?

6개월경에 '연관' 도약을 마치면, 아기는 '낯선 사람'이 있는 자리에서 갑자기 입을 비쭉이며 울음을 터뜨린다. 심한 경우엔 낯선 사람을 굉장히 무서워하며, 매일 보는 친숙한 사람에서 떨어지지 않으려고 한다. '낯선 사람'의 범위는 아기마다 다를 수 있다. 어떤 아기는 익히 봐온 이웃 아줌마한테도 낯을 가리는 반면, 어떤 아기는 한 번도 만난 적 없는 사람과 접촉할 때만 낯을 가린다. 낯가리는 시기는 6개월에서 1년 사이 다양하게 찾아올 수 있고, 심한 경우는 두 돌까지도 계속된다.

낯가림은 종종 애착인물과 분리되는 걸 싫어하는 행동과 함께 나타난다. 아기는 엄마가 다른 방으로 가거나 같은 공간의 다른 쪽으로 가기만 해도 무서워할 수 있다. 엄마와의 거리를 통제할 수 없음을 파악하기 때문이다. 이것이 바로 분리불안이다.

분리불안을 느낄 때는 어떻게 해주어야 할까?

엄마가 때로 눈에 안 보여도 여전히 아기를 위해 존재한다는 사실을 아기가 파악하도록 도와주라. 가령 방을 나가면서 계속 아기와 이야기하면 아기는 엄마의 목소리를 들을 것이고, 엄마가 눈에 보이지 않아도 여전히 그곳에 있다는 것을 알 것이다. 어떤 대상이 더 이상 눈에 보이지 않아도 여전히 있다는 사실을 놀이를 통해 가르쳐도 좋을 것이다. 가령 장난감을 수건으로 덮어두고 나서 아기에게 "장난감이 어디 있지?" 하고 물어본다. 그리고 나서 수건을 걷으며 밝은 목소리로 "장난감이 여기 있네"라고 말한다. '관계' 도약을 마친 아기는 이런 놀이를 특히 마음에 들어 할 것이다. 이런 간단한 숨바꼭질 놀이를 다양하게 변형시켜서 할 수도 있다.

낯가리는 시기에 아기를 어떻게 도울 수 있을까?

우선 낯가림은 정상적인 일임을 확실히 하고, 아기의 이런 불안을 말도 안 되는 것(무의미한 것)으로 여기지 않는 것이 중요하다. 그러나 이 시기에 아기가 되도록 '낯선 사람'과 접촉하지 않도록 일부러 아기를 보호하고 조심할 필요는 없다. 보통 때처럼 자연스럽게 사람들과 어울린다. 필요에 따라 자신의 집에 사람들을 초대하고, 다른 집에도 방문하라. 손님들이 오거나 다른 집을 방문하면, 손님들 또는 방문한 집 주인들에게 일단 아기를 좀 진정시키겠다고 양해를 구한 뒤 아기를 잠시 무릎 위에 앉힌다. 다른 사람과 언제 접촉할 것인지, 언제 안정된 토대인 엄마의 무릎을 떠나 다른 곳에 혼자 앉아 있거나 기어 다닐 것인지 아기 스스로 결정하게 하라. 여기서도 아기에게 주도권을 넘겨주는 것이 중요하다. 다른 사람이 자신에게 다가올 수 있게 하는 시점을 아기가 결정하도록 하라. 그로써 엄마는 아기가 스스로 불안을 극복할 수 있도록 기회를 부여할 수 있다. 이것은 계속적인 발달을 위한 좋은 투자가 될 것이다. 단기적으로는 이렇게 함으로써 낯가리는 시기를 단축시키거나 수월하게 넘어가도록 할 수 있으며, 장기적으로는 자신감을 키워줄 수 있다.

낯가리는 아기를 보육시설에 맡겨도 될까?

아기가 낯을 가리기 시작했다면, 엄마에게서 잠시 떼어 보육시설에 맡길 최상의 시기는 아니다. 낯가리는 시기 전후로 베이비시터나 보육시설에 적응시키는 편이 좋다.

그러나 이미 보육시설에 익숙한데도 갑자기 그곳에 가지 않으려 하거나, 늘상 봐오던 보육교사에게 낯을 가릴 수도 있다. 그러면 베이비시터나 보육교사와 낯가림에 대해 상의하라. 보육교사에게 특히 더 신경 써서 아기를 안아주고 얼러달라거나, 반대로 아기를 잠깐 혼자 내버려두라고 부탁하라. 추가적인 스킨십을 좋아할지, 아니면 잠시 그냥 혼자 있는 것을 좋아할지는 아이마다 다르다. 그러니 실제로 시험해보면서 알아내는 것이 최상이다. 맡기고 30분 정도 지난 뒤 베이비시터나 보육교사에게 전화해서 아이가 어떤지 물어보라. 그렇게 하면 조금이나마 안심이 될 것이다.

아기가 낯을 심하게 가리는데 엄마가 불가피하게 잠시 나가야 한다면 어떻게 할까?

아기는 어느 순간 엄마가 외출해야 하는데 따라갈 수 없는 상황을 경험하게 되어 있다. 모든 아기는 이런 상황에 어느 순간 문제를 느끼고, 이런 상황을 절대로 원하지 않는다는 표시를 할 것이다. 아기가 잠시 엄마와 이별하는 걸 쉽게 해주는 몇 가지 조언이 있다.

첫째, 잠시 외출해야 하는데 금방 돌아올 거라고 명확한 언어로 이야기하라. 어디 가는지도 이야기해줄 수 있다. 짧게 말하라. 너무 길게 말하지 마라. 너무 길게 말하면 의심만 유발할 따름이다. 둘째, 아기에게 진한 뽀뽀를 해준 뒤 작별 인사를 하고 태연하게 나가라. 아기의 울음이나 다른 저항의 몸짓으로 말미암아 엄마의 마음이 불안해지면, 아기는 단박에 이를 느낀다. 이것은 엄마와 떨어지는 것을 더 힘들게 만들 따름이다. 마지막으로, 결코 몰래 사라져서는 안 된다. 그러면 아기는 잘못된 메시지, 즉 엄마를 계속 주시하지 않으면 엄마가 갑자기 사라져버릴 수도 있다고 배우게 된다.

어린아이에게도 자신감을 가르쳐줄 수 있을까?

한두 살 아이의 경우엔 자신감을 대략적으로만 경험할 수 있다. 더 자라야만 비로소 자신감을 의식적으로 경험할 수 있다. 자신감은 또한 감정 이상의 것이다. 그럼에도 아기의 개인적이고 독특한 발달 과정에 함께하면서 아이에게 일찌감치 자신감을 불어넣어주는 것이 좋을 것이다. 아기를 자기 수준에서 나름 애써야 하는 다양한 상황에 놓이게 하라. 그러고는 감당할 수 있으면서 동시에 약간 도전이 되는 일들을 해보게 하라. 즉 어렵긴 하지만 결코 너무 어렵지 않은 일들 말이다. 그러면 아기는 어려서부터 애쓰면 스스로 해낼 수 있음을 배우게 될 것이다.

아기가 노력하면 성공을 맛볼 수 있도록 환경을 설정하는 것이 중요하다. 가령 아기로 하여금 쥐기를 연습할 수 있도록 장난감을 접근 가능한 곳에 놓아둘 수 있다. 또한 엄마와 다른 사람 사이에 아기를 두고 거리를 좁혀 아기가 한두 걸음이면 다른 사람에게 도달할 수 있도록 하라. 이렇게 하면 아기는 스스로 조금 걸었다는 느낌을 받게 되고, 그에 대해 스스로 자랑스러워할 것이다. 그리고 엄마도 물론 자랑스러울 것이다! 유쾌한 목소리로 아기를 칭찬하고 격려해주면서 엄마도 아기를 자랑스러워한다는 것을 보여주라. 그러나 아기가 잘하지 못했을 때도 칭찬해주라. 아기가 시도했다는 것 자체를 자랑스러워하게 하라. 격려와 성공, 칭찬을 통해 아이들의 자신감은 자라난다!

자신감이 왜 그렇게 중요할까?

자신감은 성공적이고 안정된 인생을 살아가는 데 가장 중요한 전제 중 하나다. 자신감은 자기인식, 아울러 자기의 한계를 인식하는 것도 포함한다. 어릴 적부터 건강한 자신감을 가지고 있는 여자아이는 쉽사리 위험한 상황에 빠지지 않고, 건강한 자신감을 가지고 있는 남자아이는 비행을 저지르고 싶은 유혹에 쉽사리 빠지지 않는다. 모유와 더불어 일찍부터 자신감으로 무장한 아이는 훗날 자신의 한계를 알 뿐 아니라, 스스로 절제할 줄도 알게 될 것이다.

집 안 분위기가 안 좋을 때
아이에게 어떤 행동을 보여야 할까?

아기들은 집안 분위기를 감지하는 섬세한 안테나를 가지고 있다. 하지만 집 안에 스트레스가 감도는 날도 있다. 가족 중 한 사람이 직장에서 어려움을 겪거나, 질병을 앓거나, 좋지 않은 일을 겪을 수도 있다. 스트레스를 유발하는 요인을 다 제거할 수는 없다. 그런 요인이 있는 경우 부모는 스트레스를 받게 되고, 때로는 스트레스 기간이 길어질 수도 있다. 그럴 때 엄마는 평소와 다르고 평온하지 못하다. 그러면 아기는 이를 금방 알아챈다. 이런 상황 자체를 피할 수는 없으나 모두를 위해 상황을 견딜 만한 수준으로 바꿀 수는 있다. 우선 상황을 그 자체로 받아들인다. 감정을 숨기는 것은 의미가 없다. 그러고 나서 하루 일과에 의식적으로 더 많은 휴식과 평화를 끼워 넣는다. 스스로 영향을 미칠 수 있는 부분들에서 말이다.

7장

스트레스

양육에서의 문제, 의심,

스트레스 줄이기

자녀를 얻는 것은 인생에서 가장 좋은 경험이며 삶에 가장 지속적인 변화를 초래하는 일이다. 자녀가 태어나는 순간, 모든 것이 이전과 달라진다. 일상, 삶의 가치 등 모든 것이 변한다. 한마디로, 부모는 이제 새로운 안경을 쓰고 세계를 보게 되며, 이것은 부모와 다른 가족들을 상당히 긴장하게 만든다. 이런 긴장은 정신적으로 저기압 상태이거나 화가 나 있거나, 부부 사이 또는 다른 자녀들 사이, 부모 또는 시부모와의 사이에 불화가 있을 때 표시가 난다. 이럴 때 부모 노릇을 잘하기란 쉬운 일이 아니다. 그러나 그런 일들 역시 일상에 속한다. 살면서 늘 좋기만 할 수는 없다.

엄마로서 때때로 화나는 것이 정상적일까?

아기는 발달의 도약을 거치며 엄마를 힘들게 할 수도 있다. 그것은 아기가 일부러 그러는 것이 아니라 본능적인 것이다. 도약 시기에 아기의 세계는 뒤죽박죽되고 아기는 매우 불안하다. 그래서 의지할 수 있는 사람, 즉 엄마에게 자꾸 달라붙어 떨어지지 않으려고 한다. 이런 나날을 보내다보면 아기를 도와주어야 한다는 것을 알면서도 엄마는 상당히 예민해지고, 화가 나기도 한다. 하지만 예나 지금이나 많은 부모가 아기 때문에 화가 나고 스트레스 받는다는 걸 드러내놓고 인정하지 못한다. 더더욱 다른 엄

116

마들은 전혀 문제가 없는 듯 보이기 때문에, 자신의 감정을 터부시하는 경향이 있다. 하지만 사실 알고 보면 대부분의 부모가 그런 감정을 익히 느끼고 있다. 도약 기간에 아기는 부모의 인내심을 시험한다. 결국 부모도 한 사람의 인간일 뿐이다. 따라서 엄마는 때때로 짜증과 신경질이 난다는 것을 받아들여야 한다. 배우자와 함께 서로의 감정 상태를 이야기하되, 아기를 상대로 그런 감정을 해소해서는 안 된다. 자신의 감정을 시인하고, 터놓고 이야기하는 엄마가 훌륭한 엄마다. 터놓고 인정하는 것만으로도 이미 스트레스가 줄어들 것이다. 그러면 아기와 온 가족이 더 편안해진다.

도약기에 어떻게 하면
엄마의 스트레스를 줄일 수 있을까?

아기는 정신 발달 과정에서 반드시 도약하기 마련이며, 이런 시기가 아기에겐 유쾌하지 않다. 그러므로 부모와 다른 자녀들에게도 영향을 미친다는 사실을 인정하는 것이 중요하다. 엄마가 도약에 잘 대비해, 아기의 조그만 머릿속에서 무슨 일이 일어나고 있는지, 아기가 무슨 싸움을 하고 있는지 알면 많은 도움이 된다. 마음의 준비를 갖추면, 어려운 시기가 그렇게 길지 않을 것이고, 엄마와 아기, 온가족의 스트레스도 줄어들 것이다.

모든 것이 버겁게 느껴질 때는 어떻게 해야 할까?

부모 노릇은 쉬운 일이 아니다. 정신적으로나 신체적으로나 많이 힘들다. 특히 아기가 도약을 할 때면 때때로 한계에 부딪힌 느낌이 들고, 더 이상 견디기 힘든 심정이 되기도 한다. 많은 엄마가 그럴 때면 지치고 힘들어서 눈물을 흘리곤 한다. 잠시 짜증이 났다가, 5분 뒤에 다시금 웃을 수 있는 그런 상황이 아니라, 정말 모든 것이 버겁게 느껴지는 상황이라면 이것이 단지 지나가는 무력감인지, 아니면 진짜 정서적 우울감인지 구분하는 것이 중요하다. 지나가는 무력감은 한번 실컷 울거나, 배우자로부터 몇 마디 위로의 말을 들으면 바로 풀린다. 하지만 오래가는 우울감은 그렇게 쉽고 빠르게 극복되지 않는다.

그 정도까지 되지 않도록 노력해야 한다. 아기에게만 신경 쓰지 말고 자신에게도 신경을 써야 한다. 엄마의 건강이 아기의 건강에 매우 중요한 영향을 끼친다는 것을 명심하라. 행복한 엄마가 불행한 엄마보다 아기를 더 행복하게 한다. 자신의 한계를 인식하고 한계에 도달하면 배우자나 의사와 상의하는 걸 꺼리지 마라.

정서적 우울감을 어떻게 피할 수 있을까?

스트레스에 취약한 사람이 있고, 강한 사람이 있다. 어떤 사람은 정서적 우울감에 비교적 쉽게 빠진다. 왜 이런 차이가 빚어지는지 그 원인을 따지는 것은 중요하지 않다. 중요한 것은 정서적 우울감에 빠지거나, 본격적인 우울증을 앓는 일을 어떻게 막을 수 있느냐 하는 것이다. 첫 증상들을 되도록 빨리 알아채는 것이 중요하다. 정서적으로 침체되는 느낌이 들면 바로 조심해야 한다. 스트레스의 악순환으로부터 벗어나기 위한 계획을 짜라. 배우자에게 도움을 청하고, 배우자가 아기를 돌봐줄 수 있는 시간에 뭔가 스트레스가 풀리는 일들을 하라. 산책을 가거나, 영화를 보거나, 수영을 하거나, 쇼핑을 해도 좋을 것이다. '작전타임'을 갖는 것에 절대로 죄책감을 느끼지 마라. 스스로를 소중히 여겨 심한 정서적 우울감에 빠지지 않도록 조심하라. 우울한 엄마는 아기에게 여러모로 좋지 않다. 우울감이 있다면 의사나 상담 센터를 적극적으로 찾아가라.

엄마가 우는 걸 아기가 보지 않도록 해야 할까?

아기는 엄마의 기분을 아주 잘 알아챈다. 엄마가 슬픈지, 행복한지 아기는 모유를 통해 엄마의 감정을 맛본다. 따라서 직접적으로 눈물이 흐르는지, 그렇지 않은지가 중요한 것이 아니라, 엄마가 느끼는 감정이 중요하다. 엄마가 기쁘고 행복한 모습을 보이면 아기도 즐겁고 행복해진다. 그렇다고 아기 앞에서 절대로 눈물을 보이면 안 된다는 의미는 아니다. 하지만 때로는 마음을 다잡아야 한다. 그리고 불가피하게 눈물이 흐르더라도 아기 때문에 그러는 것이 아니라는 걸 아기에게 알리는 것이 중요하다. 아기를 안아주고, 쓰다듬어주고, 웃어주고, 가능하면 빨리 눈물을 행복감으로 대치하려고 노력하라.

아기가 태어나면 부부도 서로를 새롭게 알아갈까?

첫 아이가 태어나기 전까지 부부는 서로를 얼마 전부터 같이 살아온 남자와 여자로만 알았다. 그러나 부부 관계는 아기가 태어난 순간부터 완전히 달라진다. 부부는 이제 세상에 하나뿐인 아기를 공유하고, 아기를 함께 책임진다. 이전까지 전혀 느끼지 못했던 책임이다. 아기는 부모의 마음을 깊이 움직인다. 그래서 평소 마초 같은 분위기를 풍겼던 남자들도 며칠간 눈에 기쁨의 눈물을 머금고 다닌다. 자신감에 충만했던 여자들은 지금 기저귀를 갈아줘야 할 때인가 고개를 갸웃거리기 시작한다. 아기가 태어나면서 엄마, 아빠도 다시 태어나는 기분이다. 여자는 엄마로서, 남자는 아빠로서 다시 태어난다. 종종 부부는 출산 뒤 몇 달 사이 자신들이 새로운 역할에 상당히 잘 적응했음을 깨닫게 된다.

아기 돌보기와 관련해 의견이 다를 땐 어떻게 해야 할까?

아기의 출생은 부부 모두에게 전혀 경험해보지 못했던 새로운 상황이다. 그러므로 새로운 상황에 어떻게 대처해야 할지 한동안 헷갈리는 것이 당연하다. 출산 후 몇 개월간은 아이와의 새로운 삶을 구체적으로 꾸려나가는 것에 비중이 크다. 그러다보면 아기가 잠자고, 울고, 먹고, 정신 발달의 첫 도약을 경험하는 일을 둘러싸고 부부 사이에 이견이 있을 수 있다. 의견이 대립되는 경우에는 부부 모두 받아들일 수 있는 타협점을 찾아야 한다. 사랑과 안전감은 부모가 아기에게 줄 수 있는 가장 기본적인 것이므로, 아기에게 모범이 되도록 스스로 노력해야 한다. 엄마, 아빠가 계속 토닥거리며 집안 분위기를 안 좋게 만드는 것은 아기에게 전혀 도움이 되지 않는다!

약간 진부한 말일지 모르지만, 타협에 도움이 되는 것은 단 하나, 바로 의사소통이다. 의견 대립이 있을 때는 아기를 재운 뒤 충분한 시간을 갖고 대화하라. 부부간에도 의견이 다를 수 있다. 이런 일은 둘 다 아기를 위해 최선의 것을 원하기 때문이라는 점을 명심하라.

도약 시기에 부부 싸움을 더 자주 하는 것이 정상일까?

아기가 많이 울고, 떼를 쓰고, 잠도 못 자고, 컨디션이 좋지 않으면 당연히 온 가족에게 그 영향이 미친다. 도약 시기가 다가오면 아기는 아주 힘들어하며, 힘들다는 걸 뚜렷이 표시한다. 그러면 엄마는 아기가 어디 좋지 않은지 불안해한다. 아기가 잠을 잘 못 자고 자꾸 깨어 엄마도 수면에 방해를 받는다. 이렇게 며칠 잠을 설치며 걱정하다보면, 엄마의 스트레스 지수 역시 치솟는다. 그러므로 정신 발달의 도약은 아기로 하여금 힘든 시기를 통과하게 할 뿐 아니라 엄마, 아빠에게도 힘든 시기를 예비한다. 그러므로 악순환이 시작되기 쉽다. 엄마나 아빠가 스트레스를 받으면 당연히 집안 분위가 좋을 리 없다. 그러잖아도 가뜩이나 민감한 아기는 집안 분위기가 좋지 않은 것을 금세 눈치채곤 더욱 보채거나 힘들어한다. 그러므로 도약 중에 부부싸움을 자주 하게 되는 것은 어쩌면 당연하다. 도약은 정말 여러모로 영향을 미친다!

도약하는 아기를 대하는 엄마, 아빠의 태도가
너무 다를 경우 어떻게 하면 좋을까?

물론 엄마와 아빠의 의견이 같으면 더 좋을 것이다. 힘든 도약 시기에는 특히 더 그렇다. 아기가 도약으로 인해 하루 종일 혼란스러워서 잘 먹지도 않고 많이 울고 잠도 적게 자면 엄마와 아빠 모두 매우 예민해진다. 그러나 두 사람이 협의해야 하는 다른 사안들과 달리 도약은 곧 지나가버리는 일시적인 것이다. 부모로서 도약에 어떻게 반응할 것인가 하는 문제를 상의할 때 이 점을 명심하라. 이 스트레스 많은 시기에 아기를 어떻게 대할 것인지 계획을 세우고 과제를 분담하라. 다음 질문들은 적절한 계획을 세우는 데 도움을 줄 것이다. 각 질문에 옳고 그른 대답은 없다. 부부가 일치를 본 대답이 옳은 것이다.

> ### 🐥 부모가 함께 생각해야 할 질문들
>
> #### ❀ 잠
>
> – 아이가 졸려 하든 그렇지 않든 정해진 시간에 잠자리에 들게 할까?
> – 아기가 자려고 하지 않으면 얼마 정도 시간을 잠자리에 눕히지 않고 더 놀릴까?
> – 아기가 잠들 때까지 아기 방에 함께 있어줄까?
> – 아기가 울 때마다 즉각 반응해주면, 아기가 나쁜 버릇을 들일까?
> – 누가 아기를 재울까?
> – 아기가 울면 밤에 누가 일어날까?
> – 주중에 밤에 아기가 울 때 엄마, 아빠 중 주로 한 사람이 일어난다면, 주말에는 그 역할을 바꾸는 것이 어떨까?
> – 엄마가 밤에 자꾸 일어날 필요 없이 내리 잘 수 있도록 유축기로 모유를 짜놓는 것이 어떨까?
> – 엄마가 낮에 '파워냅'을 취할 수 있도록 때때로 건너와 아기를 봐줄 사람이 있는가?

🌼 울음

– 아기를 때로 그냥 울게 내버려둘까?

– 부부 둘 다 아기를 달래주는 정도에 동의하는가?

– 부부 둘 다 아기를 달래주는 방식에 동의하는가?

– 아기를 달래는 것과 관련해 부부간에 의견 차이가 있는가? 서로 뭔가 배울 점이 있는가?

– 부부 둘 다 아기가 어려운 시기를 보낼 때 특히 아기와 함께 해주어야 한다고 여기는가?

– 그러기 위해 자신이나 배우자에게 좀 소홀한 것을 감수할 수 있는가?

– 부부 모두 아기가 많이 울고 떼를 부리는 것이 도약 때문이라고 생각하는가? 아니면 부부 중 한 사람은 '과연 그럴까'라며 도약을 원인으로 보는 것에 의구심을 품고 있는가? (의심스러운 경우 늘 의사와 상의하라!)

🌼 영양 섭취

– 아기가 현재 영양을 취하는 방식에 부부 모두 지지하는가?

– 모유 수유를 하는 경우, 그것이 엄마에게 어떤 의미를 갖는지 이야기했는가?

– 모유 수유를 하는 경우, 배우자도 모유 수유가 신체적으로 힘들다는 것을 알고 있는가?

– 모유 수유를 돕기 위해 배우자가 뭔가 해주는가?

– 아기가 충분한 영양을 취하고 있는지 확신하지 못하는가? 의심스러운 경우 언제나 의사와 상의하라!

– 아기에게 고형식(이유식)을 얼마만큼 제공할지 부부가 합의하고 있는가?

– 아기가 도약하는 동안 음식을 거부하면 어떻게 해야 할지 의견이 같은가?

🌼 스트레스 줄이기

– 부모 둘 다 도약 때문에 스트레스가 생긴다고 생각하는가?

– 양육 과제를 적절히 분담하고 있는가?

– 아이를 키우려면 상당한 에너지가 소요된다는 데 동의하는가?

– 엄마가 너무 힘들 때 배우자가 아기와 더 많은 시간을 보낼 용의가 있는가?

부부가 아기와 함께하는 시간 외에
서로를 위한 시간을 어떻게 마련할까?

아기가 태어나면 부부 단둘이 보내는 시간이 출산 전에 비해 현격히 줄어든다. 줄어들다뿐이랴. 즉흥적으로 영화를 보러 가는 것 등 많은 활동이 더 이상 가능하지 않다. 단둘이서 시간을 갖고 싶다면 아기가 잠든 시간을 이용하거나, 베이비시터를 고용해야 한다. 그래서 처음에는 이런 달라진 생활이 쉽지 않다. 사실 여자들은 보통 별문제 없다. 그러나 남자들은 때로 아내의 애정이 전과 같지 않다고 느낀다. 물론 모든 남자가 그런 문제를 갖는 것은 아니며, 여성들 역시 배우자와의 호젓한 시간을 그리워하기도 한다.

  아무튼 한 사람이라도 여기에 문제를 느낀다면, 이런 주제에 대해 서로 대화하라. 부부 관계는 아기에게도 중요하다. 부부 중 한 사람이 단둘이 더 많은 시간을 보내고 싶다고 말하면, 상대방은 그 의견을 존중해 두 사람 모두에게 만족스러운 조처를 취하라. 서로를 존중하고 긍정적으로 대하면 틀림없이 아기도 좋게 느낄 것이다!

언제부터 베이비시터에게 아기를 맡길 수 있을까?

편의적인 측면에서 아기가 태어나자마자 베이비시터에게 맡기는 것은 별문제가 되지 않는다. 그러나 이것이 과연 바람직한가 하는 것은 다른 문제다. 태어나 처음 얼마 동안 함께하는 것은 엄마와 아기에게 굉장히 중요하다. 엄마와 아기는 서로 익숙해져야 하며, 그것은 하루아침에 되는 일이 아니다. 그러므로 아기와 '되도록 자주(되도록 많은)' 시간을 함께하는 것이 좋다. 그렇게 해야 안정된 애착관계를 만들어갈 수 있고, 아기에게 안전감과 기본 신뢰감을 선사할 수 있다. 그렇다면 되도록 자주(되도록 많이)가 얼마만큼일까? 한편으로는 아기가 최우선이다. 그러나 다른 한편으로는 아기를 데리고는 불가능한 것들도 있다. 피할 수 없는 의무들도 있다. 그럴 때는 아기를 베이비시터에게 맡기는 것 외엔 다른 선택이 없을 것이다.

도약이 매번 온 가족에게 영향을 줄까?

모든 아기가 모든 도약을 똑같이 경험하는 것은 아니다. 첫 도약들은 아주 순식간에 지나가버리므로, 나중에 찾아오는 도약들보다 가족들에게 미치는 영향이 적을 것이다. 아기가 자랄수록 도약 기간은 더 길어지고, 아기가 잠을 잘 자지 못하는 시간들도 더 길어진다. 하지만 첫 도약들 역시 집안의 평화를 침해할 수 있다. 첫아이라서 아직 경험이 부족한 엄마는 쉽게 불안을 느껴 스스로 뭔가 잘못하고 있지 않은지 의심스러워하거나 아기의 건강을 걱정하기 때문이다. 의심은 스트레스가 되고, 엄마의 스트레스는 다시금 다른 가족들에게도 영향을 미친다.

아기의 도약에 대해 다른 자녀들을 준비시킬 수 있을까?

아기가 도약을 하느라 힘들어하면 다른 자녀들도 간접적으로 어려움을 겪을 가능성이 크다. 다른 자녀들이 있는 경우, 그들의 연령대에 맞게, 지금 아기에게 무슨 일이 일어나고 있는지 설명해주라. 만 네 살 정도 된 아이들은 충분히 이해할 수 있을 것이다. 아기의 머릿속에서 일어나는 변화에 대해 이야기를 지어내 들려주면 좋을 것이다. 물론 상황을 세세히 설명할 필요는 없다. 그것은 아이들이 이해하기에 너무 어렵다. 그러나 다른 자녀들도 이제 아기가 많은 것을 배워야 해서 아기의 온 세상이 바뀐다는 사실쯤은 곧잘 알아들을 것이다. 또한 아기의 주의를 돌리거나 달랠 필요가 있을 때 다른 자녀들에게 도움을 구하라. 가령 아기를 위해 뭔가를 그리거나 만들어달라고 말한다.

아기에게 관심을 쏟느라 다른 자녀들에게 소홀해지는 상황을 어떻게 피할 수 있을까?

시간과 애정을 적절히 나누는 것은 쉬운 일이 아니고, 기술이 필요하다. 아무리 노력해도, 다른 자녀들에게서 엄마가 잘못하고 있다는 소리를 듣기 쉽다. 의사 표현을 잘할 만큼 큰 자녀들이라면 엄마가 아기만 쳐다보고 아기에게만 신경 쓴다고 불평할 것이다. 다른 자녀가 아직 어린 경우엔 전보다 더 칭얼댐으로써 엄마의 관심을 요구할 것이다. 아기가 태어나기 전에 다른 자녀들을 데리고 했던 놀이를 하면서 가능하면 아기도 참여시켜라. 가령 다른 자녀들을 데리고 만들기를 하면서 아기도 구경하게 하면 아기는 그것을 아주 멋지게 생각할 것이다. 포대기나 아기 띠를 이용해 아기를 안거나 업을 수도 있고, 바로 곁에 흔들침대를 가져다놓고 아기를 눕힐 수도 있다. 다른 자녀들과 함께 차분히 만들기를 하면서 계속 아기에게 말을 걸고 간혹 만든 것들을 아기에게 보여주라. 그렇게 하면 다른 자녀들은 불평할 이유가 없어질 것이다. 결국 엄마가 이전처럼 그들에게도 신경을 써주고 있으니 말이다. 그리고 아기 또한 즐거운 자리에 함께하면서 구경할 수 있는 상황을 즐길 것이다.

아기에게 지금 무엇을 만들고 있는지 보여주라. 도화지 한 장을 흔들어주어도 좋다. 그것은 (12개월에 일어나는) '유연한 변화'의 도약에 맞는 활동이다. 또는 종이를 바스락거리는 소리와 함께 구기면서 아기에게 바스락거리는 종이를 만져보라고 해도 된다(19주의 '사건'의 도약). 아기가 막 앉는 연습을 할 시기라면, 옆에 수유 쿠션을 가져다놓고 아기를 앉힌다. 그러면 엄마는 양팔을 자유롭게 이용해 만들기를 할 수 있고, 아기는 즐겁게 앉기 연습을 할 수 있다. 약간의 상상력을 발휘하면 모두를 만족시킬 수 있다!

어떤 행동이 아기에겐 허락되는데, 다른 자녀들에겐 허락되지 않는다는 걸 어떻게 납득시킬 수 있을까?

18개월 정도 된 아이는 차이를 파악하기 시작해, 동생은 이러저러한 것을 해도 되는데, 자신은 안 된다는 것을 이해한다. 하지만 머리로 이해한다고 하더라도 받아들이기는 쉽지 않다. 다른 자녀들에게 아기는 아직 너희만큼 자라지 않아서 그런 거고, 너희는 이미 많이 자라서 아기보다 더 잘할

수 있는 거라고 이야기해주라. 비슷한 일이 있을 때마다 이런 메시지를 명확하고 분명하게 반복해서 알려준다.

육아 문제로 친정부모나 시부모와 의견 차이가 있을 때는 어떻게 해야 할까?

친정부모님 또는 시부모님은 그들 나름의 방식으로 자녀를 키웠다. 이젠 여러분이 자녀들을 키울 차례고, 여러분 역시 자신만의 방식으로 키운다. 자녀 양육과 관련해 중요한 것은 모두가 각자의 방식, 자신에게 맞는 방식으로 아이를 키워야 한다는 것이다. 물론 경험이 많은 어른들이 조언을 해줄 수도 있을 것이다. 하지만 양보할 수 없는 부분에서는 불안해하지 말고 흔들리지 마라. 한 세대 전에는 아기가 심하게 보채고 울면 싸잡아서 '경련성 복통'으로 치부했다. 아기가 원할 때가 아니라 딱딱 정해진 시간에 젖이나 우유를 먹었고, 아기의 정신 발달에 대해서도 지금보다 아는 것이 적었다.

지난 몇십 년간 유아 발달에 대해 많은 연구가 진행되었고, 유아 발달에 대해 예전보다 본질적으로 더 많은 지식이 축적되었다. 오늘날엔 그런 정보를 활용할 수 있다. 예나 지금이나 할머니, 할아버지 들은 육아에 참견하기를 좋아한다. 그들 역시 아이를 키울 때 부모 세대의 참견 때문에 속으로 짜증을 냈던 걸 생각하면 우스운 일이다. 하지만 부모 세대의 조언을 담담히 듣는다. 논쟁하지 말고, 따르고 싶은 것만 따른다. 조언하는 사람들의 마음을 헤아려주어야 한다. 그들 역시 엄마처럼 아기에게 좋은 것을 해주고 싶은 것이다.

128

아기를 돌봐주는 친정어머니가 내가 절대로 원치 않는 행동을 할 경우, 어떻게 말해야 좋을까?

육아 방식에 동의할 수 없는 경우, 베이비시터나 보육시설의 교사에게는 비교적 객관적으로 말할 수 있을 것이다. 결국 자녀를 어떻게 키울 것인지는 부모인 엄마가 결정하는 거니까. 하지만 친부모에게 아기를 맡길 경우엔 상황이 약간 난처해진다. 나이 든 세대는 나름의 육아 방식을 가지고 있는데, 그에 대해 뭔가 비판하면 부모가 잘못된 방식으로 양육했다고 지적하는 것과 마찬가지이기 때문이다.

그렇지만 개인적인 육아 원칙을 수호하는 것은 중요하다. 친정어머니에게 이제 사회가 변했다고 설명하라. 육아에서도 변화가 있었다고 말이다. 그렇게 하면 친정어머니가 공격받는 기분을 느끼는 걸 피할 수 있다. 그러나 사회의 변화로만 돌릴 수 없는 점들도 있을 것이다. 그럴 때도 흔들리지 말고 입장을 고수하라. 육아 방식에 중대한 차이가 있다면, 이런 상황이 모두에게 바람직한 것인지, 다른 베이비시터를 물색하는 것이 더 나은지 고민해야 한다.

8장

지능

흥미, 개성, 사고,
자극과 지원

부모는 아이가 매우 잘되기를 바란다. 내심 자녀가 영리하게 자라고, 그럼으로써 성공적인 미래가 펼쳐지길 희망할 것이다. 하지만 영리하다는 것은 무엇일까? 또 영리한 것이 성공과 관계 있을까? 아기의 흥미와 관심사를 어떻게 알 수 있을까? 아니, 무엇보다 부모가 아기의 지능에 특별한 관심을 갖는 것이 필요할까?

지능이란 무엇일까?

지능은 종종 과장과 오해를 동반하는 개념이다. 지능이라고 하면 사람들은 으레 지능지수(IQ)나 학업성적을 떠올린다. 그러나 진정한 지능은 학업적 성과 이상의 것이다. 그리고 이제 우리는 지능도 한 가지만이 아니라 여러 형태가 있다는 걸 알고 있다. 이러한 다중지능 이론을 처음 제시한 하워드 가드너에 따르면 지능에는 다음 8가지 형태가 있다.

1. 음악 지능
2. 신체운동 지능(신체 놀이나 각종 스포츠를 하기 위해 신체의 움직임을 통제하는 능력, 혹은 발레나 춤에서처럼 신체로 감정을 표현하는 능력)
3. 논리수학 지능
4. 언어 지능
5. 공간 지능(공간 이해 및 공간 파악)

6. 개인 간 지능(interpersonal, 대인관계 지능) 혹은 사회 지능(다른 사람들이 말하지 않아도, 다른 사람들의 의도와 소망을 파악하는 것)

7. 개인 내 지능(intrapersonal, 자기 이해 지능: 자신의 감정을 파악하고, 자신의 행동을 조절하기 위해 그것을 사용하는 능력)

8. 자연 지능(자연 친화 지능: 동식물 세계를 파악하는 능력)

각각의 아기는 모든 형태의 지능을 가지고 있을까?

모든 아기는 이런 모든 형태의 지능을 가지고 있다. 어떤 형태의 지능들이 더 두드러지게 나타나느냐 하는 점만 다를 뿐이다. 태어나면서부터 아기는 한 가지 혹은 몇 가지 지능에 더 관심을 보일 것이며, 그것은 아이가 자라면서 더욱 분명하게 나타날 것이다. 하지만 유아를 대상으로 벌써부터 지능이라는 말을 사용하기는 좀 이르다. 유아의 경우는 흥미와 소질이라는 말을 쓰는 것이 더 적합하다. 지능보다는 흥미와 소질이라는 말로 다가가는 것이 아이에게 더 유익할 것이다. 부모가 아기가 어디에 관심을 보이는지 알아채고, 아기의 흥미를 의도적으로 자극할 수 있다면, 아기는 타고난 소질을 더 잘 계발시킬 수 있을 것이다. 이런 자극과 계발의 목표는 아이를 똑똑한 사람이 아니라 행복한 사람으로 만드는 것임을 명심하라. 모든 사람은 자신이 좋아하고 흥미를 느끼는 부분에서 뒷받침을 얻길 원한다. 아기도 마찬가지다.

아기의 흥미를 존중하는 것이 왜 중요할까?

아기가 태어나고 몇 년간 엄마는 아이를 알아가고, 아이는 엄마를 알아가게 된다. 유심히 관찰하면 아기의 개성을 점점 잘 알 수 있을 것이다. 사실, 아기의 개성을 알아가는 것이야말로 일생에서 가장 멋진 '탐험 여행'이 될 것이다. 이런 여행에서 만나는 아기의 개성을 구성하는 것이 바로 아기의 관심사와 흥미다. 관심사와 흥미는 아이가 스스로를 어떻게 계발시켜나가고, 도약을 어떻게 처리할 것인지, 어떤 능력들을 습득하고, 어떻게 도전에 맞설 것인지에 커다란 영향을 미친다. 그러므로 아기의 계발을 위해서는 아기의 흥미에 가장 주안점을 두어야 한다. 관심사와 흥미가 아이 안에서 다양한 지능이 형성되는 데 중요한 역할을 하기 때문이다. 여기서 관심사와 흥미는 아기 스스로 발견하는 것이며, 아기의 관심사가 엄마의 관심사와 꼭 일치하지는 않을 것이라는 점을 명심하라. 아이가 어디에 흥미를 느낄 것인지는 아이 스스로 결정하며, 부모는 결코 아기가 부모가 원하는 것에 관심과 흥미를 갖도록 강요해서는 안 된다. 이런 말이 당연하게 들릴지도 모르지만 이런 부분이 자녀 양육에서 가장 힘든 것 중 하나다.

아이의 흥미와 소질을 어떻게 발견할 수 있을까?

정신 발달에서 도약을 할 때마다 아기는 새로운 인지능력을 회득하고, 그 결과 많은 새로운 능력(skill)들을 계발해나갈 수 있다. 아이가 스스로 가능하게 된 능력들 중 어떤 것을 맨 처음 습득하려고 할 것인지는 아기 스스로(물론 무의식적으로) 결정한다. 아기의 선택에는 아기의 소질과 흥미, 개성이 반영된다. 몇 번의 도약을 거치고 나면, 엄마는 아기가 늘 비슷한 종류의 능력에 흥미를 보인다는 것을 알게 될 것이다. 어떤 아기는 늘 신체운동 능력에 가장 큰 관심을 보일 것이고, 어떤 아기는 늘 대인관계와 그와 관련된 놀이에 흥미를 보일 것이다. 아기가 한창 발달 중이기 때문에 아기의 행동을 통해 아기가 나중에 어떤 특성을 지닌 사람이 될지 추론하는 것은 아직 시기상조다. 하지만 눈에 띄는 행동을 통해 아기가 어디에 흥미를 보이는지 염두에 두고 아기가 흥미 있어 하는 놀이들을 함께 하면서 아기의 흥미를 뒷받침해주면 좋을 것이다.

할 수 있는 것과 머리로만 이해하는 것, 아직 어려운 것을 어떻게 판단할까?

인간은 삶에 균형이 잡힐 때 행복감을 느낀다. 어린아이도 마찬가지다. 아이 역시 너무 지루하지도, 너무 감당하기 어렵지도 않은, 자신의 수준에 맞는 일을 하고 싶어 한다. 그러므로 아기를 돕고 싶다면 아기의 발달 상태를 의식하고, 아이에게 적절히 맞춰주어야 할 것이다. 시간을 가지고 아이를 파악하라. 아이를 주의 깊게 관찰하라. 아이가 자랄수록, 아이가 어떤 일들은 너무 지루하고 단조롭게 생각하며, 새로운 도전거리를 원한다는 것을 자주 경험할 것이다. 반대로, 아직 잘할 수 없거나 이해되지 않는 일들을 요구하면 아기가 좌절하는 모습도 보게 될 것이다. 아이에게 관심을 가질수록 아이가 무엇에 흥미 있고, 무엇을 할 수 있으며, 무엇을 반가운 도전거리로 보는지, 무엇을 너무 어려워하거나, 반대로 너무 단순해 흥미를 느끼지 못하는지 더 잘 알게 될 것이다.

지능지수가 높은 아이가 될 것인지 예측할 수 있을까?

나중에 아이가 높은 지능지수를 갖게 될지 일찌감치 확인할 수 있는 체크 목록 같은 것은 없다. 사실 이런 것은 없는 편이 좋다. 하지만 학자들은 현재 IQ를 이른 시기에 예측할 수 있는 방법에 대해 부지런히 연구 중이고, 나중에 IQ가 높거나, 심지어 영재가 될 것인지 가늠하는 몇 가지 지표들을 발견했다. 그 지표들은 다음과 같다.

- 요구가 많고 쉽사리 만족하지 않는다.
- 많이 운다.
- 쉽게 지루해한다.
- 계속해서 새로운 도전거리를 물색한다.
- 뭔가에 오랫동안 집중한다.
- 많이 관찰한다.
- 머릿속으로 '연습'한다. 뭔가 새로운 것을 시작할 때 단번에 해내는 일이 많다.
- 다른 아기들보다 더 많은 관심과 애정을 요구한다.
- 소근육운동 능력이 또래보다 뛰어나다.

갓난아기들도 요구가 많을 수 있을까?

신생아기에는 하루 종일 얌전하게 잠을 자기에, 부모는 시간의 구애를 받지 않고 할 일을 처리할 수 있다는 생각이 착각이라는 걸 이제 모두 알고 있다. 신생아 중 8시간을 내리 자고 깨어 있는 시간마저 얌전하게 침대에 누워 있는 아기는 정말이지 극소수다. 대부분의 부모는 아기가 태어나자마자 자신의 필요를 분명히 표현한다고 느낀다. 안아주기를 바라고, 배고프지도 않은데 엄마의 가슴을 찾고, 주변을 관찰하고, 너무 오래 같은 곳에 있으면 지루해한다. 출생 예정일로부터 5주경에 첫 도약을 마치면 이런 요구가 더 잘 느껴진다.

도약을 거듭할수록 아기는 삶에 대해 더 많은 것을 알고자 한다. 이것은 당연한 일이다. 따라서 아이가 점점 더 많은 걸 '요구한다'는 생각이 드는 건 아주 정상적인 일이다. 하지만 같은 월령대 아이들보다 더 많은 요구를 하는 아기들도 있다. 그런 아기를 키우는 부모는 기진맥진하게 되고, 하루 종일 아기의 요구를 만족시켜줄 방도를 찾느라 전전긍긍하게 된다.

가령 부모는 아기가 방에 있는 어떤 그림에 특히 흥미를 보이는 것을 발견한다. 아기는 5분 동안 눈을 크게 뜨고 그 그림을 바라보다가, 드디어 만족했다는 듯 잠이 든다. 그러고 나서 깨어나면 다시금 뭔가 마땅치 않아 하는데, 아까의 그림에는 더 이상 관심이 없다. 그러면 부모들은 다시금 새로운 흥밋거리를 물색해야 한다. 마치 아기가 그림을 보고 머릿속에서 소화시킨 뒤, '옆으로 젖혀놓기'라도 한 것처럼, 아기는 새로운 자극을 필요로 하고, 새로운 흥밋거리가 주어질 때까지 계속해서 보채거나 불편해한다. 그런 아기를 요구가 많은 아기라고 부를 수 있다. '요구가 많다'는 것은 부정적인 어감을 갖는다. 하지만 기본적으로 요구가 많아 모든 것을 놓치지 않으려고 하는 아기를 키우는 것은 흥미롭고 멋진 도전이 아닐 수 없다. 근사하지 않은가?

아기가 지루하지 않게 하려면 어떻게 해야 할까?

모든 아기는 배우고자 한다. 아기는 세계를 발견하고자 하며, 새로운 것들은 아기에게 엄청난 매력을 선사한다. 아기가 심심해 보인다면 아기는 "이건 이미 다 알아요. 이제 다른 것을 보고(또는 경험하고) 싶어요."라고 말하고 있는 것이다. 어떤 아기들은 다른 아기들보다 지루함을 더 강하게 표시한다. 그래서 칭얼대거나 보챈다. 아기가 이런 행동을 보이면 새로운 도전거리를 찾고 있다는 신호다. 어떤 아기들은 지루하다는 표시를 별로 내지 않는다. 약간 내향적인 아이들이 그렇다. 이렇게 표현을 잘 안 하는 아기들의 경우엔 부모가 이들의 행동을 민감하게 파악하고 행동을 적절히 해석하는 것이 중요하다.

새로운 것에 대한 흥미를 아주 분명하게 혹은 강하게 알리지 않는다고 해서, 새로운 것에 욕구가 없는 것은 아니다. 아이는 분명히 새로운 것에 흥미가 있다! 그러므로 이런 경우 아이와 더불어 아이에게 매력을 행사하는 것, 아이가 발견하고 싶은 것, 하고 싶은 것을 탐색하고, 아이가 어떤 새로운 도전거리에 임하고 싶어 하는지 찾아나가야 할 것이다.

무엇이 흥미를 불러일으킬지 어떻게 알 수 있을까?

우선 아기를 잘 파악해야 한다. 시간이 지나면서 아기가 무엇에 매력을 느끼고, 무엇을 지루해하고, 무엇을 어려워하고 부담스러워하는지 알 수 있을 것이다. 물론 아무리 애써도 100퍼센트 다 알 수는 없다. 아기는 급속도로 발달하고, 아기로 하여금 특정 능력을 습득하도록 자극하는 요인들도 빠르게 변화한다. 하지만 그것은 상황을 아주 멋지게 만든다. 아기와 엄마 모두에게 말이다. 온 가족이 아기와 함께 새로운 것을 발견해나갈 수 있다. 아기는 가령 공이 통통 튀기면서 위에서 아래로, 그리고 다시 위로 움직이는 것을 발견하고는 재미있어할 것이다. 엄마는 지금까지 공이 튀기는 걸 그냥 당연하게 여겼지만, 아기 눈에는 이것이 아주 재미있는 놀이인 것이다. 그러다보면 통통 튀는 공에 대한 아기의 흥미는 엄마에게도 전염된다. 아기와 더불어 엄마도 세계를 새로운 눈으로 보게 되는 것이다.

아기가 막 진입한 각각의 도약에 관심을 가지면, 아기가 어떤 새로운 도전에 뛰어들지 대략 예상할 수 있을 것이다. 그 도약에서 아기의 머릿속에서 무슨 일이 일어나고, 어떤 새로운 능력이 몰려오고 있는지 알기 때문이다. 이를 위해 아기가 도약을 하기 한 주 전쯤 『엄마, 나는 자라고 있어요』에서 해당 부분을 찾아 미리 읽고 숙지하라. 그리고 아기가 잠시

후 어떤 것들을 배우게 될지 미리 생각하라. 집안 환경이 도약을 실행하기에 충분한지, 아니면 미리 뭔가 준비하거나 변화시킬 것은 없는지 살펴보라. 도약을 잘 준비하고, 아기가 이 시기에 매력을 느낄 것들, 흥미를 자극할 것들에 미리미리 대비하면, 아기의 도약이 한결 수월해질 것이다.

과제가 아기에게 적절한지 어떻게 알 수 있을까?

아기는 자기 수준에 맞게 요구받고 싶어 한다. 자기 수준에 비해 너무 높거나 낮은 수준을 요구하는 과제는 아기를 좌절시킨다. 아기와 맞지 않는 놀이를 강요하면 아기가 떨떠름하게 임해도 놀라지 말아야 한다. 기본적으로 어떤 새로운 과제가 자신에게 적절한지, 그렇지 않은지 결정하는 것은 아기다. 부모가 너무 많은 자극을 주거나, 너무 많은 것을 밀어붙이려고 하면 오히려 부정적인 효과가 난다. 발달과 관련된 모든 것이 마찬가지다. 그 무엇도 억지로 강요해서는 안 되고, 아이로 하여금 선택하게 해야 한다. 아기가 흥미를 느끼지 못하거나 아직 힘들어하는 것을 강요해서는 안 된다.

아기가 흥미를 느끼는 동시에
놀라거나 무서워할 수도 있을까?

아기는 새로운 것에 흥미로워한다. 새로운 것이란 아기가 도약을 함으로써 갑자기 이해하게 된 것을 말한다. 새로운 것은 아이에게 자극이 되며, 아이에게 새로운 세계를 열어준다. 새로운 것에 대한 흥미가 깨어나는 것

은 아기의 두뇌가 그런 것을 발견하는 데 굶주려 있기 때문이다. 그럼에도 아기가 때로 새로운 것에 대해 갑자기 거부감을 느끼거나 무서워하는 것처럼 보일 수도 있다. 그러나 이것은 아주 정상적인 일이다. 그럴 때 아기는 자신이 지금 하는 놀이나, 지금 느끼는 감정이 원래 전혀 모르던 것임을 적잖이 의식한다.

아기는 새로운 인상들이 많이 몰려오면 잠시 두려움을 느끼거나 놀란다. 이럴 경우 아기는 겁에 질린 반응을 보이기보다는 갑자기 눈을 감거나 얼굴을 돌려버릴 때가 많다. 새로운 것을 소화하기 전에 잠시 마음을 가다듬는 시간(휴식의 순간)이 필요한 것이다. 아기가 그런 반응을 보이면, 그냥 내버려두라. 그런 순간들을 허락하라. 충분히 마음을 가다듬었다고 느끼면 아기 스스로 표시를 해올 것이다. 아기는 인상들을 처리하는 데 시간이 얼마나 필요한지 정확히 알고 있다. 아기가 상황을 주도하게끔 하라.

뭔가에 홀딱 빠져 쉬지도 않는 아이, 이상한 걸까?

대부분의 아기들은 언제 휴식이 필요한지 정확히 표시가 난다. 새로운 놀이가 재미있더라도, 피곤해지면 피곤에 굴복하고 만다. 하지만 어떤 아기들은 도약을 마친 뒤 새로운 능력에 아주 흥미를 느껴 모든 것을 해보려고 하며, 목표를 이루기 전에는 아예 그만두지 않는다. 이렇듯 요구가 많은 아기들은 부모에게도 많은 것을 요구하고, 자신에게도 많은 것을 요구한다. 때로는 이들을 자기 자신으로부터 보호해줄 필요가 있다. 아기가 도약을 통해 가능해진 새로운 능력에 몰두하는 동시에 휴식도 취할 수 있는 상황을 마련해주도록 노력하라.

몇 시간 내내 하찮은 것에 몰두하는 것이 흔히 있는 일일까?

어른이 생각하기엔 쓸데없어 보이고 지루해 보이는 일이라도 아기에겐 무척 재미있을 수 있다. 다양한 기능을 가진 장난감이 아니라 그 장난감에 붙어 있는 상표에 관심을 갖는 등 아기는 세부적인 것을 주시하고, 부수적인 것에 흥미를 보이기도 한다. 어른의 눈에는 정말 하찮은 것이기에 많은 부모가 자신의 아기가 멍청한 것 아닌가 걱정한다. 어떤 부모는 아기가 손가락으로 계속 계단을 쓰다듬거나, 작은 손으로 실감개를 몇 시간씩 요리조리 돌리는 모습을 보면, 혹시 자폐증 아닐까 걱정하기도 한다. 근거가 별로 없는데도 엄마들은 종종 최악의 경우를 상상하곤 하기 때문이다.

그러나 몇 시간에 걸쳐 '쓸데없는 것'에 몰두한다고 하여 아기의 지능이 떨어진다고 의심할 만한 근거는 전혀 없다. 오히려 반대다. 그럴 때 아기의 두뇌는 중노동을 하고 있을 확률이 높다. 아기는 세상의 기본 법칙을 발견하고 있는 것이다. 작은 손으로 계단을 문질러보면서 아기는 주변의 재료들에 친숙해질 뿐 아니라, 자신의 손가락으로 특정 부분 위를 왔다 갔다 하면서 그 순간 지배하는 마찰력을 경험할 수 있다. 또한 작은 손으로 실감개를 이리저리 돌리는 등 섬세한 운동을 실행하면서 같은 물건도 방향에 따라 다르게 보일 수 있음을 알게 된다. 어른은 같은 것도 시각에 따라 달라 보인다는 것을 진즉 알고 있지만, 아기는 실감개를 돌리면서 비로소 그것을 발견하는 것이다. 아주 영리한 일이 아닐 수 없다!

아기와 대화를 많이 하면 두뇌 자극에 도움이 될까?

아주 어린 아기도 대화하는 것을 즐긴다. 말을 알아듣지 못해도 엄마의 목소리를 들으며 엄마의 얼굴을 관찰한다. 이런 시간은 아기에게 안정감을 선사하며, 이런 집중적인 '대화'를 통해 아기는 보고, 듣고, 귀 기울이고, 냄새 맡고 운동하는 연습을 한다. 따라서 가능하면 자주 아기와 대화하라. 태어나자마자 대화를 시작하라. 신생아 때는 대뇌에서 신경세포들이 빠르게 연결된다. 연결이 더 많이 이루어질수록 '교통'도 더 좋아진다. 아기와 이야기를 많이 하면 신경 세포 간의 상호 작용이 자극되어, 신경 세포 간 연결이 유지될 수 있다. 새로 생겨난 신경 연결 경로는 사용하지 않으면 사멸해버릴 수도 있기 때문이다.

새로운 경험을 많이 하게 하면 두뇌가 자극될까?

아기는 실제로 새로운 경험에 목마르다. 그 누구도 아기처럼 호기심이 많고 학습에 굶주려 있지 않다. 동물을 대상으로 한 실험 결과에 따르면 일찍감치 경험적 자극을 많이 받은 경우 신경 세포 연결이 더 많이 생겨나는 것으로 나타났다. 여기서 '경험'이란 아주 넓은 의미로, 새로운 것을 듣고, 보고, 체험하는 것을 말한다. 예전에 어린 아기는 아무것도 할 수 없다고 생각해 몇 시간씩 말도 걸어주지 않고 침대에 눕혀놓았던 시대가 있었다. 아기는 아직 아무것도 배울 수 없다고 생각했던 것이다. 그러나 우리는 이것이 얼마나 틀린 생각인지 알고 있다. 아기와 함께 대화하고, 아기가 주변을 지각하게 하고, 아기가 보내는 신호들에 반응해주며, 가족 활동이나 일상적인 활동에 아기를 많이 참여시켜야 한다. 이런 방식으로 두뇌 신경세포들의 연결을 자극할 수 있다. 엄마가 들인 노력은 두 배, 세 배로 돌아올 것이다. 능동적이고, 즐겁고, 지식에 굶주린 아이의 모습으로 말이다. 아기를 종일 엄마 옆에 방치해놓고 아기와 전혀 상호작용을 하지 않으면, 훗날 아무것도 시도하지 않는 의욕 없는 아이가 되어도 놀라지 말아야 한다.

아기를 대하는 방식이 지능지수에 영향을 미칠까?

지능은 태어날 때 이미 대략적으로 결정되어 있다. 지능지수가 유전되는 것이라는 뚜렷한 증거들이 있다. 그러나 양육 방식 역시 지능지수에 어느 정도 영향을 미칠 수 있다. 긍정적인 영향도 줄 수 있고, 부정적인 영향도 줄 수 있다. 영향은 임신기에 이미 시작된다. 흡연은 잘 알려진 바와 같이 아기(그리고 엄마)의 건강에 좋지 않을 뿐 아니라, 지능지수에도 직접적으로 부정적인 영향을 미친다. 아기가 태어난 뒤에도 마찬가지다. 엄마가 흡연을 하면 모유를 통해 해로운 성분이 들어갈뿐더러, 공기를 통해 아기가 간접 흡연을 하게 될 수도 있다.

이런 신체적 영향 외에 아기의 두뇌를 적절히 자극하는 환경 역시 지능지수에 영향을 미친다. 아기를 방치하다시피 했던 탁아소 아이들에 대한 연구가 그것을 증명해주었다. 아기를 거의 돌보지 않고, 그냥 침대에 누워 지루하게 하얀 천장만 올려다보고 있도록 했던 탁아소에서 자란 아이들의 경우 나중에 지능지수를 측정한 결과, 충분한 돌봄과 자극을 받으며 자란 아이들에 비해 지능지수가 떨어지는 것으로 나타났다.

어린이집에 다니는 것이 지능지수에 영향을 줄까?

아기를 돌보는 모든 사람, 모든 환경은 아기의 발달에 영향을 주고, 지능지수에도 영향을 미친다. 그 환경에서 아기가 두뇌 계발에 얼마나 좋은 자극을 받았느냐에 따라서 말이다. 그리하여 어린이집의 환경이 좋지 않으면 아기의 발달에도 분명 부정적 영향을 미친다. 이것은 베이비시터나 엄마에게도 해당된다! 모든 면에서 아기의 필요를 충족시켜주는 것이 중요하다. 아기에게는 환경적 자극과 자기 나름의 속도로 세상을 발견해나갈 시간이 필요하다! 엄마가 전적으로 키우는 경우엔 이 부분에서 조절해주기가 더 쉽다. 아기가 무엇 혹은 누구와 접촉할 것인지 엄마가 결정할 수 있기 때문이다. 아기를 베이비시터나 어린이집에 위탁하는 경우엔 조절하기가 더 힘들다. 때로는 어린이집이나 베이비시터의 양육 스타일이 마음에 들지 않는 경우도 있을 것이다. 그런 경우엔 어린이집 원장이나 베이비시터와 상의하고, 함께 더 적절한 계획을 짜는 것이 좋다. 분위기나 양육 방식에 전혀 동의가 안 되면 새로운 베이비시터를 찾거나 다른 어린이집을 알아보아야 할 것이다. 거리가 좀 멀더라도, 아기가 더 우선이다.

아기는 언제쯤 의식적으로 생각하기 시작할까?

'의식적'이라는 말은 참 어려운 개념이다. 어른의 경우에도 '의식적'이라는 것이 정확히 어떤 것인지 정의하기 어렵다. 하지만 의식적이라는 말을 목적 지향적이라고 이해하면, 약간 쉬워진다. 발달 중에 도약을 거듭 경험하면서 아기는 차츰 더 어려운 목표를 설정하고, 아기의 목적 지향적인 태도는 서서히 어른의 태도를 닮아간다. 이전에는 아기가 완전히 '백지 상태'로 태어난다고 생각했다. 뼈와 근육, 피부로 이루어진 몸에 몇 가지 자동반사로만 무장하고 있다고 말이다. 하지만 오늘날에는 아기가 생후 첫날부터 단순하지만 목적 지향적으로 행동한다는 것이 잘 알려져 있다.

9장

양육

원칙, 한계, 칭얼거리기, 요구, 학습,
사회적 행동, 벌주기

아이가 커갈수록 점점 '자아'가 드러난다. 아이의 개성이 점점 뚜렷해지면 가족들은 더 즐거울 것이다. 하지만 아이의 관심사와 엄마의 관심사가 충돌하는 일도 생길 것이다. 아이가 무작정 무엇인가를 원하고 고집을 피우면, 이제 아이에게 경계를 정해주고 규칙을 가르쳐줄 때가 된 것이다. 아기를 힘들게 하기 위해서가 아니라, 자라나는 아이들은 규칙이 필요하기 때문이다. 아이에게 통용되는 규칙을 알려주면, 아이가 이후 유치원이나 학교에서 단체생활을 하는 데 상당히 도움이 될 것이다.

언제부터 경계를 정해주어야 할까?

출생 예정일로부터 64주 또는 약 15개월이 지나 아기가 '원칙'의 도약을 하고 나면 엄마는 아기에게 규칙을 가르쳐줄 수 있고, 또한 가르쳐주어야 한다. 물론 "~해야 해"라는 말은 느낌이 좋지 않지만 그럼에도 이제는 해야 한다. 공동체 안에서 유쾌한 생활을 하기 위해 '규칙을 배우는 것'은 아이에게 필수적이다. 아이 역시 규칙을 배우고자 한다. 물론 칭얼대고 고집을 피울 때는 그런 기미를 전혀 느낄 수 없지만 말이다(『엄마, 나는 자라고 있어요』 251쪽 참고).

15개월 이전에는 규칙을 배울 수 없을까?

'원칙'의 도약을 마치기 전에는 엄마가 행동으로 모범을 보이거나, 아이가 '잘못한' 순간 아이의 행동을 수정해주는 정도로 할 수 있다. 가령 아기가 엄마의 옷이나 신체 부위를 잡아당기면 "안 돼, 놔!"라고 말하고, 위험한 물건에 손 대면 그 물건을 빼앗아버린다. 이런 식으로 현재 아이가 몰두하고 있는 활동 차원에서 아기의 행동을 수정해주라. '지금 이 순간' 규칙을 정해주는 것이다. 그러다가 15개월 정도 되어 '원칙'의 도약을 하면, 아기는 갑자기 애교를 부리거나 사랑스러운 행동을 함으로써, 또는 칭얼거리거나 떼를 부림으로써 의지를 관철시킬 수 있음을 파악한다. 이런 월령이 되면 이미 특정한 행동을 통해 뭔가 이룰 수 있음을 파악하는 것이다. 아이에게 뚜렷한 경계를 정해줄 시간이 된 것이다.

아기가 칭얼대고 징징대는 걸 막을 수 있을까?

모든 아기는 칭얼대고 보챈다. 어떤 아기는 더 많이 칭얼대고, 어떤 아기는 더 적게 칭얼댈 뿐이다. 기질이 강한 아기는 조용한 성격의 아기보다 더 심하게 칭얼대거나 고집을 피운다. 하지만 이런 행동이 꼭 기질로만 결정되는 것은 아니다. 여기서 부모의 역할도 중요하다. 엄마가 일관성 없으면 아기는 그 점을 반드시 이용한다. 규칙과 관련해 '일관성이 없다'는 것은 '금지된 것'을 어떤 때는 허락하지 않고 어떤 때는 허락한다는 의미다. 그러면 아기는 징징거리고 떼쓰는 것으로 자신의 뜻을 관철시킬 수 있는 때를 금방 파악한다. 엄마가 해당 신호를 보내기 때문이다. 일관성 있게 행동한다고 해서 아기가 징징거리거나 칭얼대는 것을 완전히 막을 수는 없지만, 그래도 빈도가 줄어들다가 빠르게 그칠 것이다.

칭얼대는 소리가 정말 듣기 싫을 땐 어떻게 해야 할까?

일관성을 유지하는 것은 별로 어렵지 않다. 결국 엄마는 어른으로서 해도 되는 것과 해서는 안 되는 것이 무엇인지 알고 있고, 그것을 아이에게도 분명히 알려줄 수 있지 않겠는가! 이론상으로는 그렇다. 하지만 아이가 칭얼거리면 그냥 아이의 뜻대로 해주려는 유혹에 빠지기 쉽다. 다른 사람들이 있는 데서 아이가 칭얼거리면 남들에게 폐가 된다는 생각이 들거나, 상황이 분주하고 급해서, 또는 더 이상 칭얼대는 소리를 참고 들어줄 수가 없어서 말이다. 하지만 이런 상황에서야말로 일관성을 유지하는 것이 바람직하다! 한 번 양보하면 아이는 이를 금방 알아채고, 다음번에 다시금 칭얼댈 것이다.

어차피 칭얼댄다면 일관성을 유지하는 게 무슨 소용일까?

아이는 이제 점점 의지가 강해진다. 17개월경 '시스템'의 도약이 끝나면 아이는 어엿한 자신의 생각과 권리를 가진 독립적인 인격체가 된다. 근사한 발전이다. 아이는 점점 공동체에 적응해간다. 모든 인간은 사회적 존재로, 공동체 안에서 인정받고자 한다. 그리고 예의 바른 사람이 무례한 사람보다 사회에서 더 인정받기 쉽다. 그러므로 부모는 아이를 다른 사람들과 잘 어울리도록 키워야 하고, 단체 생활에 잘 적응하게 하며, 무엇이 괜찮은 것이고 무엇이 안 되는 일인지 알려줘야 할 것이다.

모든 아이가 칭얼대는 것은 사실이다. 하지만 어차피 모든 아이가 칭얼대니까 원칙을 가르쳐줄 필요도 없다고 생각하면 오산이다. 물론 모든 아이가 칭얼거린다는 것을 아는 것은 중요하다. 그것을 알면 자신의 아이만 이상하게 생각하지 않고 안심할 수 있으며, 아이가 칭얼대는 것이 엄마가 뭔가 잘못해서가 아니라, 발달 단계상 나타나는 현상임을 인식하고 마음을 약간 놓을 수 있다. 하지만 모든 아이가 칭얼대는 것이니 어느 순간 지나가겠지 하면서 무작정 방치하면 안 된다.

아이가 나중에 많이 칭얼대지 않게 하려면 어떻게 해야 할까?

처음부터 아이의 수준에 적절한 행동을 요구하면, 그리 많이 칭얼대지 않는 아이로 자라날 수 있을 것이다. 각각의 도약과 더불어 아기는 새로운 인지능력을 획득하고, 그런 능력으로 말미암아 새로운 것을 하거나 이해할 수 있게 된다. 이것은 동시에 아이가 지금 가지고 있는 가장 높은 '이해 수준'이다. 도약이 이루어지자마자, 엄마는 아이에게 확장된 인지능력을 적용하도록 요구할 수 있다. 하지만 아이가 할 수 있는 것 이상을 요구하면 아이는 자칫 좌절하게 되고 더 많이, 더 자주 칭얼대고 짜증 내는 아이가 된다. 그러므로 적절한 과제를 요구할 때 아기는 더 순화롭게 자신에게 주어진 과제를 감당하는 아이가 될 것이다.

아이는 칭얼대는 것이 유리하다고 분명히 아는 것 같다. 어떻게 그럴 수 있을까?

태어나 몇 달 흐르면서 아기와 엄마는 점점 더 긴밀한 '2인조'가 된다. 첫 돌에서 두 돌 사이가 되면 아기는 엄마를 속속들이 알게 된다. 엄마가 마음에 들어하는 것, 우습게 생각하는 것, 특히 중요하게 생각하는 것이 무엇인지 정확히 안다. 아이가 얼마나 사교적인지와 상관없이 아이는 이런 지식을 가차 없이 활용할 것이다. 아이는 언제 엄마의 마음이 흔들려 자기의 뜻을 들어줄지 정확하게 느낀다. 그러므로 엄마 역시 이런 순간을 의식하는 수밖에 없다. 자신을 잘 탐색하라. 언제, 어떤 상황에서 아이의 징징거림에 굴복하게 되는가. 마트에서 쇼핑할 때 아이가 칭얼거리면 창피해서? 아니면 아이가 애교를 부리며 엄마에게 뽀뽀 세례를 퍼부을 때? 아니면 막 식사 준비를 하느라 바쁜데 다른 자녀들은 말썽을 피우고, 아기가 애원하는 눈빛으로 엄마를 쳐다보고 있을 때?

언제, 왜 마음이 약해지는지 확실히 의식하고 있으면, 그런 순간들에 걸려들 위험이 낮아지고, 좀 더 적절하게 반응할 수 있을 것이다. 가령 손님이 있는 경우, 손님 앞에서 징징대는 아이가 무안해서 아이의 뜻을 들어주곤 했다면, 앞으로는 자신의 반응에 주의해서 더 이상 손님의 반응에 아랑곳하지 말고 일관성을 유지할 수 있을 것이다.

베이비시터도 부모의 규칙을 정확히 지키도록 해야 할까?

자녀 양육에서 일관성은 매우 중요하다. 15개월 된 아이는 아빠가 허락하는 일을 엄마는 허락하지 않을 수 있다는 것을 이해하지 못한다. 엄마와 아빠가 다른 원칙을 적용하는 것은 아이에게 스스로 알아서 규칙을 찾으라고 말하는 것과 같다. 하지만 아이에게 그것은 너무 힘든 일이고, 상당히 부담되는 일이다. 그러므로 중요한 규칙들은 배우자와 협의해 함께 그것을 적용하면 좋을 것이다. 베이비시터도 마찬가지다. 아기의 양육을 담당하는 모든 사람이 '동일선 상에 있어야' 한다. 그래야 아이가 헷갈리지 않는다.

규칙을 좀 느슨하게 적용해도 될 때는 언제일까?

"예외 없는 규칙은 없다"고들 한다. 하지만 아기에게 예외는 헷갈림만 야기할 따름이다. 일관성과 관련해 약간의 유연함을 이해하려면 두 돌 이상은 되어야 한다. 아이가 그 정도로 자라면 엄마는 때로 예외가 있을 수 있음을 설명해줄 수 있다. 가령 파티에 초대받은 경우 예외적으로 달콤한 간식거리를 허락하거나, 주말에는 잠자리에 드는 시간을 약간 늦춰줄 수 있다. 아이에게 이번에는 그런 일을 용인해준다고 말하고, 그런 예외를 적용시켜주는 이유도 이야기해주라. 아이가 이를 어떻게 받아들이는지 잘 관찰하라. 아이가 그것을 예외라고 파악하는가, 아니면 더 많은 예외를 얻어내려고 칭얼대는가? 아이의 반응을 보고 예외를 적용하는 정도를 맞추어야 한다.

일관성은 장기적으로 어떤 영향을 미칠까?

15개월짜리에게 무엇은 되고, 무엇은 안 되는지 등의 규칙을 가르쳐주는 것은 장차 사회적 가치와 규범을 알고 지키는 사람으로 자라나게 하기 위해서다. 규칙을 배운 아이는 학교에 들어가서도 더 자신감을 가지고 단체 생활에 잘 적응할 것이며, 부모는 안심하고 자녀를 친구 집에 놀러 보낼 수 있을 것이다. 아이가 다른 집에 많은 폐를 끼치지 않을 거라는 것을 알고 있기 때문이다. 간단히 말해, 부모는 아이에 대해 자부심을 갖게 된다. 규칙을 배우지 못한 아이는 만 한 살에서 두 살 사이에 더 자주, 더 많이 칭얼대고 징징댄다. 네 살 이상이 되면 상황은 더 안 좋아진다. 분노를 절제하지 못해 물건들을 망가뜨리고 다른 사람들을 고의로 힘들게 하는 공격적인 아이들에 대한 이야기를 간혹 들어보지 않았는가? 엄마가 양육 과제를 게을리하면 그런 결과를 초래할 수 있다. 그런 상태를 원하는 부모는 없을 것이다.

아기를 벌주어도 될까?

아기는 아직 자신이 뭔가 '잘못하고' 있다는 것을 전혀 알지 못한다. 엄마는 기껏해야 "안 돼. 그건 안 되는 거야"와 비슷한 말을 하면서, 표정과 태도로 아이의 행동을 용납할 수 없음을 표시할 수밖에 없다. 그러다 아기가 10분 후에 똑같은 행동을 반복하면 엄마는 또다시 전에 했던 말, 전에 했던 반응을 반복해야 한다. 이것만 생각해도 아기를 벌주는 것은 부적절하다는 것을 알 수 있다. 아기는 아직 자신이 무엇 때문에 벌을 받는지 알

154

지 못한다. 하지만 15개월부터는 달라진다. 아기는 이제 규칙이 있음을 파악하고, 규칙을 시험하는 것에도 책임을 질 수 있다. 아기는 여러 번 규칙을 위반하면서 규칙을 시험해본다. 이런 방식으로 아기는 규칙이 중요하다는 것을 배운다. 이런 월령부터는 규칙을 어기면 아기를 벌할 수 있지만, 소리를 지르거나 체벌을 가하거나 기타 신체적, 언어적 폭력을 사용해서는 안 된다. 그런 방식으로 벌을 주는 것은 자신의 약점을 드러낼 따름이다. 벌을 줄 때는 엄마가 아이의 행동을 용납할 수 없음을 아이가 보고 신체적으로가 아니라 감정적으로 느끼게 하는 방식으로 아이의 잘못을 일깨워줘야 한다. 가령 아이가 식탁에서 촛대를 자꾸 집으면 아이에게 그건 안 되는 일이라고 분명히 말해주라. 그런데도 아이가 자꾸 촛대에 손을 대는가? 그러면 아이를 안아서 방의 다른 곳에 내려놓은 뒤 왜 촛대에 손을 대면 안 되는지 반복해서 말해주라. 말할 때는 아이의 눈높이에서 아이를 쳐다보면서 하고, 그 뒤에 다른 '바람직한' 행동으로 아이의 주의를 돌린다.

아이에게 금지된 일임을 어떻게 알려줄 수 있을까?

유감스럽게도 말만으로는 충분하지 않다. 메시지를 분명히 전하기 위해서는 행동이 동반되어야 한다. 어딘가에 기어 올라가면 안 된다고 아이에게 백 번 넘게 말해줄 수 있다. 하지만 엄마가 태연자약하게 소파에 앉아 웃는 표정으로 그 말을 한다면 그 말은 아이에게 먹혀들지 않을 것이다. 그러면 아이에게 아무런 인상도 남기지 않을 것이고, 아이는 그 행동을 계속할 것이다. 규칙을 분명히 알려주기 위해서는 언어적, 비언어적 커뮤니케이션을 함께 활용해야 한다. 말, 자세(태도), 행동, 이 모든 것이 함께 가야 한다. 얼굴 표정과 태도가 말의 내용과 일치해야 하는 것이다. 기쁘면 웃어주고, 화가 났으면 노려보라. 당연한 말이라고? 하지만 말할 때 자신의 표정을 충분히 의식하지 않는 사람들이 의외로 많다. 아이로 하여금 엄마의 표정과 태도에서 엄마의 현재 감정이 어떤지 명백히 읽을 수 있게 하는 것이 특히 중요하다. 여기서는 약간의 과장도 무방하다. 부모는 약간의 연극도 해야 하는 것이다! 신체 자세와 표정 외에 엄마가 서 있거나 앉아 있는 높이에도 신경을 쓰라.

엄마의 메시지가 정말로 먹혀들게 하려면, 아이를 똑바로 쳐다보아야 한다. 아이와 눈높이를 맞추고 아이의 눈을 쳐다보라. 그러면 엄마가 하는 이야기가 명백하게 전달될 것이다.

아이가 해서는 안 되는 행동을 하는데 웃음이 터질 경우엔 어떻게 해야 할까?

때로 아이가 말을 듣지 않고 규칙에 어긋나는 행동을 하는데도 불구하고 그 행동을 보며 웃음이 나올 때가 있다. 가령 아이가 뭔가 몰래 하려고 하는데, 그 속마음이 표정과 행동에 다 드러날 때는 정말로 우스워 보인다. 때로는 말썽 부리는 행동인데도 상당히 우스울 때가 있다. 심지어 아이가 칭얼거리는 걸 보면서도 웃음이 터질 수 있다. 하지만 엄마가 웃으면 아이는 자신이 잘하는 줄 안다. 웃음은 칭찬을 의미하기 때문이다. 그러므로 웃음을 참기 어려워도, 가능하면 웃지 말아야 한다. 다른 자녀들에게도 동생이 그런 행동을 할 때 가급적 웃지 말라고 부탁하라. 그러나 아이들은 어른들만큼 웃음을 잘 참지 못하므로, 다른 자녀들에게 웃음이 나오면 잠시 다른 방으로 가라고 당부하라.

아이도 공격적일 수 있을까?

물론 어린아이도 공격적일 수 있다. 그것은 이상한 것이 아니다. 만 한 살에서 두 살 사이의 모든 아이가 공격적인 행동을 보인다. 물론 여기서 '공격적인 행동'이란 아주 넓은 의미의 말이다. 대부분 아이는 15개월경 '원칙'의 도약을 한 뒤 갑자기 공격적인 행동을 보이는 경우가 많다. 아이는 어딘가를 꽉 물거나, 무엇인가를 고의적으로 쓰러뜨리거나 차고는 엄마를 곁눈질할 것이다. 마치 테스트하는 것처럼 말이다. 사실 이건 정말로 테스트다! 엄마를 힘들게 하려고 하기 때문이 아니라, 도약 후에 사회적 행동을 시험해보는 것이다. 아이는 엄마의 반응에서,
그 순간 잘한 것인지 잘못한 것인지 가늠하고자 한다.
아이는 삶을 배워나가고, 엄마는 아이에게 삶과 규칙을
가르쳐주는 사람이다.

부모가 아이의 공격적인 태도에 영향을 미칠까?

모든 아이는 공격성을 도구로 실험을 한다. 어린아이도 마찬가지다. 17개월 된 아이의 90퍼센트가 때로 공격적인 행동을 한다. 만 두 살 정도에 이런 실험은 최고 절정에 달하며, 그 후 점점 줄어든다. 아이가 초등학교에 들어갈 무렵이면 공격적인 행동으로 실험하는 시기가(평범한 환경에서

는) 지나간다. 그러므로 아이가 어느 정도 공격성을 표출하는 것은 정상적인 일이지만, 그렇더라도 공격성을 용납해서는 안 된다. 그 점에서는 아이에게 타협이 없어야 한다. 스스로 솔선수범을 보이는 것도 중요하다. 엄마가 배우자와 큰 소리를 지르며 부부싸움을 하면서 어떻게 아이에게 갈등을 다른 방식으로 해결하라고 요구하겠는가. 이런 상황에서는 아이 역시 화나면 소리를 지를 것이다. 아마 엄마보다 더 크게 소리를 지를 것이다. 엄마가 화나서 문을 쾅 닫고 나가면, 아이 역시 화나면 물건들을 집어 던질 것이다. 엄마는 아이의 본보기이며, 엄마는 행동을 통해 무의식 중에 아이에게 어떻게 행동해야 할지 늘 가르치고 있다. 공격적인 태도가 일상화된 집에서 자라는 아이는 다른 아이들이 공격적인 태도를 보이지 않는 나이에도 공격적인 태도를 계속 구사할 것이다.

🐟 아이는 이래요!

어떤 아이들은 뭔가 원할 때 칭얼대지 않고 오히려 애교를 떨기도 한다. 이럴 때 엄마가 어떻게 안 된다고 말할 수 있을까. 아이들은 일찌감치 식초통보다는 꿀 수저에 파리가 많이 꼬인다는 것을 알아차린다. 그래서 자신의 의지를 관철시키기 위해 칭얼대는 것과 반대 전략을 구사한다. 눈을 크게 뜨고는 특히 사랑스럽게 엄마를 바라보고, 엄마를 도와주고, 엄마에게 뽀뽀를 해준다. 너무나 사랑스러운 아이 행세를 한다. 하지만 이런 행동이 목적 하는 바 역시 칭얼대는 것과 다르지 않다. 두 가지 모두 아이가 자신의 뜻을 이루려는 방법인 것이다. 유일한 차이는 칭얼대는 것이 사랑스럽게 구는 것보다 엄마의 신경을 더 거스른다는 것이다. 그러므로 아이가 사랑스럽게 굴지라도, 어떤 일은 허락할 수 없다는 걸 아이에게 가르쳐주라. 규칙은 규칙이라는 것을 말이다.

| 2부 |

실전

놀이하고 연습하며

세계를 발견하기

아기의 세계

성격, 기질, 지능의 시작

"행복한 게 최고지"

"건강한 게 최고지." 우리는 늘 이렇게 말한다. 이것은 갓 부모가 된 모든 이들의 주된 바람이기도 하다. 아기가 정말 건강하게 태어났다는 것(여기서 건강한 아이란 생명을 위협하는 질병을 가지고 태어나지 않아 오래 살 가능성을 가진 모든 아이를 뜻한다. 신체적인 장애를 안고 태어났지만 그 장애가 생명을 위협하지 않는 아이들도 건강한 아이에 속한다)을 확인하기까지는 한동안 시간이 걸린다. 그래서 아기가 재채기만 해도 놀라서 병원에 전화하는 엄마(여기서 엄마는 엄마, 아빠, 혹은 그 외 주요 애착 인물을 칭하는 말이다)가 하나둘이 아니다. 아기의 건강을 걱정하는 것은 자연스럽고 중요한 일이다. 건강은 인간이 가질 수 있는 최고의 자산이니 말이다.

의학이 오늘날처럼 발달하지 않고, 건강에 대한 지식도 별로 없던 예전엔 건강이 '재산' 중 하나였다. 20세기 초만 해도 태어난 아기가 생후 몇 주 혹은 몇 개월을 넘기지 못하고 사망하는 일이 빈번했다. 그래서 갓 태어난 자녀가 이런 위험한 시기를 무사히 넘기고 건강하게 자라주는 것만으로도 부모에겐 너무나 기쁜 일이었다. 생후 첫 돌이 되어서야 비로소 이름을 지어주는 동아프리카의 풍습도 이런 이유에서 유래했으리라. 동아프리카에서는 지금도 건강을 누리기가 쉽지 않다.

다행히 오늘날 산업국가들에서는 유아 사망률이 매우 낮다. (소아) 건강 분야에서 이룩한 중요한 업적들 덕분이다. 1920~1930년대에 위생이 더욱 중시되면서 바야흐로 '위생의 시대'가 열렸다.

유아 사망률이 대폭 낮아진 1960년대가 되자 부모들은 몸만 건강하면 좋겠다는 소망에서 한걸음 더 나아가 몸과 마음이 건강하기를 바라기 시작했다. 깨끗한 위생과 좋은 영양은 이제 당연한 것이 되어버려 감정 발달, 안정된 애착, 기본 신뢰감 같은 면이 점점 부각되었다. 감정적 소홀과 불안정 애착이 장기적으로 어떤 결과를 초래할지에 대한 연구들이 쏟아져나왔고, 모두가 자녀들이 기본 신뢰감과 자신감으로 무장하기를 바랐다. 어릴 적에 안정된 애착을 형성한 아이가 불안정 애착으로 인해 애착을 얻는 데만 전전긍긍하는 아이들보다 자신과 주변을 더 적극적으로 탐구해나가며, 그로부터 유익을 얻을 수 있음을 여러 연구에서 보여주었다.

세월이 흐르면서 부모의 소망이 어떻게 변화했는지 살펴보면, 부모는 점점 더 많은 것을 원하고, 점점 더 만족하기 힘들 것처럼 보인다. 정말로 그렇다. 그러나 결코 부정적으로 볼 일은 아니다. 시대와 지역을 막론하고 부모는 늘 자녀를 위해 가장 좋은 것을 바란다. 이것은 모든 부모의 공통된 마음이다. 그러므로 오늘날 우리의 요구가 더 높아졌다는 것은 결코 흠잡을 일이 아니며, 오히려 긍정적으로 봐야 한다.

최근 부모들은 잣대를 조금 더 높였다. 심신의 건강에 더해 "뭐니 뭐니 해도 행복해야지"라고 이야기하게 되었다. 영양, 건강, 돌봄, 애정, 사랑, 기본 신뢰감, 자신감, 소속감 등에서 기본적인 욕구가 충족될 때 비로소 아이가 더 충만한 인생을 살 수 있음을 생각하면 당연한 일이다. 그리하여 이제 부모의 소망에 행복이라는 단어가 추가되었다. '행복', 짧은 단어다. 그러나 커다란 질문을 제기하는 말이다. 행복이란 무엇일까? 어디에서 어떻게 행복을 찾을까? 본연의 자기 자신으로 살아갈 수 있고, 있는 그대로의 모습으로 사회에서 받아들여질 때 그 사람은 행복하다고 할 수 있을 것이다. 그래서 사람들은 "너 자신에게 충실하라", "네 마음을 따르라"라고 말하기도 한다. 그러나 본연의 '나'로 살아갈 수 있는 사람이 행복하다면, 사람은 우선 자신이 누구인지 알아야 할 것이다. 즉 자신이 어떤 사람이며, 자신이 어떤 개성을 가졌는지 알아야 한다. 모든 사람은 태어날 때부터 이미 개성적인 존재다. 신생아도 아직 뚜렷하지는 않지만, 개성적인 자아를 발전시킬 소질을 이미 가지고 있다. 아기는 이런 자아 내지 개성을 알아가고 계속 발전시켜나갈 것이며, 굉장히 흥미로운 발견 여행을 하게 될 것이다.

> ●● 부모는 여러 해 동안 아기와 함께 아기의 개성을 찾아가는 발견 여행을 떠
> ●● 나게 된다. 함께 아기의 개성을 탐구하는 것, 거기에 행복의 열쇠가 있다.

성격의 신비

성격이란 정확히 무엇을 말하는 것일까? 성격이란 한 사람의 영속적인 특성과 특질을 칭하는 말이다. 매일 변화하는 특성은 그냥 기분이라고 칭한다. 누군가가 때때로 언짢은 태도를 보이면 우리는 그가 기분이 안 좋은 모양이라고 이야기한다. 하지만 누군가가 시종일관 언짢은 태도로 살아가면, 우리는 그가 불평이 많거나, 불만족스럽거나, 침울하거나, 성질을 잘 부리는 사람이라고 이야기한다. 그러므로 삶의 태도가 바로 성격의 일부다.

아기의 성격을 발견하기란 쉬운 일이 아니다. 기본적으로 성격이 어떻게 형성되며, 어떤 유형이 있고, 어떻게 분류할 수 있는지 아무도 정확히 알지 못한다. 하지만 한 가지는 확실하다. 성격이 똑같은 사람은 없다는 것! 이 역시 생명의 신비다. 또 한 가지 확실한 것은 성격이 형성되고, 드러나며 사회적으로 용인되는 일에 특정한 요인들이 작용한다는 것이다.

아이의 반응성(reactivity), 기질, 성향, 선호, 유전 등이 성격 형성에 중요한 역할을 한다. 이 모든 요인과 그것이 두드러지는 정도, 이에 대처하는 방식이 아이의 개성을 이룬다. 이를 명심하면 아이가 자신을 알아가도록 도울 수 있다.

반응성(reactivity)

행동(action) → 반응(reaction)에 대한 이야기는 이미 많이 나온 바 있다. 어떤 아기들은 평균적인 아기에 비해 자신의 환경에 더 자주, 더 강하게 반응한다. 반면 어떤 아기들은 옆에서 대포를 쏘아도 모를 정도다. 그저 소리가 나는 방향을 슬쩍 쳐다보기만 할 뿐 더 이상 아무런 반응도 보이지 않는다. 그러나 대부분의 아기들은 커다란 소리를 들으면 화들짝 놀란다. 어떤 아기들은 찻숟가락을 찻잔 받침에 떨어뜨리기만 해도 울음을 터뜨린다. 아기가 주변 환경에 민감한 반응을 보이는지, 그렇지 않은지도 아이의 성격을 파악할 수 있는 한 가지 수단이다. 민감한 반응을 보이는 아기는 '열려 있어' 주변을 많이 의식한다. 그런 아기가 평온하게 있기는 쉽지 않다. 주변에서 다양한 소리들이 들리는데 방 안에 콕 박혀 잠을 잔다는 것은 그 아기에게 거의 불가능에 가깝다.

아기가 주변 환경에 민감하게 반응하는 것 같으면 아기를 조용한 방에서 재우는 것이 좋다. 반응이 강하지 않은 아기는 주변 환경에 쉽게 좌우되지 않는다. 거실에서 자는 것도 문제가 없으며, 떠들썩하게 노는 남매들이나 다른 소음에도 개의치 않는다.

이제 당신은 별로 민감하지 않아 어느 환경에서도 평온한 아기를 기르는 것이 더 좋지 않을까 자문할 것이다. 그러나 으레 그렇듯 모든 면에는 장단점이 있고, 지나치게 치우친 것은 어느 것이나 쉽지 않다. 거의 반응을 보이지 않는 아기는 자신의 세계에 갇혀 사는 경향이 많아, 부모나 다른 애착 인물들이 아기의 상태를 가늠하기 힘들다. 아기가 어느 정도 민감하게 반응하느냐 하는 것은 결코 좋고 나쁨을 판가름하는 잣대가 될 수 없다. 중요한 것은 아기의 반응성이 얼마나 강한지 파악하고, 아기에게 적절히 맞춰주는 것이다.

기질

기질이 무엇인지는 일반적으로 잘 알려져 있다. 기질이 강한 아이는 자신이 원하는 것을 분명히 표시하고, 자신의 뜻을 이루지 못하면 울고불고하며 난리를 친다. 아기들은 자신이 원하는 것이나 필요로 하는 것을 아직 구체적인 말로 전달할 수 없으므로, 기질이 강한 아기의 부모들은 아기의 요구에 부응해주기가 비교적 쉽다. 반면 기질이 약한 아기들은 성격이나 흥미를 파악하기가 상대적으로 더 어렵다.

기질이 강하지 않거나 수줍은 아이들은 여러 가지 이유로 주변의 주목을 받기 힘들다. 유쾌하지는 않지만, 부모는 늘 그 점을 의식해야 한다. 수줍은 아이들은, 가령 낯선 사람이 그에게 말을 걸면 눈을 감고 얼굴을 돌려버린다. 아기가 그렇게 반응하면, 상대방은 아기가 자신에게 관심 없다고 생각한다. 그러나 결코 그런 것이 아니다. 수줍은 아기는 다만 용기를 내어 사람에게 다가가기까지 더 많은 시간이 필요할 따름이다. 그 점을 감안해야 한다.

이렇게 보면 한쪽 극단에 있는 아기(기질이 강한 아기)가 반대편 극단에 있는 아기(수줍은 아기)보다 생활하기가 유리할 것 같지만, 사실 두 아기 모두 장단점이 있다. 기질이 강하고 활발한 아기의 부모는 온종일 아기에게 몰두해야 하고 저녁에는 지쳐서 소파에 쓰러진다. 다른 자녀들에게 자칫 소홀해질 수도 있다. 기질이 강한 아기는 과도한 관심을 요구하기 때문이다. 반대로 수줍은 아기는 눈에 띄는 둥 마는 둥 하지만, 대신 자신의 한계를 아주 정확히 안다. 여기까지, 그리고 그 이상은 안 돼! 그러므로 기질 역시 어느 한쪽이 더 우월한 것은 아니다. 아기가 어느 정도로 기질이 강하고, 부모로서 그것에 어떻게 부응해줄 것인지 깨닫는 것이 중요하다.

아이의 성향

인간이 가진 (거의 변하지 않거나, 결코 변하지 않는) 특성을 묘사하려면 수백 가지의 형용사를 동원해도 모자랄 것이다. 그런데 연구에 따르면 사람들이 보여주는 특성들은 세계적으로 비슷비슷하며, 이런 특성들은 공통된 그룹으로 묶을 수 있는 것으로 나타났다. 비슷비슷한 표현들을 상위 개념으로 통합할 수 있는 것이다. '외향적인', '유쾌한', '양심적인', '신경질적인', '정직한', '지적인', '상상력이 풍부한', '개방적인', '종교적인' 등이 그런 개념이다. 이런 상위 개념들은 다양한 특성을 포괄하며, 이런 개념을 도구로 각 개인의 특성을 묘사할 수 있다. 누군가가 굉장히 외향적인가, 아니면 내성적인가? 얼마나 책임감이 강하고, 시간을 잘 지키는가? 얼마나 태만하고, 양심이 없는가?

연구자들은 세 돌 반 정도 지난 아이들이 보여주는 지속적인 특성들이 아기 때 보여주었던 제스처나 표정과 관련 있음을 알아냈다. 그러므로 태어난 지 얼마 되지 않은 아기의 성격도 대략 짐작할 수 있다. 유치원에 갈 나이가 되어 아이가 말도 잘하고, 행동도 독자적으로 하면 아기의 성격을 확실히 말할 수 있을 것이다. 하지만 아직 아기라 해도, 키우는 부모는 많은 암시를 통해 아기의 성격을 대략 알 수 있다. 아기의 보디랭귀지에 유의하면 아기의 성격을 꽤 알 수 있을 것이다. 발견할 것이 의외로 많다!

지능: 아기가 무엇을 즐겨 하는가?

예전에는 지능이라고 하면 한 가지 차원, 즉 학업적 지능을 가리키는 것으로 생각했다. 1900년 파리에서 학업적 지능을 검사하는 첫 지능 테스트가 개발되면서 이런 생각이 확산되었다. 그러나 오늘날에는 학업적 지능 외에도 다른 지능들이 있으며, 지능은 단순한 지능 테스트만으로 적절하게 파악할 수 없다는 사실이 알려졌다. 우리는 매일 신문 등을 통해 사회 지능이니 사회적 능력이니 하는 말들을 자주 접한다. 이런 분야를 주제로 한 책들도 많이 나와 있다. 지능의 종류에는 무엇이 있고, 그것이 어떻게 분류되는지 알면, 아이들이 무엇을 잘하는지, 그들의 개인적인 재능이 어디에 있는지 분별하기가 좀 더 쉬울 것이다.

현재 지능은 다음 8가지 항목으로 분류된다.

1. 음악 지능

2. 신체운동 지능(신체 놀이나 각종 스포츠를 하기 위해 신체의 움직임을 통제하는 능력, 혹은 발레나 춤에서처럼 신체로 감정을 표현하는 능력)

3. 논리수학 지능

4. 언어 지능

5. 공간 지능(공간 이해 및 공간 파악)

6. 개인 간 지능(interpersonal, 대인관계 지능) 혹은 사회 지능(다른 사람들이 말하지 않아도, 다른 사람들의 의도와 소망을 파악하는 것)

7. 개인 내 지능(intrapersonal, 자기 이해 지능: 자신의 감정을 파악하고, 자신의 행동을 조절하기 위해 그것을 사용하는 능력)

8. 자연 지능(자연 친화 지능: 동식물 세계를 파악하는 능력)

모든 사람은 이런 8가지 지능을 골고루 가지고 있다. 아기도 마찬가지다. 다만 어떤 지능이 두드러지는가 하는 면에서 개인차가 있으며, 그런 차이가 바로 성격과 개성을 좌우한다. 사실 당연한 일이다. 어떤 지능이 높으면, 그 분야의 일들을 특히 잘할 수 있고, 그 일들이 긍정적이고 매력적으로 느껴질 것 아닌가. 반면 자신이 잘할 수 없는 걸 하려면 애를 많이 써야만 성공할 수 있다. 그것은 쉬운 일이 아니고 많은 에너지를 요하므로, 당사자에게 그리 매력적이지 않은 게 당연하다.

어른들은 특정한 일들을 할 수 있으려면 노력해야 하고, 어떤 일들은 하기 싫어도 배워나가야 한다는 것을 안다. 하지만 아기들은 살아가기 위해 특정 능력을 습득해야 한다는 것을 아직 알지 못한다. 아기는 이성적인 논리가 아니라 감정을 따른다. 그래서 아기는 자신에게 좋은 느낌을 선사해주는 일에 열심이다. 끌리는 일, 잘할 수 있는 일, 자신이 가진 지능에 맞는 일에 말이다. 그래서 부모는 유아기 아이가 어느 부분에 재능이 있는지 분별하기 쉬울 수도 있다.

무엇을 좋아하고, 무엇에 흥미가 있고, 무엇을 잘할 수 있는지는 아이마다 다르다. 이런 차이를 눈여겨보면 아이가 장차 어떤 사람으로 성장해나갈지 가늠할 수 있다. 그러므로 8가지 지능 중 아기가 어느 부분에 강점과 흥미, 선호를 보이는지 알아내는 것은 흥미롭고 중요한 일이다. 부모가 이를 알면, 아기가 재능을 최적으로 발휘해 행복한 삶을 살 수 있도록 도와줄 수 있다.

아기의 지능은 아직 섬세하게 분화되어 있지 않다. 가령 음악 지능에서는 음을 서로 구분할 수 있고, 공간 지능에서는 깊이나 심연을 알아채는 정도다.

그러다가 한 살에서 서너 살까지는 상징 체계가 발달해, 언어 지능에서는 문장과 이야기, 음악 지능에서는 노래, 공간 지능에서는 그림, 신체운동 지능에서는 제스처나 춤 같은 것들을 다룰 수 있다. 여기서 상징이라는 단어를 사용하는 것은 상징이라는 말이 실제적인 것, 현실에 존재하는 것을 나타내기 때문이다. 아이가 엄마를 그릴 때, 그 그림은 상징적 성격을 지닌다. 자신이 보는 방식으로 엄마를 묘사하는 것이기 때문이다. '엄마'라는 단어 역시 상징으로서 당신을 나타낸다.

취학 연령이 되면 아이들은 표기 체계를 만난다. 읽기, 쓰기, 산수, 지도나 악보 보기 등에서 글자나 기호는 아이들이 이미 아는 것을 상징한다. 아이들이 각각의 표기 체계를 어떻게 다루는지 보면 아이들이 어떤 면에 지능이 높은지 알 수 있다.

청소년이나 어른의 경우는 직업 선택이나 스포츠, 취미에 지능이 반영된다. 공간 지능이 높은 사람들은 요트 타기를 취미로 삼을 수도 있고, 축구 선수 또한 공간 지능과 신체운동 지능을 결합함으로써 기량을 더욱 높일 수 있다.

선천적 또는 후천적?

'유전자'라는 말은 많은 사람의 가슴을 철렁 내려앉게 한다. 그것이 정신 발달이나 인성 발달과 연결되어 이야기되는 경우에는 특히 더 그렇다. 유전이라는 말에 거부감이 느껴지는 이유는 유전적 소인으로 모든 것이 결정된다면 어떤 교육을 받든 별로 상관없다고 생각되기 때문이다. 어떤 성격적 특성은 정말 유전적으로 결정된다. 그리하여 사람들은 간혹 부모와 똑같은 행동을 보이는 아이 때문에 웃는 경우가 있다. 피곤하면 귀를 잡아당긴다든지, 어떤 사람의 품에 안기면 늘 그 사람의 코를 잡는다든지 한다. 조부모들은 이런 행동을 금세 눈치채고 "호호, 쟤 아범도 어렸을 때 꼭 저랬는데"라고 말한다. 그런 특성들은 정말 유전적으로 결정된 것이고, 부모가 바꿔줄 수 없는 것이다.

172

하지만 그렇다고 아기가 그저 부모의 복사본 내지 부모를 섞어놓은 존재에 불과한 것은 아니다. 많은 성격적 특성은 유전적으로 정해지지 않기 때문이다. 유전적 소인뿐 아니라 환경도 중요하다. 그리고 정확히 여기서 교육이 중요한 역할을 한다. 선천적으로 타고난 면과 후천적으로 습득한 면이 합쳐져 성격이 형성되는 것은 예나 지금이나 커다란 신비로 남아 있다.

흥미로운 발견 여행을 위한 서막

이제 갓 태어난 아기를 품에 안고 세상에서 가장 예쁜 아기의 모습을 확인했을 것이다. 손가락과 발가락을 세보고 아기와 눈을 맞춰보았을 것이다. 초롱초롱한 두 눈에 멋진 코와 매력적인 입, 귀여운 두 귀를 가진 아기를 보며 환한 미소를 지었을 것이다. 두 팔과 두 다리, 손과 발에는 각각 다섯 손가락과 발가락 등 모든 것이 제대로 달려 있고, 아무것도 모자란 것이 없다. 완벽한 작은 인간, 이 인간을 세상에 탄생시킨 것이다! 아기는 신생아 특유의 모습이지만 왠지 다른 아기들보다 훨씬 예쁜 듯하다.

이 순간부터 엄마는 아기의 성격을 알아가며 일생에 걸친 발견 여행을 시작하게 된다. 아기는 세상을 알아가고, 엄마는 아기를 알아간다. 매일매일 새로운 것을 발견할 것이고, 매일매일 잊지 못할 순간들을 경험할 것이며, 매일매일 아이와의 유대가 강해질 것이다.

구성과 이용 방법

2부는 『엄마, 나는 자라고 있어요』를 보완하는 워크북 실천의 내용이다. 『엄마, 나는 자라고 있어요』는 도약, 도약이 동반하는 힘든 시기, 아기가 엄마에게 과도하게 달라붙고 떼쓰고 칭얼대는 시기를 인식하고 극복하도록 도와준다. 2부에서는 아기가 좋아하는 '장난감'과 '놀이'를 발견하고 '상황'을 조성하도록 돕고자 한다. 이 부분은 『엄마, 나는 자라고 있어요』에서 다루는 도약에 맞추어 구성되어 있으며, 각 장은 해당 도약의 장난감, 놀이, 상황을 다룬다.

이 워크북을 도구로 삼아 아기와 함께 이 책에 소개된 놀이를 하고, 부모의 직관을 신뢰하는 것을 배우며, 이 책의 가이드에 따라 아기를 관찰하면서 아기의 성격을 알아가라.

이 책을 통해 아기의 발달을 최적으로 장려해줄 수 있다. 적절한 장난감을 마련하고, 아기와 함께 놀이를 하고 아기가 즐거워하는 상황을 조성하면서 말이다.

장난감, 놀이, 상황

엄마를 위한 황금 조언

아기는 각각의 도약을 마친 뒤 많은 놀이나 장난감, 상황에 특히 흥미를 보인다. 아기가 도약 때마다 새로운 능력을 획득하고 지금까지와 다른 것을 이해할 수 있음을 생각하면 놀랄 일이 아니다. 아기는 새로 획득한 능력을 투입해 해당 도약에서 자신이 흥미롭게 생각하는 것들을 능숙하게 해낼 때까지 연습한다. 따라서 아기가 흥미를 보이는 부분과 그에 대처하는 방식은 도약마다 달라진다. 그렇지만 매번 모든 것이 달라지는 것은 아니다. 특정 도약과 무관하게 계속되는 것들도 많다. 기본적으로 아기가 엄마와 주변을 대하는 방식은 변하지 않는다.

때때로 한계에 도달한다

생후 한 달 정도 아기와 첫 '대화'를 해보면 모두가 그것을 알 수 있다. 거의 모든 사람이 아기와 이야기할 때는 평소보다 음성이 더 높아진다는 걸 말이다. 아빠들은 다른 사람들이 있을 때 특히 자신의 이런 행동을 약간 부끄럽게 여기기도 하지만, 그럴 필요 없다. 이런 식으로 아기와 의사소통하는 것은 무척 재미있기 때문이다. 물론 이런 '대화'는 내용이 없다. 이 대화의 매력은 엄마와 아기가 번갈아가면서 소리를 낸다는 것이다. 그 점에서 아기와의 대화는 진짜 대화와 비슷하다. 게다가 시선이 교환된다. 엄마가 이야기하면 아기는 흥미롭게 엄마를 쳐다보며 주의를 기울인다. 그러고는 이어 온몸을 사용해 열광적으로 대답한다. 낼 수 있는 모든 음절을 동원해서 말이다. 이어 엄마는 아기가 마치 굉장히 재미있는 이야기를 한 것처럼 대답한다.

이렇게 대화하다가 어느 순간 아기가 한계에 도달하는 시점이 찾아온다. 대화를 계속할 수 없는 시점이다. 그러면 아기는 고개를 돌려버리고 관심을 보이지 않는다. 그런 경우 아기가 다시금 엄마에게 주의를 기울일 때까지 아기를 그냥 조용히 내버려두라. 대화를 강요하면 아기는 더욱더 외면할 것이다. 아이가 수줍은 성향이고, 게다가 낯선 사람과의 '대화'라면 한계는 더 일찍 찾아온다.

> ⚫⚫ 아기가 한계에 다다른 것 같으면 그 반응을 존중하라. 아기를 배려하고 억지
> ⚫⚫ 로 무엇인가를 강요하지 마라.

누가 결정하는가?

아기들의 의사가 중요하다. 아기가 원치 않는 놀이를 시작한다면, 상황은 엉망이 되어버리고, 아무것도 이루지 못할 것이다. 아기는 고개를 홱 돌려버리고, 엄마는 하려던 놀이를 중단하게 될 것이다. 반면 과녁을 잘 맞혀 아기가 흥미로워하는 놀이를 고른다면, 놀이가 아주 재미있게 진행될 것이다. 따라서 어떤 놀이를 하고 싶은지 아기가 선택하게 하라.

> ⚫⚫ 아기로 하여금 무엇이 마음에 들고, 무엇이 마음에 들지 않는지 보여줄 기회
> ⚫⚫ 를 선사하라.

유리한 환경 조건

아기는 배우고 발견하는 데 열심이다. 그 모든 것이 어떻게 되는지는 아직 잘 모르지만 힘써 노력한다. 단박에 목표에 도달하는 것은 아니다. 때로 좌절하기도 한다. 그럴 때 엄마는 당연히 아기를 도와야 한다. 아기가 도달할 수 없는 곳에 있는 무엇인가를 붙잡으려고 하는가? 그러면 그 물건을 아기의 손이 닿을 수 있을 정도로 가까이 가져다주라. 아기가 막 기기 시작했는데 장난감이 진로를 방해하는가? 그러면 장애물을 치워주라. 아기가 유아의자에 앉아 뭔가를 보려고 힘들게 고개를 돌리는가? 그러면 아기가 원하는 것을 똑바로 볼 수 있도록 유아의자를 옮겨주라. 말은 쉽다. 하지만 어떤 장애물을 치워줘야 하는지 알려면 아기를 잘 관찰해야 할 것이다.

● ● 아기가 마음에 들어 하는 것이 무엇인지 유의해서 살피고, 목표에 도달하도
● ● 록 아기를 도와주라. 단, 아기가 노력할 기회를 완전히 빼앗아서는 안 된다.

아이마다 다르다

아기가 특정 월령이 되면 이러저러한 것을 할 수 있어야 한다는 말들을 많이 한다. 그러나 실제로 그런 말들이 꼭 들어맞지는 않는다. 어떤 아기들은 평균보다 더 빠른 속도로 발달한다. 그렇다고 이런 아기들이 더 영리할까? 그렇지 않다. 아기들은 자신이 마음에 드는 것을 하고, 자신에게 끌리는 것을 배운다. 아기가 기는 것에 관심이 많아 6개월밖에 안 되었는데 기는 경우도 있다. 그렇다면 6개월이 되어 겨우 앉을 수 있는 아기는 발달에 뒤처진다는 의

178

미일까? 그렇지 않다. 이 아기는 머릿속의 일들을 발견하는 데 더 열심일 뿐이다. 더 어려운 상황을 지적으로 파악하는 데 몰두하는지도 모른다.

문제는 부모들은 이런 상황을 쉽게 구별할 수 없어, 가령 하루 종일 실감개를 가지고 이리 돌렸다 저리 돌렸다, 던졌다, 쓰러뜨렸다 하며 노는 아이를 부정적으로 평가하려는 경향이 있다는 것이다. 30년 뒤 이런 아기가 뛰어난 논리적 이해력을 가지고 사회의 리더가 될 수도 있다. 실감개의 도움으로 중력이 어떻게 작용하고, 던져진 물체가 어떻게 가속되는지 알게 될 수도 있지 않겠는가.

시간적 여유를 가지고 아기가 지금 무엇에 열심인지 살펴보라. 아기 입장이 되어보고, 아기의 세계가 지금 어떻게 보일지 이해하려고 해보라.

엄마, 배우자, 직장 여성, 자기 자신

솔직히 하루가 48시간이 아닌 이상 이 모든 역할을 완벽하게 해내기는 거의 불가능하다. 따라서 우선순위를 두어야 한다. 엄마의 역할이 특정한 양의 노동시간으로 갈무리할 수 있는 '일(job)'이 아니라는 것을 의식해야 할 것이다. 9시에서 17시까지만 엄마로서의 삶을 살 수는 없다. 엄마는 24시간 내내 엄마다. 하지만 현대 사회에서 여성들은 하루 24시간을 엄마로만 살아갈 수도 없고, 그렇게 하려고도 하지 않기에 심각한 이해 갈등이 생긴다.

가능한 한 지혜롭게 시간 분배를 해보라. 직장 여성이라면 퇴근하고 집에 돌아와서는 속으로 아직 해결하지 못한 과제들을 생각하지 마라. 오로지 아기와 함께하라. 휴대전화도 가급적 꺼놓고 휴식을 누리고, 아기와 함께하는 시간을 향유하라.

직관, 엄마의 커다란 강점!

직관은 투시 능력은 아니지만, 그것과 약간 비슷한 면이 있다. 엄마는 아기가 무엇을 원하고, 왜 어떤 것을 하는지 그냥 '안다'. 아기가 무엇을 할 수 있는지도 정확히 안다. 이성적이고 실용적인 사고를 옹호하는 편이라해도, 양육에서는 직관 역시 신뢰할 수 있으며, 신뢰해야 하는 것임을 명심하라. 직관이 일러주는 말들을 들어야 한다. 직관을 비이성적이거나 영적인 것으로 생각하면 오산이다. 아기는 끊임없이 신호를 보내고, 엄마는 아기와의 강한 유대감으로 인해 이런 신호들을 받는 것뿐이다.

> ●● 아기를 더 잘 알아갈수록 아기와의 관계는 더 긴밀해지고, 직관을 더욱 신뢰
> ●● 하게 될 것이다.

직관적인 부모 역할

직관적인 부모 역할이라니 약간 어렵게 들리는 개념이지만, 사실 이것은 그저 부모가 자녀를 키우면서 자동적이고 무의식적으로 하게 되는 모든 것을 말한다. 투시력 같은 것이 아니라, 무의식적으로 진행되는 양육이라고 보면 된다. 엄마는 놀이를 하는 아기를 어떤 시선으로 바라보는가, 아기와 이야기할 때 어떤 음성을 사용하는가, 아기에게 어떤 방식으로 반응하는가 등. 아기에게 특정 장난감을 건네주고, 함께 놀아주고 생활하면서 엄마는 무의식중에 아기에게 많은 것을 가르친다.

　직관적인 부모 역할이라고 할 때 그 비중은 감정적 유대보다 이성적인 학습에 있다. 엄마는 환경이나 아기의 행동 속에서 자연스럽게 중요한 측면들을 강조하며, 아기는 이를 아주 정확히 감지한다. 그리고 이를 통해

아기는 혼자서 해답을 찾는 것보다 더 빠르게 배운다. 이 책에 소개한 장난감, 놀이, 상황을 십분 활용해 아기와 함께 탐험을 떠나라. 그렇다고 아기의 모든 수고를 덜어주고 떠맡아서는 절대 안 된다. 그렇게 하면 아기는 재미와 관심을 느끼지 못한다.

● ● 부모의 중요한 역할은 솔선수범하는 것임을 명심하라. 아기는 엄마의 무의
● ● 식적인 태도를 보고 배운다.

일상의 중요성

'퀄리티 타임(Quality Time, 누군가와 진하게 교감하며 보내는 귀중한 시간을 말하며, 특히 바쁜 부모가 퇴근 후에 자녀와 함께 보내는 시간을 일컫는 말)'이라는 말이 있다. 아기와도 그런 시간이 중요하다. 그러나 유감스럽게도 이런 시간을 내기가 쉽지 않다. 일과 중 두세 시간만 온전히 아기의 필요를 채우기로 계획을 세운다면, 다른 일들을 계획하는 것도 쉬울 것이다. 그러나 실생활에서는 계획대로 되지 않는다. 물론 계획을 세워야겠지만, 그리 어렵게 생각하지는 마라. 일상적 상황에 아기를 끌어들이면, 아기는 모든 상황을 즐거워할 것이다.

가령 빨래도 두 가지 방식으로 해결할 수 있다. 아기를 플레이 펜에 앉혀놓고 막 뛰어가서 빨래를 세탁기에 넣고 부랴부랴 아기에게 뛰어오는 방법이 있고, 빨래 자체를 아기와 함께 할 수도 있다. 아기에게 색색깔의 옷가지들을 보여주라. 스웨터 뒤에 몸을 숨기고는 까꿍 놀이를 하라. 그리고 드럼 세탁기 속에서 빨래가 돌아가는 모습을 보여주라. 이렇게 하면 그냥 혼자서 빨리 해버리는 것보다 시간이 5분 정도 더 소요될 것이다. 그러나 대신 아기는 그 과정에서 많은 자극을 받을 것이고, 엄마와 함께

일상을 향유하게 될 것이다.

아기는 돈 보따리?

"아기는 돈 보따리야." 엄마가 된 여러분은 이 사실을 실감할 것이다. 아기용품 전문점에서 그동안 사들인 게 얼마나 많은가. 많은 부모는 여전히 아기에게 많은 장난감을 사주어야 한다고 믿는다. 아기가 가능한 한 많은 것을 배우게 하려면 그래야 한다고 믿는다. 하지만 굳이 많은 장난감이 필요하지는 않다. 양보다 질이 더 중요하다.

　장난감을 구매할 때 아기가 다음 도약들에서 무엇을 배울 것인지 생각하라. 그러고는 아이가 (도약을 여러 번 거치는 동안) 여러 달에 걸쳐 유용하게 가지고 놀 수 있는 양질의 플레이 바 같은 것을 선택하라. 좋은 플레이 바를 하나 마련하면, 값싼 모델을 구입했다가 나중에 못 쓰게 되어 다시 봉제 동물인형과 딸랑이로 보충해주는 것보다 가격이 더 저렴할 것이다. 아기가 무엇을 좋아하는지 가늠하기 힘든 경우엔 우선 친구 집이나 장난감 대여점에서 빌려서 사용해보라. 아기가 무엇을 잘 가지고 노는지 보고, 그 장난감을 구입하는 것도 좋은 방법이다.

장난감이 전부일까?

그렇지 않다. 물론 장난감은 아기에게 도움이 되는 좋은 물건이다. 그러나 장난감을 과대평가해서는 안 된다. 아무리 좋고 비싼 장난감이라도 아이가 애용해야 하고, 무엇보다 엄마와 함께 가지고 놀아야 의미가 있다. 그럴 때 아기는 엄마가 각각의 장난감에 어떻게 반응하고, 어떻게 다루는지 유심히 본다. 그러고는 그것을 배워서 따라 한다. 아이는 장난감에 대해, 그리고 엄마에 대해 배운다.

> 장난감이 결코 엄마를 대신할 수는 없다. 엄마는 가장 좋은 놀이 친구이며 장난감은 보조도구다.

작은 신호들

놀이를 하다가 휴식이 필요할 때 아기는 엄마에게 신호를 보내 알린다. 가령 잠시 고개를 돌려버리거나 눈을 감는다. 이것은 아기가 그 놀이를 싫어하기 때문이 아니라, 약간의 휴식이 필요하기 때문이다. 때로는 몇 초간이라도 말이다. 아기에게 필요한 휴식을 취하게 하라. 계속 놀고 싶으면 아기는 다시금 스스로 신호를 보낼 것이다.

> 아기가 보내는 작은 신호들에 유의하라.

최고의 경험인가, 당연한 일인가

아기와 즐겁게 놀려면 엄마와 아기가 '같은 상태'에 있는 것이 중요하다. 그러므로 아기의 작은 머릿속에서 무슨 일이 일어나고 있을지 상상해보고 눈높이를 맞추라. 무엇을 좋아할까, 왜 웃을까, 어떤 것에 특히 흥미가 있을까 파악하려고 노력하라. 물론 쉽지 않을 것이다. 아기는 세상을 당신과 다르게 경험하기 때문이다. 가령 아기는 어떤 물건이 넘어지거나 바닥에서 구르면 매우 관심을 보이고 즐거워한다. 엄마는 아기가 이런 것에 열광하는 이유를 이해하지 못하면, 아기가 모든 것을 닥치는 대로 쓰러뜨리고 바닥에 던지는 것을 보며 자칫 짜증이 날 수도 있다.

또한 어려운 놀이는 아기를 좌절케 한다. 그러므로 아기가 이미 할 수 있는 것이 무엇이고, 아직 하지 못하는 것이 무엇인지 엄마가 파악하고 있어야 아기와 함께 재미있게 놀이를 할 수 있다. 가끔은 별것 아닌 것들이 중요하다. 겉으로 하찮아 보이는 것들도 아기에게는 최고의 경험이 될 수 있고, 그로써 아기가 지금까지 해낸 것 중에서 가장 어려운 것이 될 수 있다. 엄마에게는 너무나 당연한 것으로 느껴지는 일들, 생각 없이 하루에 여러 번 자동반복하는 일들이 말이다.

> 아기의 의식 수준으로 옮겨가 아기의 입장이 되어보고자 노력하라. 아기의 작은 머릿속에서 일어나는 일들을 대략적으로 상상할 수 있으면, 놀이가 정말로 재미있어진다.

신생아

| 흉내 내기 |

아기가 표정을 따라한다

엄마들은 신생아들도 이미 아주 많은 것을 할 수 있음을 직관적으로 느낀다. 불과 몇 시간 전에 세상의 빛을 본 아기가 이미 신체적으로나 정신적으로 완벽한 인간이라는 것은 정말 놀라운 일이다. 아기는 엄마 배 속에서 이미 특정 소리를 분간하는 것을 배웠다. 엄마의 목소리나 주변 친숙한 사람의 목소리, 또는 엄마가 임신 중에 즐겨 들었던 음악도 알아챈다. 아기가 똘망똘망한 눈으로 엄마를 쳐다보자마자 엄마와 아기 사이에는 내적 유대감이 생겨난다. 엄마와 아기는 떼려야 뗄 수 없는 통일체를 이루며, 금방 서로 적응한다.

표정 놀이

배경 아기는 이미 사람의 얼굴에 많은 관심을 보인다. 그러나 처음에는 사람의 얼굴을 도식적으로 인지한다. 두 개의 점과 그 아래 하나의 줄로 말이다. 과장된 표정을 짓고 얼굴 표정을 풍부하게 하면서 아기의 주의를 끌어보라. 아기는 그것을 보며 즐거워할 것이다. 약간의 인내심을 발휘해 지켜보면, 경우에 따라 아기가 표정을 따라 한다는 것을 확인하게 될 것이다. 잘 보았다. 정말로 태어난 직후 아기는 표정을 따라 할 수 있다. 얼굴 표정을 모방하는 일은 생후 얼마 안 된 아기들이 보이는 특유의 행동이라는 걸 알고 있었는가?
놀이 아기의 눈으로부터 25센티미터 이상 떨어지지 않도록 하라. 신생아의 시력은 아직 그 이상 미치지 못해, 그 이상 떨어지면 아기가 잘 볼 수 없다. 이런 상태에서 조용한 목소리로 아기를 부르거나 다른 소리를 통해 아기의 주의를 끈 다음 과장되게 한껏 입술을 내밀면서 "우우우"라고 말하거나, 입을 한껏 벌리고 "아아아"라고 말하라. 한동안 같은 입 모양을 유지하면서 놀랐다는 것을 표현하라. 최대한 눈을 크게 뜨라. 턱을 사용해 과장되게 씹는 운동을 보여주어도 좋다. 그러면서 참을성 있게 반응을 기다리라. 아기가 반응하는 데는 시간이 약간 걸릴 것이다.

다양한 얼굴 표정을 지으며 아기가 어떤 표정에 흥미를 보이는지 시험해보라. 아기는 자신이 가장 매력적으로 생각하는 얼굴 표정을 무의식적으로 따라 할 것이다. 이 놀이에서는 익살맞은 표정을 짓는 것보다 표정을 과장하는 것이 중요하다. 입을 한동안 크게 벌리거나, 혀를 쑥 내밀거나, 천천히 명확하게 씹는 운동을 보여주는 동시에 입맛 다시는 소리 등을 내면서 말이다. 때로 아기는 엄마의 고개 운동까지 흉내 낼 것이다.

신생아 시기에 아기가 표정을 따라 할 때마다 다음 페이지의 표를 작성해보라. 산욕기가 끝난 뒤 2주에 한 번씩 아기가 어떤 표정을 따라 하는지 점검하라. 표정을 모방하는 행위가 머지않아 중단된다는 것을 알게 될 것이다. 표정 모방은 선천적 반응인 듯하다. 하지만 아직 정확한 연구가 나와 있지는 않다.

🎁 사진을 찍어요

아기를 젖먹이는 자세로 안고 아기의 얼굴을 동영상이나 사진으로 찍어보라. 뒤에서 어깨 너머로 촬영하면 가장 좋다. 아기가 어떤 표정을 따라 했는지 알면, 아기가 따라 했던 엄마의 얼굴 표정을 추가로 촬영해도 좋다. 그렇게 하면 훗날 소중한 추억거리가 될 것이다!

🐢 관찰

너의 이런 행동에서 네가 내 얼굴 표정에 반응한다는 것을 알았어.

_____

_____

_____

_____

태어난 지 얼마 안 되어 너는 다음과 같은 얼굴 표정을 따라 했단다.

_____ (날짜) _____ – _____ – _____

_____ (날짜) _____ – _____ – _____

_____ (날짜) _____ – _____ – _____

_____ (날짜) _____ – _____ – _____

네가 가장 좋아하는 얼굴 표정은 이런 거였어.

_____

_____

_____

_____

생후 첫 몇 개월 동안 넌 이런 얼굴 표정을 따라 했단다.

_____ (날짜) _____ – _____ – _____

_____ (날짜) _____ – _____ – _____

_____ (날짜) _____ – _____ – _____

_____ (날짜) _____ – _____ – _____

도약

1단계
4~5주

| 감각적 인상 |

아기는 세계를 어떻게 경험할까?

산욕기도 지나 엄마와 아기는 서로 잘 적응해가고 있다. 이제 엄마 노릇에 꽤 익숙해졌다. 아기 발달에도 중요한 전환점이 찾아온다. 아기는 이제 처음으로 감각적 지각들을 분리된 자극으로 경험한다. 무엇보다 그런 자극이 곧장 변하지 않고 꽤 지속된다면 말이다. 아기는 이제 소리와 상관없이 무엇인가를 볼 수 있고, 보지 않고도 무엇인가를 느낄 수 있다. 이를 통해 아기는 감각적 인상을 배우기 시작한다.

이것은 아기에게 꽤나 어려운 과정이다. 엄마에게도 쉽지는 않다. 이런 일들이 엄마에겐 아주 당연한 것들이라 별로 대단하게 다가오지 않기 때문이다. 아기는 방금 이런 능력을 획득했지만, 엄마는 이미 너무 오래된 일이라(엄마의 나이 빼기 5주) 아기의 경험에 감정이입을 하기가 쉽지 않다. 하지만 너무 애쓸 필요는 없다. 담담하게 아기와 놀아주고, 아기를 안아주고, 스킨십을 해주며, 무엇보다 아기가 엄마에게 전달해주는 것들에 주의하면 된다. 그러면 시간이 흐르면서 아기의 머릿속에서 일어나는 일이 저절로 이해될 것이다.

기억하세요!

놀이를 하며 아기와 이야기하라! 엄마가 무엇을 하고 있는지 설명해주고, 아기를 도와주고, 노력을 칭찬해주라. 아기는 칭찬을 좋아할 것이다. 당신의 목소리는 아기를 안정시키고, 놀이를 하는 가운데 여러 가지 감각이 동시에 자극되면 더욱 즐거워할 것이다!

⊗ 감각적 인상의 세계의 장난감, 놀이, 상황

이 시기의 아기는 이런 장난감을 가장 좋아한다.

- 모빌
- 빛 프로젝터(light projector)
- 딸랑이
- 색깔이 뚜렷하게 대비되는 알록달록한 장난감

이 시기의 아기는 이런 놀이를 가장 좋아한다.

- 약 25센티미터의 거리를 두고 엄마의 얼굴을 관찰하는 것
- 안아주고 쓰다듬어주고 마사지해주는 것
- 주변 사람들이 다정하게 말을 걸어주는 것

이 시기의 아기는 이런 상황을 가장 좋아한다.

- 음악 듣기
- 엄마나 아빠(이 시기에는 부모가 최고의 장난감이다)와 놀기
- (엄마 팔에 안겨) 춤추기/흔들어주기

아기의 감각을 자극하는 장난감, 놀이, 상황

모빌

배경 아기는 보기 좋을 뿐 아니라, 움직이면서 좋은
소리까지 나는 모빌을 좋아한다. 따라서 모빌을 구입할
때는 모양이 예쁜지, 아기의 방에 잘 어울리는지만 따져서는 안
된다. 26주경에 찾아오는 도약을 마칠 때까지 모빌은 단연 인기 있는 장
난감이다. 이 시기에 아기는 특히 감각적 인상, 패턴, 유연한 변화, 사건
에 관심이 있으며, 이 모든 것을 제공하는 모빌을 제일 좋아한다. 그러므

로 부드럽게 감각을 자극하고(첫 번째 도약: 감각적 인상), 알
록달록한 패턴들이 시각적 대비를 보여주며(두 번째 도약:
패턴), 천천히 돌아가고(세 번째 도약: 유연한 변화, 네 번째 도
약: 사건), 음악 소리가 나는(감각적 인상, 패턴, 유연한 변화, 사
건) 모빌을 선택하라. 도약 때마다 아기는 모빌의 모습뿐
아니라, 음악도 다르게 경험한다. 이제 음악은 아기에게
특정한 느낌 또는 감각적 인상을 중재하는 종합적인 대
상이다.

놀이 아기를 플레이 펜에 눕히고 음악이 들리는 모빌을 작동시킨다. 아기
는 모빌을 유심히 관찰할 것이다. 모빌은 아기가 혼자 관찰하는 것이 가
능한 동시에 아기의 마음을 안정시켜주는 이상적인 장난감이다. 하지만
모빌을 작동시키고 나서 처음 얼마간은 아기 근처에 머무른다.

주의할 점 아기가 모빌을 조용히 보고 있으면, 엄마는 그동안 다른 일을
처리할 수 있다. 잠시 혼자만의 여유를 즐길 수도 있다. 물론 그러면서 계
속 아이를 주시해야 하며, 너무 오래 혼자 두어서는 안 된다.

🐢 관찰

모빌은 생후 26주까지 아기에게 이상적인 장난감이다. 아기가 모빌을 대하는 방식과 흥미
정도는 도약에 따라 달라질 수 있다. 현재의 도약에서 아이가 모빌의 어떤 점을 좋아하는
지 알아내기는 힘들다. 당연히 그렇다. 아기의 감각적 인상을 어른이 감정이입적으로 느끼
기는 힘든 일이다. 그러므로 눈에 띄는 점만 메모하라. 다음 도약에서도 메모를 해나가다
보면, 예전에 관찰했던 것들이 한층 명확해지는 것을 확인하게 될 것이다. 하나의 퍼즐 조
각으로는 전체 그림을 알아보기가 힘드니까 말이다. 모든 퍼즐 조각이 모여야 비로소 전체
그림이 나오고, 그 의미하는 바를 알게 되는 법이다.

(여기에 모빌 사진을 붙이세요.)

너는 이제 정신 발달에서 첫 도약을 하고 있어. '감각적 인상'의 세계로 도약이지. 너는 이제 생후 _____ 주가 되었어. 모빌은 _____ 에 걸려 있고 너는 그것을 좋아해/ 별로 좋아하지 않아. 넌 모빌을 보며 이런 반응을 보인단다.

_____

_____

_____

너는 이제 '패턴'의 세계로 도약하고 있어. 이제 생후 _____ 주가 되었어. 너는 모빌을 좋아해/ 별로 좋아하지 않아. 네가 모빌에 가장 커다란 관심을 보이는 것은 _____ _____ 때야.
너는 모빌을 보며 이런 반응을 보인단다.

_____

_____

_____

너는 이제 '유연한 변화'의 세계로 도약하고 있고, 생후 _____ 주가 되었어. 네가 모빌에 가장 커다란 관심을 보이는 것은 _____ 때야.
너는 모빌을 보며 이런 반응을 보인단다.

_____

_____

너는 이제 '사건'의 세계로 도약하고 있고, 생후 _____ 주가 되었어. 너는 모빌을 좋아해/ 좋아하지 않아. 네가 모빌에 가장 커다란 관심을 보이는 것은 _____ _____ 때야.
너는 모빌을 보며 이런 반응을 보인단다.

_____

_____

_____

음악에 맞춰 춤추기

배경 아기들은 유쾌하고 화음이 잘 맞는 음악을 좋아한다. 클래식 음악을 들려주면 아기는 한결 안정될 것이다. 어떤 학자들은 클래식 음악에서 유발되는 진동이 뇌파에 직접적인 영향을 미친다고 말하고, 어떤 학자들은 근거 없는 소리라고 한다. 하지만 확실한 것은, 클래식 음악이나 다른 부드러운 음악에 맞추어 춤을 추면 아기들이 잠잠해진다는 것이다.

준비 집 전화와 휴대전화는 끄거나 무음으로 해놓고, 조용한 환경을 조성한다. 아기는 춤추는 엄마에게 안겨 잠들 때가 많다. 그러므로 아기를 안고 춤을 추기 전에 미리 기저귀를 갈아주는 것이 좋다. 그리고 아기가 잠들면 어딘가에 뉠 수 있도록 준비를 해놓아야 한다.

놀이 음악을 튼다. 하지만 너무 크게 틀지는 마라. 아기의 몸을 엄마에게 밀착시키고, 눈을 맞춘다. 아기의 머리와 몸을 잘 받쳐준 뒤 음악에 맞춰 부드럽게 몸을 움직인다. 콧노래를 불러도 좋다. 어떤 식으로 춤을 출 것인지는 아기가 보내는 신호에 맞춘다. 어떤 아기들은 리드미컬한 왈츠를 좋아하고, 어떤 아기는 부드럽게 흔들어주는 것만으로도 충분하다.

주의할 점 아기가 어떤 음악 또는 어떤 리듬을 좋아하는지 유심히 살펴본다. 그리고 능동적으로 스킨십을 해주는 걸 좋아하는지, 그냥 바라만 보고 있는 걸 좋아하는지 살펴본다. 이런 관찰을 통해 아기의 성격을 더 빠르게 가늠할 수 있고, 다음 도약에서 아기가 혼란스러워할 때 더 적절한 방법으로 아기를 달래줄 수 있다.

응용 음악을 트는 것이 불가능한 상황이라면 그냥 노래를 부르면서 하라. 노래는 언제 어디서든 할 수 있지 않은가! 창피해할 필요 없다. 누군가 엄마가 아기를 위해 노래 불러주는 것을 듣는다면, 비웃기는커녕 오히려 감동할 것이다.

음악을 들어요!

클래식 음악이나 동요, 혹은 이 두 가지를 혼합해서 제작한 아기용 CD들도 나와 있다.

<u>토마스, 6주</u> "우리는 거의 하루 종일 함께 춤을 추며 집 안을 누벼. 노래하고 춤추면서 네 표정을 보면 아주 만족스러워 보여. 그러다가 중단하면 단번에 싫어하는 기색을 보이지. 그러다보니 우리는 연신 춤을 추게 돼. 며칠 지나면 발에 물집이 생길 것 같아!"

 딸랑이는 만년 인기 장난감

딸랑이는 몇천 년 전부터 존재해온 매우 고전적인 장난감이다. 물론 옛날의 딸랑이는 오늘날과 다른 형식이었고, 손수 만든 것이었다. 이렇게 오랜 세월 버텨온 장난감은 그리 많지 않다. 그런 점에서 딸랑이는 예외적인 장난감이다. 이런 단순한 장난감의 성공비결은 무엇일까? 대답은 무척 단순하다. 딸랑이는 귀에 쏙 들어오는 유쾌한 소리를 내는 장난감이기 때문이다. 딸랑이의 소리는 아기의 청각을 유쾌하게 자극한다. 딸랑이의 소리는 주목을 유발하지만, 전혀 거부감이 들지 않는다.

🐘 **관찰**

내가 부드럽게 딸랑이를 흔들어주면 너는 이런 반응을 보인단다.

_____

_____

_____

눈 운동

배경 아기는 도약 전보다 눈 근육을 더 잘 조절할 수 있다. 그전까지 아기는 25센티미터 정도의 거리만 명확하게 볼 수 있었다. 더 멀리까지 보고, 더 많은 것을 볼 수 있게 되면서 아기의 세계는 말 그대로 넓어진다. 이제 아기는 75센티미터가량 떨어진 물건도 잘 알아볼 수 있다. 눈 근육도 운동기관의 근육과 마찬가지로, 훈련하면 좋다는 점을 명심하라. 이제 아기도 자연스럽게 눈 근육을 활용하는 데 관심을 갖는다. 아기와 함께 놀이를 하는 가운데 자연스럽게 눈 근육 훈련이 이루어질 수 있도록 해보라. 그러면 아기는 더 쉽고 더 빠르게 도약을 처리할 수 있을 것이다.

준비 아기가 놀 준비가 되어 있는지 잘 살펴라. 배가 고프거나, 기저귀가 젖어 있거나, 피곤한 상태에서는 놀고 싶은 기분이 들지 않는다. 눈 운동 놀이를 위해 흑백의 나선형, 삼각형, 원처럼 대비적인 색깔과 형태를 가진 다양한 장난감을 준비하라. 이런 장난감에서 소리까지 나면, 아기는 특히 더 관심을 가질 것이다. 아기를 흔들침대나 플레이 펜에 눕히고 당신은 그 옆에 앉는다. 다른 놀이와 마찬가지로, 여기서도 놀이는 즐거운 상호 작용이므로 이를 위해 충분한 시간을 할애하는 것이 중요하다.

놀이 아기로부터 약 30센티미터 떨어진 곳에 장난감을 들고, 아기가 그것을 주목하게 하라. 장난감을 가볍게 흔들면서 아기의 주의를 끌어도 좋다. 이제 장난감을 왼쪽에서 오른쪽으로 천천히 움직이거나, 서서히 아이로부터 멀어지게 한다. 그러면 아이가 예전보다 고개를 덜 돌리면서 시선으로 장난감을 좇는다는 걸 확인하게 될 것이다.

주의할 점 장난감을 움직이는 속도를 아기에게 맞추라. 아기가 대상을 잘 따라올 수 있는지 관찰하라. 아기가 시선을 돌리면 장난감을 흔들면서 다시금 아기의 주의를 끌어라. 그러고는 놀이를 멈춘 곳으로부터 다시금 놀이를 계속하라. 대상의 움직이는 속도를 더 줄여야 할지 높여야 할지는 시간이 지나면서 알게 될 것이다. 어떤 아기들은 속도가 너무 빠르면 시선을 돌려버리고, 어떤 아기들은 속도가 너무 느려 지루하면 시선을 돌린다.

응용 꼭 장난감을 활용해 이런 놀이를 할 필요는 없다. 엄마의 머리를 활용해서도 이 놀이를 할 수 있다! 아기 앞에 앉아서 아기의 코에 뽀뽀를 해주고는 얼굴을 서서히 아기에게서 떼라. 아기는 눈으로 엄마의 머리를 좇을 것이며, 이런 놀이를 통해 어떤 대상이 멀어진다고 해서 사라지는 것은 아니라는 점을 배울 것이다.

🐾 아기를 달래주기

아기가 울면 안고 부드럽게 흔들어주라. 공감하는 얼굴 표정으로 아기가 무엇 때문에 힘든지 안다고 말해주라. "그래, 우리 아기. 애고, 그랬구나. 엄마가 너 힘든 거 다 알아요." 엄마의 안타까운 얼굴 표정과 말투가 합쳐져 아기에게 효과를 나타낼 것이다. 이런 말을 해준 다음에는 표정과 어조를 변화시켜, 눈을 크게 뜨고 미소를 지으며 이제 모든 것이 괜찮아질 거라고 말해준다.

어조의 차이에 아기가 반응을 보이는가? 반응을 어떻게 알 수 있는가?

_____

_____

_____

_____

달래주면 아기는 어떤 태도를 보이는가?

_____

_____

_____

빛 놀이

배경 아기는 이제 감각적 인상을 아주
강하게 경험하며, 많은 자극은 아기를
안정시켜준다. 아기를 위해 특별히 제작된 빛 프로젝터는 유쾌한 시각적
자극을 제공한다. 빛 프로젝터는 벽에 모티브를 투영하는 기기다. 프로젝
터를 아기 방 안에 세워놓고, 단추를 눌러 '빛 놀이'를 작동시킨다. 아기
는 프로젝터가 천천히 회전하며 벽에 투영시키는 모티브를 아주 마음에
들어 할 것이며 떼를 쓰다가도 잠잠해질 것이다. 이 과정에서 아기는 새
로운 것을 배우고, 네 번째 도약 때까지 빛 프로젝터 놀이를 계속 다르게
체험할 것이다. 네 번째 도약이 끝난 뒤에도 빛 놀이를 즐거워하기는 하
겠지만, 더 이상 그 놀이에서 새로운 것을 발견하지는 못할 것이다.

준비 아기를 침대나 플레이 펜에 뉘어놓고 난간에 빛 프로젝터를 고정시 킨다.

놀이 프로젝터를 켜고, 아기가 잠잠하게 집중할 때까지 아기와 함께 벽에 나타나는 모티브를 관찰한다.

응용 촛불을 켜고 아기와 함께 촛불의 깜박거림을 관찰할 수도 있다. 물 론 이 놀이를 할 때는 촛불을 조심해서 다루어야 한다! 자연도 멋진 빛 놀 이를 제공한다. 나무 밑에 서서 시선을 들어 나뭇가지를 통해 들어오는 햇살을 보라. 살랑살랑 바람이 불어 나뭇가지가 가볍게 흔들리면 매력적 인 장면이 연출될 것이다. 나무 밑에 피크닉 매트를 깔고 아기와 함께 이 런 풍경을 즐기면 좋을 것이다. 슈퍼마켓에 가던 길에 나무 밑에 머물러 아기와 함께 빛의 유희를 관찰할 수도 있다. 아기가 자연이 연출하는 빛 의 놀이를 감지하는 데는 약간 시간이 걸릴 것이다. 그러므로 아기에게 시간을 충분히 주라.

🐸 관찰

빛 프로젝터는 _____ 에 놓여 있고, 너는 빛 놀이에 관심을 보여/ 관심을 보이지 않아. 벽에 모티브가 투영되면 너는 이런 반응을 보인단다.

_____

_____

_____

너는 이제 '패턴'의 세계로 도약하고 있고, _____ 주가 되었어. 너는 빛 놀이에 관심을 보여/ 관심을 보이지 않아. 벽에 모티브가 나타나면 너는 이런 반응을 보인단다.

_____

_____

_____

너는 이제 '유연한 변화'의 세계로 도약하고 있고, _____ 주가 되었어. 빛 놀이에 너는 관심을 보여/ 관심을 보이지 않아. 벽에 있는 모티브가 나타나면 너는 이런 반응을 보인단다.

_____

_____

_____

너는 이제 '사건'의 세계로 도약하고 있고, _____ 주가 되었어. 빛 놀이에 너는 관심을 보여/ 관심을 보이지 않아. 네가 빛 놀이에서 가장 흥미로워하는 것은 이런 것들이란다.

_____

_____

_____

더 이상 배 속에 넣고 다니지는 못하지만

포대기나 아기 띠를 사용해 아기를 안거나 업고 다니면 언제든지 양손을 자유롭게 쓸 수 있어 아기와 함께하면서도 여러 가지 당면 과제를 해결할 수 있다. 가사 일을 하며 아기와 이야기를 나눈다. 아기는 그런 일상적인 일들에 흥미를 갖게 될 것이다. 시중에 아기를 업거나 안고 다니는 데 도움이 되는 다양한 도구들이 출시되어 있다. 아기 띠를 활용해 캥거루처럼 아기를 안고 다닐 수도 있고, 캐리어를 활용해 등에 지고 다닐 수도 있다. 유아용품 전문점에 가서 다양한 제품을 시험해보고 자신에게 가장 편하게 느껴지는 제품을 고르는 것이 가장 좋을 것이다.

 아기의 첫 미소

아기가 처음으로 미소를 지으면 행복감이 밀려온다. 입가를 서서히 위로 올리고, 입술을 가볍게 떨면서 짓는 첫 미소. 흔히 배냇웃음이라 불리는 아기의 이런 웃음이 좀 더 자란 아이들이나 어른들의 웃음과 똑같은 의미인지는 아직 알려져 있지 않다. 어떤 사람들은 신생아의 웃음을 일종의 반사라고 말한다. 그러나 한 가지는 확실하다. 아기가 웃는 것은 기분이 좋다는 표시이고, 엄마와 함께하는 것이 즐겁다는 표시라는 사실 말이다.

마사지

배경 마사지가 심신을 편안하게 한다는 것은 익히 알려진 사실이다. 아기들이 마사지를 아주 좋아한다는 것도 입증되어 있다. 마사지를 놀이와 결합시키면 아기는 한결 더 긴장이 풀릴 것이다.

준비 춥지 않도록 방 안의 온도를 잘 조절한 다음, 부드러운 요나 매트를 바닥에 깐다. 바닥이 너무 차갑지 않은지 살핀다. 창문도 닫는 것이 좋다. 전화기와 휴대전화는 꺼놓는다.

놀이 아기를 요 위에 눕힌 다음, 손에 베이비오일을 묻혀 부드럽게 마사지해주며 함께 노래도 불러주라. 배에 가스가 차서 아기가 괴로워하는 경우엔 배 부분을 세심하게 마사지하라. 이제 아기는 신체 느낌을 발견하고, 신체의 각 부분을 느낄 것이다. 그러나 아직 신체를 능숙하게 조절하지는 못한다. 이번 도약으로 한결 나아지겠지만 말이다. 도약으로 인해 편치 않은 아기를 달래고, 아기가 도약을 더 쉽고 더 빠르게 처리하도록 아기의 신체를 세심하게 마사지해주라. 아기는 이제 자신의 팔과 다리가 어디에 있는지 느끼고, 작은 발을 움직일 때의 느낌을 알게 될 것이다. 엄마가 아기의 발을 만지면 신호가 두뇌로 전달되어 아기에게 신체 느낌을 중재해주는데, 이런 신호는 마사지에서 특히 두드러지게 전달된다.

응용 아기가 울어대며 누워 있지 않으려고 해서 마사지를 할 수 없는 경우엔, 아기를 무릎에 뉘고 노래를 불러주면서 손과 팔을 부드럽게 마사지해주라.

<u>다나, 6주</u> "우리 아기만 빼고 모든 아기가 다 잘 자는 것 같아요. 여하튼 내 느낌으로는 그래요. 그래서 나는 거의 절망스러운 심정이 돼요. 디나가 새로운 도약을 앞두고 있을 때는 특히 더 그래요. 그럴 때면 디나는 아주 불안해하고, 먹지도 않고, 잠도 자지 않으려고 해요. 이제 나는 매일 저녁 아기의 발을 마사지해주면서 노래를 불러줘요. 15분 정도 그렇게 해주면 아기는 대부분 잠이 들어요. 드디어!"

기억하세요!

이유는 정확히 모르지만 예로부터 발 마사지는 수면을 촉진하는 효과가 있다고 알려져 있다. 아이가 잠을 이루지 못할 때 발 마사지를 해주면 효과가 있을 것이다.

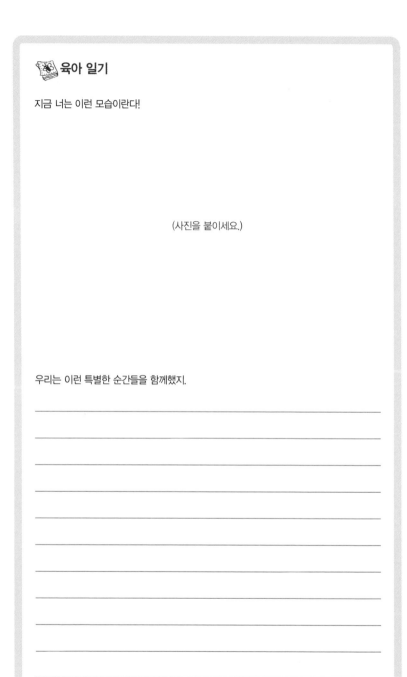

육아 일기

지금 너는 이런 모습이란다!

(사진을 붙이세요.)

우리는 이런 특별한 순간들을 함께했지.

_____

_____

_____

_____

_____

_____

_____

_____

_____

_____

도약

2단계
7~9주

| 패턴 |

아기는 어떤 패턴에 가장 매력을 느낄까?

아기는 이제 주로 패턴에 관심을 갖는다. 아기는 일상에서 만나는 패턴을 보고, 맛보고, 냄새 맡고, 듣고, 느낀다. 아기는 이제 맘에 드는 패턴을 가진 장난감을 가장 흥미롭게 생각한다. 패턴이 좋은 것은 언제 어디서나 패턴을 만날 수 있다는 것이다. 거실 커튼, 벽지, 복제 미술품 등 모든 것에서 시각적인 패턴을 발견할 수 있다. 시각적인 패턴 말고 다른 패턴들은 인지하기가 쉽지 않다. 어른들도 패턴을 느끼고 냄새 맡고 듣지만, 별생각 없이 무의식적으로 그렇게 한다. 반면 아기는 이제 패턴에 몰두한다. '패턴'은 이제 아기에게 세상을 이해하는 우선적인 도구이기 때문이다.

🦓 **패턴의 세계의 장난감, 놀이, 상황**

아기는 이제 이런 장난감을 가장 좋아한다.
- 플레이 바
- 놀이 매트나 액티비티 매트
- 모빌
- 딸랑이 혹은 딸랑이 양말
- 봉제 동물인형
- 빛 프로젝터

아기는 이제 이런 놀이를 가장 좋아한다.
- 발광체를 이용한 놀이
- 반짝이는 물건을 이용한 놀이

• 엄마와의 대화
• 물체의 촉감 느껴보기

아기는 이제 이런 상황을 가장 좋아한다.
• 현대 미술(복제품)을 볼 때
• 줄무늬 스웨터, 혹은 뚜렷이 구분이 가는 패턴이 있을 때
• 나뭇가지들을 느낄 때

 응용

응용이라는 말은 이번 도약의 매직 워드이다. 아기는 이제 놀이 및 생활과 관련해 적극적으로 요구를 표명하기 시작한다. 아기는 이제 같은 대상에는 더 이상 오래 매력을 느끼지 못한다. 모든 것을 발견하고자 한다. 그러므로 장난감이나 놀잇감을 구입할 때는 그 점을 생각해서 다양하게 활용할 수 있는 제품을 선택해야 한다. 가령 플레이 바 같은 것은 모양도 예쁘고, 음악 소리도 난다. 달려 있는 장난감들을 분리시킬 수 있는 플레이 바를 선택하라. 그러면 같은 돈으로 여러 개의 장난감을 얻는 셈이 되고, 아기는 한층 더 재미있게, 더 오래 놀 것이다.

'스스로 하기' 영역의 놀이들

아기는 이제 자기 신체 내부의 패턴도 느낄
수 있다. 엄마는 아기의 움직임이 달라진 것에

서도 그 사실을 알 수 있을 것이다(아기의 움직임
이 처음에는 약간 서툴러 보일 수도 있지만, 그것은 아주 정상적인 일이다). 신체운동 놀이를 통해 아기는 신체 내부의 패턴을 발견할 뿐 아니라, 훈련한다.

🍲 관찰

아기가 점점 더 자신의 신체를 발견해가는 것 같은가? 팔을 특정 방식으로 움직이는가?
다리를 여러 가지 방식으로 움직여보는가? 또는 자신의 신체에서 뭔가 다른 것을 발견한
것 같은가? 눈에 띄는 모든 것을 기록하고, 날짜를 기입하고, 사진을 붙인다. 사진에 해당
신체 부분이 담기도록 하고, 되도록 그 움직임을 '발견'한 날 사진을 찍는다. 자신의 능력을
매우 자랑스러워하는 아기의 모습이 느껴질 것이다. 포착해둘 만한 순간 아닌가!

나의 손을 나는 _____ - _____ - _____(날짜)에 발견했어요.
엄마는 내가 (아기의 행동) _____ 하는 것을 보았어요.

_____

나의 발을 나는 _____ - _____ - _____(날짜)에 발견했어요.
엄마는 내가 (아기의 행동) _____ 하는 것을 보았어요.

_____

나의 ____ 을 나는 _____ - _____ - _____(날짜)에 발견했어요.
엄마는 내가 (아기의 행동) _____ 하는 것을 보았어요.

_____

나의 ____ 을 나는 _____ - _____ - _____(날짜)에 발견했어요.
엄마는 내가 (아기의 행동) _____ 하는 것을 보았어요.

_____

나의 ____ 을 나는 _____ - _____ - _____(날짜)에 발견했어요.
엄마는 내가 (아기의 행동) _____ 하는 것을 보았어요.

_____

예세, 11주 "예세는 모든 감각을 가지고 온몸으로 놀아요. 팔, 다리, 엉덩이를 끊임없이 움직여요. 재미있나봐요. 플레이 펜에 누워 있을 때면, 아주 힘차게 버둥거려요. 작은 오뚝이처럼 말이에요."

너 앉으려고 하니?

배경 이번 도약을 마치면 아기는 신체를 목표 지향적으로 움직일 수 있게 된다. 그전까지는 정신적으로 아직 그럴 능력이 없었다. 그러나 아기가 특정한 것을 할 수 있는 능력이 생겼다고 해서, 정말로 그것들을 모두 할 수 있다는 의미는 아니다. 아기가 무엇을 하고, 무엇을 하지 않는지는 아기의 흥미에 달려 있다. 똑바로 누운 자세로 고개를 드는 기술에 관심이 없는 아기는 전혀 그런 활동을 시도하지 않을 것이다. 한편 조건도 영향을 미친다. 힘든 움직임을 실행하려면, 강한 근육이 필요하다. 놀이를 통해 아기가 이런 근육을 훈련하도록 도울 수 있다.

준비 아기를 소파나 푹신한 요 혹은 놀이 매트 같은 곳에 눕힌다. 체조 연습을 하기에 아기가 너무 피곤한 상태가 아닌지 살핀다.

놀이 아기가 잡을 수 있도록 아기에게 손을 내민다. 아기가 엄마의 손을 잡고 스스로 몸을 일으키려고 하는가? 중요한 것은 엄마가 아기의 몸을 억지로 일으키는 것이 아니라 아기 스스로 주도권을 잡는 것이다. 아기가 이 놀이에 응해서 실제로 몸을 일으키려고 하면 아기를 적절히 격려해주라.

주의할 점 이런 연습은 아기에게 쉬운 게 아니며 위험을 내포한다. 그러므로 늘 아기가 아직 몸을 완벽하게 가눌 수 없다는 점을 염두에 두어야 한다. 아기가 갑자기 엄마의 손을 놓아버리거나 고개가 뒤로 홱 넘어가 목 근육에 무리가 갈 수도 있다. 그러므로 아기를 잘 받쳐주고, 뭔가가 잘 안 될 때마다 적극 도와주라. 이런 놀이를 너무 오래 하시 않도록 조심하라. 아기가 별로 힘들어하지 않고 재미있어하더라도 오래 해서는 안 된다. 자칫 아기의 근육에 부담이 될 수 있다!

응용 아기를 엎드린 자세로 뉘면 옆으로 돌아눕거나 고개를 들려고 하는가? 어떤 아기들은 이 무렵에 이미 엎드린 자세에서 고개를 들고 오른쪽, 왼쪽을 쳐다보려고 한다.

🐣 관찰

이번 도약에서 너는 신체 놀이를 아주 좋아해/ 약간 좋아해/ 전혀 좋아하지 않아.

신체 놀이를 하고 싶을 때 너는 내게 이렇게 신호를 보내.

_____

_____

_____

_____

연습을 그만 하고 싶을 때는 이렇게 신호한단다.

_____

_____

_____

_____

지치면 너 스스로 중단해/ 그럼에도 계속하려고 해서 내가 다른 것으로 네 주의를 돌려야 하지.

<u>엔리케, 11주</u> "엔리케는 몸을 일으키는 것을 아주 좋아해요! 내 무릎에 누워서 팔을 뻗어요. 그리고 손을 붙잡아주면 내 손가락을 잡고 고개를 들어요. 그렇게 놀이를 시작하죠! 분명히 몸을 일으키려고 하는 것 같아요. 성공하면 만면에 환한 웃음을 짓죠. 그렇게 몇 초간 앉아 있다가 누워 또다시 몸을 일으키려고 해요. 그렇게 하고, 또 하고, 여러 번 반복해요……."

자극

아기의 입장이 되어보라

어른들은 별생각 없이 물건들을 쥔다. 체스를 둘 때 우리가 체스 말을 손으로 쥐는 것은 그것을 전략적으로 유리한 곳으로 옮겨놓기 위함이다. 반면 아기의 경우는 어떤 물건을 자신의 손으로 쥐는 것 자체로 놀이가 된다. 현재 아기에게 손으로 물건을 쥐는 일은 애쓰고 노력해야만 달성할 수 있는 수준 높은 목표다. 엄마는 다시금 이런 상황을 상상하는 것이 쉽지 않을 것이다. 그러므로 아기의 입장이 되어 아기의 경험에 감정이입을 해보는 것이 중요하다. 손을 양말 속에 넣고 그 위에 벙어리장갑을 껴보라. 그리고 그 상태로 성냥개비를 잡으려고 해보라. 섬세한 움직임이 어려운 뭉툭한 손으로 성냥개비를 잡기는 불가능하다. 아기가 현재 물건을 쥐는 것도 그와 비슷하게 어려운 일이다. 아기는 아직 손가락처럼 소근육을 투입하는 움직임을 하지 못한다(2장 '신체 발달' 51쪽 참고).

쥐기, 만지기, 느끼기 영역의 놀이들

패턴의 세계를 발견하면 아기는 이제 장난감이나 엄마의 코, 또는 자신이 흥미를 느끼는 다른 대상을 쥐는 데 관심이 생긴다. 여기서 우리가 '쥐기'라고 말하지만, 아직 진짜로 쥐지는 못한다. 손으로 장난감을 치거나, 장난감 주위에서 손을 빙빙 돌리면서 쥐기 전 단계를 연습한다. 엄마는 이제 아기가 왕왕 뭔가를 붙잡으려 한다는 인상을 받을 것이다. 아기가 대상을 빤히 쳐다보면서 몸을 버둥거리기 시작하기 때문이다. 이것은 다음 도약에서 쥐기를 배우기 위해 준비하고 있음을 보여준다.

아기는 또한 느끼고 만지는 영역에서도 패턴을 인지한다. 엄마는 아기가 갑자기 물건을 지금까지와 다르게 만지거나, 특정한 상황에서 갑자기 전과 다르게 반응한다는 것을 느낄 것이다. 이번 도약에서 아기가 매일 하는 목욕에 특히 매력을 느끼게 될까, 아니면 갑자기 목욕하는 걸 무서워하게 될까? 아기가 어떤 반응을 보일지는 새로운 패턴을 대하는 아기의 방식에 따라 달라진다.

🐟 엄마는 장난감

엄마는 변함없이 아기의 가장 좋은 장난감이다. 그래서 아기는 물건을 이리저리 움직이려고 할 뿐 아니라, 엄마도 그렇게 하려고 할 것이다. 엄마의 코나 손은 이 일에 이상적인 대상이다. 아기 위로 몸을 구부리고는 손가락을 움직이면서 아기가 엄마의 손에 주목하게 하라. 아기가 온몸으로 열광적으로 반응하는 것이 느껴지면 아기에게 손을 건네라. 아기가 잡기 편하도록 손가락을 벌린다. 코로도 비슷한 놀이를 할 수 있다. 표정을 찡그리면서 코를 이리저리 빠르게 씰룩인다. 아기가 관심을 보이자마자 아기의 손을 엄마의 코로 가져가, 코를 쥘 수 있도록 도와주라.

🌱 관찰

네가 쥐기 전 단계를 연습하고 있다는 걸 이런 행동을 통해 알 수 있단다(날짜를 기입하는
것을 잊지 마라).

_____

_____

_____

_____

너는 이런 물건, 혹은 사람을 손으로 쥐려고 해.

_____

_____

_____

_____

_____

📷 사진을 찍어요

아기가 즐겨 붙잡으려고 하는 물건이나 사람의 사진을 첨부해도 좋다.

놀이 매트 또는 액티비티 매트

배경 아기가 누운 채 예쁜 패턴이나 놀이 기능을 즐길 수 있게 되어 있는
매트를 본 적이 있을 것이다. 깨지지 않는 작은 거울이 달려 있거나, 바삭
거리는 소재로 채운 층이 덧대어져 있는 것들도 많으며, 아기가 가지고

놀 수 있는 딸랑이나 삑삑이가 부착된 것들도 있다. 하지만 이런 기능은 이 시기의 아기가 활용하기에 아직 어렵다. 이 시기의 아기는 주로 알록 달록한 색깔이나 모양, 거기에 추가적으로 우연히 들리는 소리를 즐긴다. 하지만 어떤 아기들은 패턴을 관찰하는 것보다는 '스스로 해보는 것'에 더 흥미를 보인다. 또 어떤 아기들은 매트에 누운 채 자기 신체 내부의 패 턴을 발견하는 데 골몰한다. 매트를 어떻게 활용할지는 아기의 취향에 따 라 달라진다. 매트를 구입할 때 아기가 다음 몇 개월간 어떤 도약을 하게 될지 고려하라. 매트를 활용해서 할 수 있는 놀이가 더 많을수록, 아이는 매트를 가지고 더 오래도록 놀 수 있을 것이며, 매트를 마련해주는 것이 더욱 보람 있을 것이다. 그 밖에 액티비티 매트는 외출 시 휴대하기도 적 당해 아기는 엄마와 함께 외출해서도 즐겨 하는 놀이들을 할 수 있을 것 이다. 매트 위에 깔개를 하나 깔면 기저귀를 갈 때도 유용하게 활용할 수 있다.

놀이 아기를 매트 위에 눕힌다. 등을 아래로 해서 똑바로 눕히든지 엎드리게 한다. 똑바로 누운 상태에서는 자 신이 흥미롭게 생각하는 패턴을 충분히 관찰할 수 있 을 것이다. 하지만 엎드려 누운 상태에서는 관찰하기가 꽤 힘들다. 그러므로 아기를 엎드린 자세로 너무 오래 두어서는 안 된다. 아 기가 고개를 들고 힘을 쓰는 이유가 무엇인지 유심히 살펴보라. 패턴을 관찰하려고 그러는가, 아니면 '힘쓰는 훈련' 자체를 즐거워하는가?

주의할 점 바람이 많이 부는 곳에 아기를 뉘어놓지 않도록 한다. 바닥에서 한기가 많이 올라오지 않는지 살피고, 아기의 손이 닿는 곳에 위험한 물 건들을 두지 않도록 조심하라. 애완동물(강아지나 고양이 등)을 키우는 경우 엔 늘 아기를 눈으로 주시하고, 아기를 매트에 뉘어놓을 때는 애완동물을 정원이나 다른 방으로 보내야 한다.

⊗ 관찰

아기는 여러 번의 도약을 거치며 놀이 매트를 즐겁게 활용할 것이다. 아기가 놀이 매트를 가지고 노는 방식과 관심사는 도약에 따라 달라질 것이다. 그러므로 아기가 지금 어디에 흥미를 보이는지 정확히 기록하라. 양과 질은 다르다는 것을 명심하라. 다음번 도약을 마치면, 아기의 행동을 관찰한 뒤 새롭게 메모할 수 있다.

(여기에 놀이 매트의 사진을 붙이세요.)

너는 지금 '패턴'의 세계로 도약하고 있고, _____ 주가 되었어. 너는 매트를 관찰하는 것을 아주 좋아해. 너의 이런 행동을 통해 그걸 알 수 있단다.

_____

_____

너는 지금 '유연한 변화'의 세계로 도약하고 있고, _____ 주가 되었어. 너는 매트를 관찰하는 것/ 매트에서 신체놀이를 하는 것/ 매트에서 신체놀이를 하고 매트를 관찰하는 것을 아주 좋아해. 너의 이런 행동을 통해 그걸 알 수 있단다.

_____

_____

너는 지금 '사건'의 세계로 도약하고 있고, _____ 주가 되었어. 너는 매트를 관찰하는 것/ 매트에서 신체놀이를 하는 것/ 매트에서 신체놀이를 하고 매트를 관찰하는 것을 아주 좋아해. 너의 이런 행동을 통해 그걸 알 수 있단다.

너는 지금 '관계'의 세계로 도약하고 있고, _____ 주가 되었어. 너는 매트를 관찰하는 것/ 매트에서 신체 훈련을 하는 것/ 매트에서 신체 훈련을 하고 매트를 관찰하는 것을 아주 좋아해. 너의 이런 행동을 통해 그걸 알 수 있단다.

응용 아기를 바닥에 등을 댄 상태로 똑바로 눕히되 아기의 발이 삑삑이에 놓이게끔 해 아기가 발을 버둥거릴 때마다 삑삑거리는 소리가 나게 할 수도 있다. 아기는 매트의 모서리 장식을 아직 의도적으로 쥐지는 못하지만 이미 잡기와 쥐기 연습은 할 것이다. 한동안 아기 옆에 누워 아기와 함께 고개 들기를 연습하라. 아기에게 이런 활동은 정말로 힘을 쓰는 훈련이다! 고개를 들 때마다 아기를 격려하고, 아기가 힘들어서 다시금 고개를 떨구면 "잘했어, 우리 귀염둥이!" 하면서 칭찬해주라.

🐢 오, 느껴지네!

아기는 이제 신체 자세와 손이나 발의 위치를 훨씬 더 명확하게 느낄 수 있다. 느낌을 통해 차이를 알게 되고, 지금까지 무의식적으로 했던 운동을 이젠 의식적으로 경험한다. 아기의 발을 쓰다듬고 마사지를 해줄 때도 그것을 확인할 수 있다. 그럴 때면 아기는 이제 해당하는 방향을 쳐다보고, "오, 내게 발도 있네"라고 말하는 듯한 표정을 짓는다. 패턴의 세계로 도약하면서 전형적으로 나타나는 발견들이다.

216

플레이 바

배경 플레이 바(Play Bar)는 다양한 장난감들이 달려 있는 일종의 아치형 바로, 누워 있는 아기 위에 세워놓을 수 있는 형태다. 플레이 바 중에는 음악 소리가 나는 기능이 있는 것들도 있다. 그러므로 플레이 바를 구입할 때는 각 기능을 유심히 살핀다. 바에 달려 있는 장난감들이 예쁘고, 아기들이 관찰하기에 적절한 모양인가? 분리할 수 있게 되어 있어(이 점이 중요하다) 각각 서로 다른 놀이 가능성을 제공하는가? 분리할 수 있는 장난감 하나를 딸랑이로 사용할 수 있으면 좋을 것이다('패턴', '유연한 변화', '사건'의 세계로 도약한 후 아기는 딸랑이에 흥미를 보일 것이다). 또 다른 장난감은 다양한 재질로 되어 있고('사건'과 '카테고리'의 세계로 도약하고 나면 이런 면에 흥미가 생길 것이다), 또 하나는 깨지지 않는 작은 거울이 달려 있는('순서'의 세계로 도약한 후 이런 면에 흥미가 생길 것이다) 식이면 좋다.

이런 플레이 바는 활용 가능성이 높다. 전체적으로 활용하다가, 장난감을 하나씩 분리해서 오랜 시간 가지고 놀 수도 있다. 8주경에 아기는 주로 색채 대비와 패턴에 흥미를 보이며, 플레이 바에 매달려 있는 장난감들을 발로 차거나 손으로 치거나 할 것이다. 어떤 아기는 플레이 바에 매달린 장난감들을 물끄러미 쳐다만 볼 것이고, 어떤 아기는 열광적으로 거기에 손을 뻗을 것이다. 아기가 이런 장난감에 보이는 반응은 지능과 상관없고, 아기의 취향이나 성격을 보여준다.

놀이 아이와 함께 플레이 바에 달린 장난감들을 관찰하라. 아기 옆에 앉거나 누워, 아기가 무엇에 관심을 보이는지 살핀다. "아주 예쁜 말이네" 하면서 각각의 장난감에 해당하는 명칭을 말해주고, 해당 장난감을 부드럽게 민다. 이번 도약에서 아기는 보기 좋은 동시에 움직이는 물체에 흥미를 느낀다. 엄마는 아기가 각각의 장난감을 온몸으로 '쥐려는 듯' 몸을 버둥거리며 열광적으로 반응하는 것을 확인하게 될 것이다.

주의할 점 아기가 장난감을 만져보려고 할 수도 있다. 그러므로 플레이 바가 너무 높이 위치하지 않도록 유의하라. 손이나 발로 장난감을 터치하지 못하면, 아기가 자칫 실망하거나 좌절할지도 모른다. 애쓰는데 거리가 멀어서 도저히 장난감에 닿을 수 없다면, 누구나 실망하지 않겠는가.

응용 장난감 하나를 떼어 아기에게 주라. 이제 아기는 어떤 물건을 쥘 수 있음을 알고 있지만, 아직 정말로 쥐지는 못한다. 그러므로 엄마의 도움이 필요하다. 엄마가 플레이 바에서 어떤 장난감을 떼어내고 있는지 아기가 보게끔 하라. 떼어낸 다음에는 아기에게 그 장난감을 건네주되, 아기가 아직 손을 돌려 대상을 쥘 수 없다는 점을 염두에 두라. 장난감이 아주 가까이 있어도 아기는 아직 그렇게 하지 못한다. 그러므로 아기에게 장난감을 '쥐기 좋게' 내밀어주어야 한다. 아기가 약간만 애쓰면 성공할 수 있을 정도로 말이다. 엄마는 아기가 이미 어떤 부분을 혼자 할 수 있으며, 어떤 부분을 도와주어야 할지 가늠할 수 있을 것이다. 아이에게 너무 어렵지도, 너무 쉽지도 않게 과제의 난이도를 조절하는 것이 중요하다.

🐝 관찰

플레이 바는(놀이 매트 역시) 이제 여러 번의 도약을 거쳐 아기에게 이상적인 놀잇감이 되어줄 것이다. 아기가 그것을 활용하는 방식, 아기가 보여주는 흥미는 도약에 따라 달라진다. 그러므로 아기가 현재 무엇에 흥미를 보이는지 정확히 기록하라. 양이 질을 결정하는 것이 아님을 명심하라! 다음 도약이 끝나면 아기의 행동을 관찰한 뒤 관찰 내용을 추가적으로 기록하라.

(이곳에 플레이 바 사진을 붙이세요.)

너는 이제 '패턴'의 세계로 도약하고 있고, _____ 주가 되었어. 너는 플레이 바를 관찰하는 걸 아주 즐거워해. 너의 이런 행동을 보면 그걸 알 수 있단다.

_____

_____

_____

너는 이제 '유연한 변화'의 세계로 도약하고 있고, _____ 주가 되었어. 너는 플레이 바를 관찰하고 손으로 장난감들을 밀치는 걸 아주 즐거워해. 너의 이런 행동을 보면 그걸 알 수 있단다.

_____

_____

_____

너는 이제 '사건'의 세계로 도약하고 있고, _____ 주가 되었어. 네가 가장 좋아하는 것은 이런 것들이야.

_____

_____

_____

너는 이제 '관계'의 세계로 도약하고 있고, _____ 주가 되었어. 네가 가장 좋아하는 것은 이런 것들이야.

_____

_____

_____

너는 이제 '카테고리'의 세계로 도약하고 있고, _____ 주가 되었어. 너는 플레이 바를 관찰하는 것을 아주 즐거워해. 너의 이런 행동을 보면 그걸 알 수 있단다

_____

_____

_____

너는 이제 '순서'의 세계로 도약하고 있고, _____ 주가 되었어. 너는 플레이 바를 관찰하는 것을 아주 즐거워해. 너의 이런 행동을 보면 그걸 알 수 있단다.

_____

_____

_____

물 느낌

배경 대부분의 아기들은 물속에서 아주 편안해한다. 하지만 욕조에 앉아 있다가 갑자기 무서워하는 듯한 태도를 보일 수도 있다. 약 8주에 찾아오는 도약과 더불어 아기는 갑자기 패턴의 세계를 이해하게 되어, 신체 외부뿐 아니라 신체 내부의 패턴들을 지각하기 시작한다. 어른들 입장에서는 이런 상황을 상상하기 힘들지만, 아기는 갑자기 자신의 신체가 평소와 '약간 다른 것' 안에 있다는 것을 파악하게 된 것이다. 즉 '물에 잠긴 느낌'을 경험하게 된 것이다.

준비 아기를 욕조에 앉히기 전에 모든 것을 준비해두고 욕실 온도를 유쾌하게 설정하라. 아기가 이번 도약에서 '진정한 물 느낌'을 경험할 수 있도록 작은 플라스틱 용기도 하나 준비하라.

놀이 아기가 물에 친숙해질 수 있게 시간을 주라. 그런 다음 플라스틱 용기에 물을 담아 아기의 머리 위쪽에서 서서히 부으면서 이때 욕조 물에 생겨나는 파도에 주목하게 하라.

주의할 점 아기를 결코 욕조에 홀로 내버려두어서는 안 된 다. 잠시도 그렇게 두지 마라.

기억하세요!

어떤 놀이를 하든 아기와 계속적으로 이야기하라. 엄마가 무엇을 하는지 설명해주고, 필요한 경우엔 아기를 도와주라. 아기의 노력을 칭찬해주는 걸 잊지 마라. 아기는 엄마의 말이 칭찬이라는 걸 단박에 알아챈다. 그리고 엄마의 목소리가 아기를 안정시킬 것이며 놀이를 하는 가운데 여러 감각이 자극되면 아기는 놀이를 더욱 재미있어할 것이다.

목욕시키려고 옷을 벗기거나 물속에 들여보낼 때, 아기가 도약 이전과 다르게 반응하는가? 반응이 달라졌다는 것을 어떻게 알 수 있는가?

_____

_____

_____

_____

_____

놀이를 할 때 아기와 이야기를 나누면서 하면, 장난감에 보이는 아기의 반응이 달라지거나 더 강해지는가? 눈에 띄는 아기의 행동을 여기에 기록하라.

_____

_____

_____

_____

_____

_____

'보기' 영역의 놀이들

다른 영역과 달리 '보는 것'은 비교적 잘 관찰하고 이해할 수 있다. 그럼에도 아기가 지금 흥미롭게 관찰하는 것이 무엇인지 잘 모르겠다면, 눈높이를 같이해 아기의 시선을 좇으라. 그러면 답이 나올 것이다!

🐾 **관찰**

너는 이런 것들을 즐겨 본단다.

_____

_____

_____

_____

_____

_____

_____

그럴 때면 너는 이런 행동을 해.

_____

_____

_____

_____

_____

_____

_____

모빌

태어나자마자 아기는 모빌에 흥미를 느낀다. '패턴'의 세계로 도약한 뒤에는 아기가 전과 다르게 모빌을 관찰하거나 다르게 다루는 것을 확인할 수 있다. 아기는 이제 종종 세부적인 것에 시선을 집중할 것이다. 아기의 시선을 좇아가면 아기가 무엇을 관찰하는지 볼 수 있다. 해당하는 대상을 쥐고 천천히 앞뒤로, 양옆으로 움직여주라. 그러면서 아기에게 뭔가 이야기를 해주고, 이제 아기가 좋아하게 된 패턴에 대해 함께 경탄하라.

플레이 펜 위뿐 아니라 기저귀 교환대 위에도 모빌을 설치할 수 있다. 그러면 아기는 기저귀 가는 걸 별로 싫어하지 않고 기저귀를 갈며 즐겁게 모빌을 볼 수 있을 것이다.

빛 놀이

아기는 그동안 빛 프로젝터에 친숙해졌을 것이다. 이번 도약에서 아기는 벽에서 왔다 갔다 하는 새로운 모티브를 인지할 수 있다. 아기는 이제 패턴 인지능력을 가지고 있으니 말이다! 어떤 아기들은 특정 모티브를 따라 시선을 옮기고, 어떤 아기들은 한 군데만 응시한 채 그곳에서 계속 지나가는 모티브를 관찰할 것이다. 아기 옆에 앉아 아기가 어떤 패턴을 좋아하는지 살펴보라. 그리고 해당 기록 칸에 관찰 내용을 기입하라.

응용 아기는 깜박거리는 촛불이나 빠르게 바뀌는 텔레비전 화면, 또는 빛을 받아 벽에 반사되는 손목시계 같은 것도 즐겨 볼 것이다. 모두 일상생활 속에서 쉽게 볼 수 있는 패턴들이다. 거리나 자연 속에도 많은 빛 패턴이 존재한다! 좀 더 신경 써서 보면, 곳곳에서 평소에 무심코 지나치곤 했던 빛의 유희를 발견하게 될 것이다.

<u>엔리케, 13주</u> "엔리케는 빛에 완전히 매료되었어요. 전등 빛, 바깥의 햇빛, 무엇보다 텔레비전에 사람들이 나와 움직이고 말하는 걸 보면 화면을 뚫어져라 쳐다봐요. 마치 뭔가 알고 보는 것처럼 말이에요."

<u>티모, 15주</u> "티모는 빛을 아주 좋아해요. 전등 빛이든, 블라인드로 비쳐드는 햇빛이든, 매혹되어 쳐다본다니까요!"

표정

배경 표정이라고 하면 우리는 대부분 눈 흘기는 것, 혀를 쑥 내미는 것, 코를 썰룩이는 것 등을 상상한다. 하지만 아기는 평범하지 않은 모든 것을 멋지게 생각한다. 이 모두가 패턴이기 때문이다. 가령 씹는 동작을 크게 하거나, 여러 번 과장되게 삼키는 동작을 보여주면 아기는 뜻밖에 처음으로 커다란 소리로 웃을지도 모른다!

준비 특별한 준비는 필요 없다. 이것이 바로 이 놀이의 매력이기도 하다. 식탁 앞에 앉아서든, 빨간 신호등 앞에 서서든, 언제 어디서든 이 놀이를 할 수 있다.

놀이 얼굴을 반복적으로 과장되게 움직인다. 삼키는 동작이나 씹는 동작을 해도 좋고, "오" 하면서 입을 쑥 내밀어도 좋다.

주의할 점 아기가 엄마의 얼굴을 잘 볼 수 있도록 하라. 아기는 엄마의 음성에 곧장 반응하므로, 그냥 이름만 부르며 말을 걸어줘도, 엄마가 아기와 의사소통하기를 원한다는 걸 알아챌 것이다. 사랑스럽게 물어보는 말투로 충분하다.

<u>빅토리아, 7주</u> "임신했을 때부터 나는 아프타 구내염으로 고생했어요. 정말 힘들었지요. 감자퓌레조차 먹기 힘들 때도 있었어요. 그때 나는 빅토리아를 안고 식탁에 앉아 있었어요. 퓌레를 삼키려고 노력하면서 퓌레가 아픈 부위를 거치지 않고 넘어가주기를 바랐죠. 그때 내 표정이 아주 우스웠는지 빅토리아가 점점 더 흥미롭게 나를 쳐다보는 거예요. 이마를 찌푸리고 나를 뚫어져라 쳐다보는 것이 "엄마, 대체 왜 그래?"라고 말하는 것 같았어요. 아무튼 계속 쳐다봐도 물리지 않는 것 같았지요. 그때부터 나는 온종일 표정을 지어주어요. 빅토리아는 그럴 때마다 너무나 즐거워하고요!"

👶 관찰

너는 내가 이렇게 하면 나를 즐겁게 쳐다본단다

_____

_____

_____

네가 처음으로 큰 소리로 웃은 건 _____ – _____ – _____ (날짜)이야.

네가 웃은 이유는 _____

_____

_____

_____

🍚 실용적이고 편안한 유아의자

8주 정도 되면 아기는 이미 유아의자에 앉을 수 있어서 가족 활동에 더 잘 참여할 수 있다. 등받이를 약간 세워주어 엄마가 집안일하는 모습을 아기가 구경할 수 있도록 하라. 집안일을 하면서 계속 말을 걸어주면 아기는 지루해하지 않을 것이다. 일상적인 일들도 아기에게는 특별한 놀이로 다가오기 때문이다. 물론 아기를 너무 오래 유아의자에 앉혀놓아서는 안 된다. 오랜 시간 앉혀놓으면 등에 무리가 가기 때문이다. 등받이의 경사가 적절한지도 잘 살피라. 아기가 아래로 자꾸 미끄러져 내려오거나 기우뚱하게 앉아 있다면, 등받이를 한 단계 더 평평한 상태로 조절하라.

'듣기' 영역의 놀이들

이제 두 번째 도약을 통해 아기는 소리를 전보다 더 독립된 자극으로 받아들인다. 아기는 임신 20주부터 이미 소리를 감지했지만, 엄마 배 속에서는 소리를 듣는 동시에 보고 느꼈다. 어른들은 상상이 잘 안 가는 일이지만, 소리를 보거나 맛보지 않고 그냥 듣기만 하는 게 아기에겐 힘든 일이다. 그리고 아기는 이제 자신의 목소리를 의식하게 되고, 목소리를 점점 더 잘 조절하게 된다. 아기가 새로운 소리를 내는 것에서 알 수 있다. 아기는 자기가 목소리를 내는 걸 점점 더 즐거워한다.

수다 시간

배경 이제부터 엄마는 아기와 함께 '수다'를 떨 수 있다. 처음에는 아주 단순한 형태지만 말이다. 모든 대화의 기본은 한 사람이 무슨 말을 하고, 다른 사람은 거기에 반응하는 것이다. 이제 아기는 정확히 그것을 매우 흥미로워한다.

준비 소파에 앉아 다리를 소파에 올려 세우고는 넓적다리 위에 아기를 뉘어라. 그러면 아기는 몸통과 머리가 충분히 지지되는 상태에서, 균형을 잃지 않고 팔다리를 자유롭게 놀릴 수 있을 것이다. 이런 자세에서 아기는 전신을 활용해 수다의 전 단계에 들어갈 수 있다.

놀이 질문하는 어조로 아기에게 말을 건다. 그리고 아기가 '대답'하게끔 충분한 시간을 준다. 아기가 반응하지 않고 빠끔히 엄마를 쳐다보기만 하면 질문을 반복하라. 여러 번 그렇게 질문하다보면 아기는 새로 습득한 소리로 반응할 것이다. 아기가 엄마의 소리를 모방할 수도 있다.

주의할 점 엄마가 아기와 이야기하고 있다는 걸 아기가 파악하지 못한 것 같은가? 그러면 더 높은 소리로 이야기하라. 아기는 높은 음에 더 잘 반응하기 때문이다. 거의 모든 사람이 아기에게 말을 걸 때는 더 높은 음을 사용한다는 걸 엄마는 무의식중에 알고 있을 것이다.

응용 엄마만 대화를 주도할 수 있는 건 아니다. 물론 의식적으로 그렇게 하는 건 아니지만 때로는 아기도 주도권을 잡을 수 있다. 갑자기 아기의 목에서 소리가 나오고, 그다음에 엄마가 "우리 아기 말 잘하네!" 혹은 "우아, 목소리 좋다!"라고 말해주면서 응해줄 수 있다. 아기는 무의식적으로 한 자신의 행동에 엄마가 반응한다는 것을 알고는 즐거워할 것이다.

📖 관찰

우리의 첫 수다 시간에 너는 이렇게 말했단다.

_____ (날짜) _____ – _____ – _____

_____ (날짜) _____ – _____ – _____

_____ (날짜) _____ – _____ – _____

_____ (날짜) _____ – _____ – _____

_____ (날짜) _____ – _____ – _____

너는 이제 _____ 주 되었고, '유연한 변화'의 세계로 도약했단다. 이제 말도 다르게 해. 이렇게 말이야.

_____

_____

_____

_____

_____

🔖 육아 일기

지금 너는 이런 모습이란다!

(사진을 붙이세요.)

우리는 이런 특별한 순간들을 함께했지.

_____

_____

_____

_____

_____

_____

_____

_____

3단계
11~13주

| 유연한 변화 |

이것에서 저것으로 서서히 옮아가는 법

약 12주가 되면 아기는 정신 발달에서 새로운 도약을 한다. 아기의 노는 방식이 달라지거나 좋아하는 것이 달라지는 데서 그것을 알 수 있다. 아기는 이제 '유연한 변화'에 흥미를 느낀다. 유연한 변화란 청각적, 시각적, 혹은 촉각적 과정이 천천히 흐르듯이 진행되는 걸 말한다. 청각적 과정은 노래나 사이렌 소리 등에서 들을 수 있다. 사이렌 소리의 경우 작고 낮은 소리에서 시작해 서서히 크고 높은 소리로 옮겨간다. 작은 것에서 큰 것으로, 또 낮은 것에서 높은 것으로 '이중의 유연한 변화'가 일어나는 것이다. 노래의 경우에도 음들이 서로 옮겨간다. 일상 속에서 볼 수 있는 시각적인 유연한 변화로는 서서히 어두워지는 빛이나 바람에 나부끼는 커튼 혹은 텔레비전 화면에 비친 무용수의 유연한 팔 동작 등을 들 수 있다. 엄마가 아이의 머리를 쓰다듬어줄 때 손이 서서히 머리 위에서 미끄러져 내려가는데, 이 역시 아기가 느낄 수 있는 유연한 변화다.

🐕 유연한 변화의 세계의 장난감, 놀이, 상황

아기는 이제 이런 장난감을 가장 좋아한다.
- 오뚝이(아기는 오뚝이가 이리저리 움직이는 걸 재미있게 관찰한다)
- 딸랑이(아기는 자신의 손으로 딸랑이를 흔들어 소리가 나는 것을 즐거워한다)
- 아기그네(아기는 일단 한번 움직인 그네가 왔다 갔다 하는 걸 즐거워한다)
- 빛 프로젝터
- 유연한 변화를 가진 음악
- 플레이 바

- 모빌
- 유모차가 전진할 때 이리저리 유연하게 움직이도록 유모차 위에 매달려 있는 장난감
- 유연한 변화를 가진 음악을 들려주는 오르골
- 삑삑이나 방울이 달린 장난감

아기는 이제 이런 놀이를 가장 좋아한다.
- 춤추기
- 비행기 놀이
- 미끄럼틀 타기
- 말하기 놀이
- 선율이 있는 노래 하기

아기는 이제 이런 상황을 가장 좋아한다.
- 음악의 선율이 흐를 때
- 커튼이 나부낄 때
- 시계추
- 디머(밝기를 조절할 수 있는 전등: 서서히 불을 밝게 하거나 어둡게 조절하면, 밝은 것에 서 어두운 것으로, 어두운 것에서 밝은 것으로 흐르는 변화가 연출된다)
- 라바 램프
- 끓으면 소리가 나는 주전자
- 새가 날아가는 모습
- 텔레비전 장면이 서서히 옮겨갈 때
- 분수

'스스로 하기' 영역의 놀이들

아기는 이제 유연한 변화를 지각하고 자신의 신체로 그런 변화를 실행하는 데 흥미를 보인다. 어떤 것들은 이미 혼자서 할 수 있고, 어떤 것들은 엄마의 도움이 필요하다. 그래서 아기는 이제 '유연한 변화'를 성취했다

는 느낌을 주는 놀이들을 특히 좋아한다.

춤추기

배경 아기들은 늘 춤추는 것을 좋아한다. 어른과 마찬가지로 춤에 곁들여지는 음악도 즐긴다. 음악에 맞추어 유연한 몸놀림을 실행할 때 춤은 아기에게 한층 더 매력적으로 다가올 것이다.

준비 아기가 현재 가장 매력적으로 생각하는 것, 즉 흐르는 변화에 부합하는 음악을 준비하라. 보통은 클래식 음악이 알맞겠지만, 때로는 팝이나 발라드, 연가 같은 것도 좋을 것이다. 하지만 랩처럼 짧고 강한 리듬이 툭툭 끊기는 음악은 적합하지 않다.

놀이 아기를 팔에 안고 앞에서 뒤로, 왼쪽에서 오른쪽으로 유연한 동작을 실행하라. 아기를 누운 자세로 안고 춤을 출 수도 있다. 발을 번갈아가며 체중을 싣는다. 체중을 왼발에 실을 때는 왼쪽 팔꿈치를 살짝 들고, 체중을 오른발에 실을 때는 오른쪽 팔꿈치를 약간 든다. 이런 방식으로 아기는 동시에 두 개의 흐르는 변화를 경험한다. 즉 왼쪽에서 오른쪽으로, 비스듬한 것에서 똑바른 것으로 말이다(팔꿈치와 함께 아기의 머리 혹은 발도 들리기 때문이다).

주의할 점 너무 빠른 속도로 춤을 추어서는 안
된다. 아기는 여전히 명확하게 보기
가 어렵다. 빠른 속도로 움직일 때는
특히 더 그렇다. 움직임을 느낄 뿐
아니라, 보기도 하고 듣기도 할 때
아기는 춤을 가장 재미있어할 것이
다. 기본적으로 '춤 놀이'는 '스스로 하
기', '듣기와 말하기' 및 '보기'가 혼합된 형태다.

응용 음악 없이도 춤을 출 수 있다. 춤을 조화롭게 이어지는 동작이라고 한다면, 춤은 장소를 막론하고 실행할 수 있다. 그 밖에 아기의 팔다리가 '춤추게 할 수도' 있다. 아기의 몸을 조심스럽게 들고 몸으로 원이나 'S'자 형태, 즉 위에서 아래로, 혹은 왼쪽에서 오른쪽으로 곡선을 그리게 함으로써 말이다. 이것은 예로부터 모든 엄마, 아빠가 실행하곤 했던 아기 흔들어주기에 다양한 동작을 좀 더 투입한 것이다.

🌸 관찰

우리가 함께 춤출 때.

_____

_____

_____

_____

_____

_____

_____

_____

(아기가 춤추는 것에 어떻게 반응하는지 메모하라)

비행기 놀이

배경 엄마라면 이 놀이를 알고 있을 것이다. 여러분이 아기였을 때도 엄마, 아빠가 이런 방식으로 방을 누비며 '비행기 태워줬다'. 이것은 시대와 문화권을 초월해 이 월령의 아기들이 좋아하는 놀이다. 이 놀이의 의미와 목적은 확실하다. 유연한 변화를 경험하는 것!

놀이 아기의 머리와 몸을 잘 받친 상태에서 등이 바닥 쪽으로 향하게끔 아기를 안으라. 그리고 나서 아기를 들어 올려 부드럽게 걸음을 옮기며 아기를 '날게' 하라. 비행기를 태워주면서 그에 맞는 소리를 내면 아기는 더 재미있어할 것이다(낮게 날다가 상승할 때, 올라갔다가 다시 하강할 때 등 각각의 동작에 소리를 맞추라). 그러면 아기는 더 즐거워할 것이다!

주의할 점 한 손으로는 골반을, 다른 손으로는 머리와 목을 받치는 '비행 자세'가 가장 좋다.

응용 얼굴과 배를 바닥 쪽으로 향하게 해서 비행을 시켜도 즐거워한다. 이런 자세에서는 아기의 머리를 받칠 수 없으므로 머리에 유의해야 한다. 따라서 고개를 가눌 수 있어야지만 이런 자세로 비행할 수 있다. 아기의 안전에 유의하고, 아기를 정확히 주시하라. 아기가 힘들게 고개를 들고 있다는 느낌이 들거나, 조금이라도 피곤해 보이면, 등이 아래쪽으로 오도록 아기를 돌려 안고 머리를 잘 받쳐주어야 한다.

관찰

우리가 비행기 놀이를 할 때.

_____

_____

_____

_____

_____

_____

1+1=3

이 책에서 종종 살펴보았듯이 아기는 무엇보다 여러 영역을 아우르는 놀이들을 좋아한다. 비행기 놀이도 '스스로 하기', '듣기와 말하기', '보기'가 결합된 것이다. 이를 통해 아기는 추가적인 즐거움을 누린다. 1+1=3이 되는 것이다! 전체는 부분의 합보다 크다!

미끄럼틀 놀이

놀이 소파에 앉아 다리를 세워서 엄마의 다리를 '미끄럼틀'로 만든다. 아기를 넓적다리 위에 앉히고 (아기의 등이 다리 쪽으로 가게 해서) 손을 아기의 겨드랑이 밑에 넣어 받쳐준다. 그런 뒤 아기를 천천히 '미끄럼' 태운다. 이 놀이에서 역시 미끄럼을 태우며 동작에 맞는(높은 곳에서 낮은 곳으로 내려오는) 소리를 내주면 아기에게 추가적인 자극을 제공할 수 있을 것이다.

주의할 점 이 시기의 아기는 이미 고개를 들고 잠시 가눌 수 있다. 아기가 아직 그렇게 하지 못하거나, 놀이에 너무 푹 빠져서 고개를 가누는 데 신경을 쓰지 못하는 상황이라면 두 손가락으로 아기의 뒷머리를 받쳐준다. 아기의 다리에도 유의해, 발이 끼이지 않도록 하라.

응용 아기의 배가 엄마의 다리 쪽으로 오게 해서 '다리 미끄럼틀'을 태울 수도 있다. 그러나 그럴 때는 머리가 앞으로 숙여지지 않도록 주의하라. 그렇지 않으면 자칫 얼굴을 다칠 수도 있다.

봐요, 나 일어섰어요!

배경 아기는 이제 유연한 변화를 보고 듣고 느낄 뿐 아니라, 자신의 몸으로 실행한다. 그리하여 발로 바닥을 누르며 그 반동으로 몸을 약간 일으키려고 할 것이다.

준비 아무런 준비도 필요 없다.

놀이 엄마와 마주 보도록 아기를 앉힌 다음, 양손으로 아기의 겨드랑이를 받쳐주라(필요한 경우 손가락으로 머리도 받쳐주라). 이제 아기를 약간 들어올려, 아기가 발로 엄마의 다리를 디디고 서게 하라. 아기가 다리를 펴는가? 그러면 아기는 이 놀이를 좋아하는 것이다! 아기를 격려하고, 충분히 칭찬해주는 것을 잊지 마라. '일어서는 것'은 현재 매우 어려운 연습에 속한다. 이 일을 해내면 아기는 정말로 자랑스러워할 것이다.

주의할 점 아기가 다리에 힘을 주어 다리를 펴지 않으면 아기는 (아직) 이 놀이가 마음에 들지 않는 것이다. 이런 경우 절대로 강요해서는 안 된다. 이런 연습은 꼭 필요한 게 아니다. 이런 연습을 하지 않아도 아기는 어차피 언젠가 서게 될 것이다. 신체적 도전과제에 더 빠르고 적극적으로 응하는 아기들이 있다. 이런 행동은 지능과 전혀 관계없고, 아기의 성격과는 어느 정도 관계가 있다.

응용 꼭 앉은 자세로만 이 놀이를 할 수 있는 것은 아니다. 기저귀 교환대에서도 할 수 있다. 기저귀 가는 일을 놀이와 연결시키면, 아기는 보다 즐겁게 기저귀를 갈 것이다.

🐟 **관찰**

너는 _____ - _____ - _____ (날짜)에 처음 (_____의 도움으로) 다리에 힘을 주고 일어났어.

너는 일어나는 연습을 좋아해/ 좋아하지 않아.

'쥐기, 만지기, 느끼기' 영역의 놀이들

먼젓번 도약에서 엄마는 아기와 함께 주로 '쥐기, 만지기, 느끼기'를 자극하는 놀이들을 했다. 아기는 이런 놀이를 여전히 좋아하겠지만, 놀이 가운데 약간 다른 행동을 선보일 것이다. 때로 아기는 전에 가지고 놀던 장난감을 다른 방식으로 활용할 것이며, 이런 모습에서 엄마는 아기가 지난 도약에서 습득한 능력을 '더 연마해나간다'는 것을 알 수 있을 것이다. 이제 아기는 무엇보다 유연한 변화에 관심을 보이는데, 이것은 아기가 그동안 패턴(8~12주)에 친숙해졌기 때문이다. 그리하여 아기는 '패턴'의 토대 위에서 새로운 것, 즉 흐르는 변화를 발견한다. 그러나 노는 방식만 변화할 뿐 아니라, 신체적 변화도 관찰할 수 있다. 아기는 이제 부드러운 동작으로 팔을 들어 올려 뭔가를 향해 손을 뻗어 대상을 (거의) 붙잡는 행동을 훨씬 더 자연스럽게 구사하게 된다.

플레이 바

지난 도약에서 아기는 무엇보다 플레이 바에 달려 있는 장난감들을 즐겨 관찰했다. 때로는 그것을 보며 열정적으로 몸을 버둥대기도 했다. 그런 장난감을 몸을 이용해 '쥐려고' 하는 것처럼 말이다. 버둥대는 것은 쥐기 전 단계로 볼 수 있으며, 이번 도약으로 아이는 이런 능력에 한걸음 더 다가가게 된다. 손을 벌리고 손가락으로 대상을 감싸 쥐는 마지막 관문은 아직 엄마의 도움 없이는 불가능하다. 이 월령에서 어떤 아기들은 손으로 쥐는 것에 전혀 관심이 없고, 대신 바에 달려 있는 장난감들을 한층 더 주의 깊게 관찰하며, 할 수만 있다면 시선으로 그것들을 '붙들려고' 한다.

아이와 더불어 다시 한 번 앞에 소개된 플레이 바 놀이를 하라. 예전에 기록해놓은 내용도 읽어보라. 그동안 아기는 그 놀이를 다르게 하게 되었는가? 놀이에서 아기가 유연한 동작을 실행하는가? 초기에 많이 서툴렀던 동작들이 그동안 더 유연해진 것을 확인하게 될 것이다(219쪽 참고).

🖍 관찰

너는 _____ 주 되었고, 간혹 뭔가를 쥐려고 해. 그런 행동은 이렇게 진행되지.

_____

_____

_____

_____

_____

너는 쥐는 걸 아직 못해/ 가끔 해내/ 종종 해내.

놀이 매트 또는 액티비티 매트

이제 아기는 놀이 매트에 점점 더 흥미를 보일 것이다. 매트 위에 누워 (종종은 무의식적으로) 유연한 동작을 연습하는 걸 좋아할 것이다. 스스로 움직이고, 관찰하고, 느끼고! 다양한 놀이를 할 수 있게 양질의 매트를 구입했다면, 거의 100퍼센트 효과를 볼 것이다. 우연처럼 느껴질지도 모르지만, 그중 뭔가는 아기에게 통할 것이다. 가령 아기는 발로 바스락거리는 소리가 나는 소재로 채운 부분을 긴드려 소리를 들을 수도 있고, 모서리 장식을 손으로 만지며 쥐려고 할 수도 있다.

때로는 발가벗긴 채 매트 위에 아기를 뉘어라. 아기는 특히 즐거워할 것이다. 몇몇 신체 감각을 더 뚜렷이 느낄 수 있기 때문이다(아기 엉덩이 아래에 방수매트를 깔면 매트에 원치 않는 얼룩이 생기는 걸 방지할 수 있다). 아기로 하여금 마음껏 매트를 탐색하게 하라. 한꺼번에 되지는 않을 것이다. 아기는 이를 위해 충분한 시간이 필요하다. 아기의 행동과 태도를 유심히 관찰하고, 지난번 도약에서 메모해놓은 관찰 결과들과 비교해 보라. 아기가 상당히 진보했음을 확인하게 될 것이다!

> ### 혀로 느끼기
>
> 아기들은 가능한 한 모든 것을 입안에 집어넣는다. 그러는 데는 이유가 있다. 아기들은 혀로 맛을 볼 뿐 아니라, 촉각도 느낀다. 아기의 혀는 기본적으로 어른보다 더 민감하다. 엄마 배 속의 아기는 좀 더 자란 아이들이나 어른에 비해 미각돌기와 촉각돌기가 훨씬 많으며, 그 밖에도 이런 돌기들이 더 넓은 영역에 퍼져 있다. 이 월령의 아기도 아직 그렇다!

<u>엔리케, 12주</u> "아기는 계속해서 모든 감각으로 내 손을 탐색해요. 눈을 커다랗게 뜨고 손을 바라보고, 손가락도 빨아요. 내 손을 처음 입에 넣었을 때 아기는 굉장히 의아해하는 것 같았어요. 그러고는 소리 내어 웃었죠. 나의 입과 머리카락도 아기에게 흥미로운 탐색 대상이랍니다."

마사지

마사지는 어떤 도약에서든, 어떤 연령대에서든 가리지 않고 유쾌한 경험이다. 이제 아기는 쓰다듬고 마사지해주는 것을 특히 좋아한다. 엄마의 모든 손길에서 유연한 변화를 느끼기 때문이다. 다리에서 엉덩이로 넘어가는 부분처럼 신체의 경계 부분을 특히 신경 써서 마사지해주라. 머리에서 발끝에 이르기까지 부드럽고 유연한 동작으로 아기를 쓰다듬어주고 마사지해주라. 아기의 손가락 끝을 따라 부드럽게 원을 그려주면 아기는 둥근 손가락 끝을 느끼며 즐거워할 것이다.

⊗ **관찰**

너는 이런 자세로 마사지받는 것을 가장 좋아해.

_____

_____

너의 이런 행동을 보면 네가 마사지를 좋아한다는 걸 알 수 있어.

_____

_____

_____

<u>토니, 15주</u> "와우, 토니는 자기 손을 발견했어요! 손으로 움켜쥐고 잡을 수 있어요. 무엇보다 이제 플레이 펜 위에 달려 있는 방울을 밀치는 걸 아주 재미있어해요. 밀치고 나서는 마치 '누가 대체 이 방울을 딸랑거리게 했지?'라고 묻는 것처럼 약간 혼란스러운 표정으로 쳐다봐요."

'듣기와 말하기' 영역의 놀이들

유연한 변화는 말에서도 발견된다. 가령 질문을 던질 때면 문장을 마치면서 목소리가 자동적으로 올라간다. 유심히 들어보면 일상에서 들리는 아주 많은 소리와 무엇보다 음악이 유연한 변화를 보여준다는 것을 확인할 수 있다. 아기도 이제 음성으로 점점 더 많은 유연한 변화들을 실행하게 된다. 그래서 아기의 목소리는 이제 전과 다르게 들린다.

<u>칼빈, 16주</u> "즐거울 때면 칼빈은 목소리를 높여 무진장 크게 소리를 지르기 시작해요. 엄마도 함께 해주면 엄청 좋아하지요. 우리 둘이 한동안 소리 지르기 대회라도 나간 듯해요! 칼빈은 소리 지르는 걸 너무나 재밌어한답니다!"

휘파람 뽀뽀

배경 높은 음에서 시작해 호흡을 내보내며 점점 낮은 음으로 옮겨가면 휘파람에서도 '유연한 변화'가 느껴진다. 휘파람은 아기에게 새로운 경험이고 노래나 말과는 아주 다르게 들려 특히 아기의 주의를 끌 것이다.

놀이 엄마와 마주 보도록 아기를 무릎에 앉힌 다음 짧게 휘파람을 불거나 말을 걸어 아기의 주의를 끈다. 그러고는 숨을 깊이 들이마시고, 높은 소리로 휘파람을 시작해, 숨을 내보내며 점점 낮은 소리로 옮겨가라. 동시에 아기 쪽으로 고개를 기울여 마지막에는 아기의 코에 뽀뽀를 해주라.

주의할 점 아기를 무릎에 앉힐 때 아기의 몸을 잘 받쳐주라. 아기의 겨드랑이 밑에 손을 넣고 손가락으로 뒷머리를 지지해주면 아기의 몸이 갑자기 뒤쪽으로 기우뚱하는 일이 없을 것이다.

응용 휘파람을 불다가 엄마의 얼굴을 아기의 얼굴 가까이 가져갈 때 고개를 가볍게 돌리며 나선형을 그리다가 마지막에 아기 코에 뽀뽀를 하고 끝마치면 더 재미있는 놀이가 될 것이다. 또한 '목표 지점'이 꼭 코여야 하는 건 아니다. 다른 신체 부위를 선택할 수도 있다(이마, 가슴 등). 이 놀이를 자주 반복하면서 한 번은 여기, 한 번은 저기에 뽀뽀를 해주어도 좋다. 또 하나의 응용 버전은 바닥에 깐 푹신한 요나 매트 위에 아기를 눕힌 뒤 엄마는 기어 다닐 때처럼 두 손과 두 무릎에 체중을 지탱하고 다리를 넓게 벌린 채 아기 위에서 마주 보는 것이다. 그러고는 상체로 가볍게 원을 그리며 아기에게 다가가라. 아기 위로 넘어지지 않도록 체중을 안전하게 지탱하는 것이 중요하다.

🐢 **관찰**

너는 내가 이런 방식으로 휘파람 뽀뽀를 해주는 걸 가장 좋아해.

_____

_____

_____

리이, 에에에, 우우우, 레베에에

지금까지 아기가 내는 소리는 상당히 뚝뚝 끊겨 있었
다. 이런 상황은 이번 도약에서 변한다. 8주경의 도
약에서 시도했던 '수다 시간'을 이 시기에도 가져보
라. 하지만 이제는 아기에게 유연한 변화를 가진
소리들을 들려주라. "우우우……"라고 하면서 소리의
높이를 올렸다 내렸다 해보고, 소리의 크기도 줄였다 키웠다
변화를 줘보라. 아기는 그에 대해 어떤 소리로 반응하는가? 아기가 내는
소리에도 유연한 변화가 담겨 있는가?

🐝 **관찰**

너는 이제 이런 소리들을 마음에 들어 해.

_____

_____

_____

_____

유연한 음

모든 아기가 음악 듣는 걸 좋아하기 때문에, 어떤 아기가 평균 이상으로
음악에 흥미가 있는지 알아내기는 쉽지 않다. 하지만 이번 도약에서는 다
른 도약들에 비해 아기의 음악성을 분간해내기가 약간 쉽다. 아기가 아주
집중해서 음악을 듣고 있는 듯한 인상인가? 특정한 리듬에 강한 반응을
보이는가? 이를 알아내기 위해 여러 가지 음악을 준비하라. 스타카토 음

악에서부터 부드러운 선율이 흐르는 작품까지 다양한 음악을 들려주고, 음악을 듣는 아기의 모습을 관찰하라. 여러 번 똑같은 음악을 들려주고, 관찰한 다음 마지막에 관찰 결과를 메모하고 종합하라.

🐘 관찰

너는 음악에 거의 반응을 보이지 않아/ 강하게 반응해. 너의 이런 행동에서 그것을 알 수 있단다.

_____

_____

_____

_____

네가 현재 좋아하는 음악은

_____

_____

'보기' 영역에서의 놀이들

유연한 변화는 일상에서 자주 만날 수 있다. 비눗방울이 서서히 커지는 것도 유연한 변화이고, 물체가 부드럽게 회전하는 것도 그런 것이다. 아기의 눈으로 세상을 관찰해보라. 유연한 변화를 많이 지각할 수 있을 것이다!

<u>엔리케, 12주</u> "엔리케가 끊임없이 배우고 있다는 게 뚜렷이 느껴져요. 엔리케는 내 손이나 입을 유심히 쳐다봐요. 아주 집중해서요. 그 밖에도 모든 걸 만져봐요. 어제는 심지어 내 혀로 손을 뻗쳤어요!"

표정

8주 정도에 아기는 얼굴의 특이한 패턴에 흥미를 보였다. 가령 과장되게 씹는 표정 같은 것에 말이다. 지금도 역시 과장된 표정을 좋아한다. 하지만 약간 다른 이유에서다. 이제 아기는 유연한 변화를 특히 재미있어한다. 지난 도약 때 소개했던 표정 놀이를 다시 한 번 해보라. 단, 이번에는 과장된 동작이 아닌 유연한 변화에 중점을 두라. 가령 입을 서서히 크게 벌렸다가 서서히 다시 다문다. 그런 뒤 눈을 서서히 돌리거나 혓바닥을 천천히 쑥 내민다.

🐾 관찰

과장된 표정을 지을 때 전과 비교해 아기의 반응이 어떻게 달라졌는가?

_____

_____

_____

_____

모빌

아기는 지금도 모빌을 좋아할 것이다. 다만 이제는 모빌에 전과 다른 흥미를 느낀다. 모빌들은 보통 여러 개의 모양이 매달려 빙빙 돌아갈 수 있게 되어 있다. 이렇게 천천히 돌아가는 운동도 유연한 변화다. 아기 옆에 앉아 아기가 모빌의 어떤 면에 매력을 느끼는지 관찰하라. 아기는 흐르는 변화에 매력을 느낄 것이다!

빛 놀이

아기는 이제 빛 프로젝터를 가지고 상당 시간 재미있게 놀 것이다. 바야흐로 무엇보다 유연한 변화에 관심이 많아 모티브가 벽 위에서 서서히 움직이는 것에 매우 흥미를 느끼고, 시선으로 모티브들을 따라갈 것이다.

👑 관찰

일반적으로

네가 뭔가를 좋아한다는 것이 그다지 표시가 안 나/ 금방 표시가 나. 네가 뭔가를 오래 쳐다보는 것/ 귀 기울이는 것/ 소리('말')로 알리는 것에서 네가 그것을 좋아한다는 것을 알 수 있어.

네가 점점 더 사람에 따라 다른 태도를 보이는 것이 눈에 띄어/ 눈에 띄지 않아. 너의 이런 행동에서 그걸 알 수 있어.

_____

_____

_____

_____

오랜 시간 네 앞에 똑같은 것이 보이면, 네가 지루해하는 것이 별로 표시 나지 않아/ 금방 표시 나. 너의 이런 행동에서 그걸 알 수 있어.

_____

_____

_____

_____

나는 네가 부드럽게 움직이는 것을 확인할 수 있어(없어).

나는 네가 물체를 더 수월하게('유연하게') 시선으로 좇는 것을 확인할 수 있어(없어).

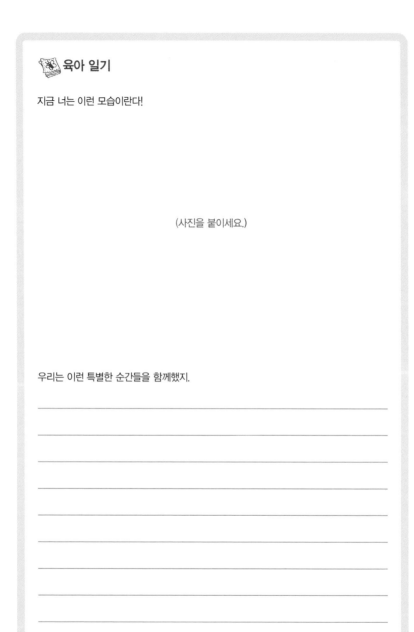

육아 일기

지금 너는 이런 모습이란다!

(사진을 붙이세요.)

우리는 이런 특별한 순간들을 함께했지.

_____

_____

_____

_____

_____

_____

_____

_____

_____

_____

4단계
15~19주

| 사건 |

유연한 변화, 패턴, 감각적 인상의 힘은

어디에 있을까?

아기는 이제 '사건'의 세계로 입장한다. 이 도약 이전에 아기는 유연한 변화들을 각각 따로따로 인지할 수 있었다. 이제는 유연한 변화들이 잠시 연속적으로 이어지는 것을 보고, 듣고, 냄새 맡고, 맛보고, 느끼고, 스스로 실행할 수 있다. 공이 통통 튀어 오르거나 누군가 바이바이하며 손을 흔들어주는 것, 물체를 손으로 쥐는 것 등이다. 이번 발달 단계의 모토는 '위, 아래, 연거푸'다. 이런 도약이 아기에겐 대단하고 흥분되는 진보이기 때문에, 아기는 도약이 끝나고 몇 주 지나서야(보통은 5주) 여기에 소개하는 놀이들에 진정한 흥미를 느낄 것이다.

 사건의 세계의 장난감, 놀이, 상황

이제 아기는 이런 장난감을 가장 좋아한다.

- 액티비티 센터
- 액티비티 매트 또는 놀이 매트
- 쉽게 쥘 수 있는 장난감
- 플레이 바
- 유아의자에 달려 있는 작은 장난감들
- 플레이 펜 난간에 부착된 액티비티 스피럴(activity spiral)
- 모빌
- 딸랑이
- 손수건
- 오뚝이
- 빛 프로젝터

이제 아기는 이런 놀이를 가장 좋아한다.

- 통통 튀는 공
- 흔드는 손
- 거울(아직 거울 속의 자기 모습을 인지하지는 못한다)

아기는 이제 이런 상황을 가장 좋아한다.

- 손톱 다듬기(이쪽에서 저쪽으로 가는 운동)
- 빵 썰기(이쪽에서 저쪽으로 가는 운동)
- 머리 빗기(위에서 아래로 향하는 운동)
- 젓기(원을 그리는 운동)

'스스로 하기' 영역의 놀이들

아기가 그동안 약간 다르게 움직인다는 것이 눈에 띌 것이다. 아기는 이제 동작들을 빠른 속도로 연달아 반복한다. 때로는 온몸을 이용해 생동감 있게 반복한다. '연속적인 운동', 즉 한 가지 동작을 실행하고 이것을 여러 번 반복하는 것이다. 아기가 몸을 좌우로 왔다 갔다 흔들면서 이젠 상당히 균형을 잘 잡는 걸 보고 놀랄 것이다. 아기는 전보다 훨씬 안정감 있게 앉을 수 있다. 앉아서 몸을 좌우로 흔들흔들하는 동작이 어른들에게는 쉬워 보일지 몰라도, 아기에겐 상당히 힘들다. 몸이 한쪽으로 기울어지지 않도록 계속 몸의 균형을 잡아주어야 하기 때문이다.

너는 이런 연속적인 운동을 선보였단다.

운동: _____

(날짜) _____ - _____ - _____

운동: _____

(날짜) _____ - _____ - _____

운동: _____

(날짜) _____ - _____ - _____

운동: _____

(날짜) _____ - _____ - _____

운동: _____

(날짜) _____ - _____ - _____

플레이 펜 매트 위에서 '체조하기'

놀이 아기를 플레이 펜 매트 위에 눕히고, 엄마는 그 옆에 앉아 아기와 함께 이야기하며, 아기에게 무엇을 하고 싶은지 스스로 선택할 기회를 주라. 이젠 이 점이 아주 중요하다. 아기는 어느 순간 동작을 '연습하기' 시작할 것이다. 똑바로 누워 있다가 엎드리고, 엎드린 자세에서 똑바로 눕는 등 뒤집기를 시도하는 아기들도 있을 것이다. 어떤 아기들은 엎드린 자세에서 팔에 힘을 주고 상체를 일으키려고 할 것이다. 엄마는 이런 놀이에 능동적으로 참여할 필요는 없다. 엄마의 과제는 아기가 신체로 어떤 동작을 할 수 있는지 발견하는 것이다. 엄마는 아기의 개인 코치다. 아기를 격려해주고 칭찬을 아끼지 마라.

아기가 어떤 식으로 힘을 쓰는지 유심히 살펴보라. 아기는 더 이상 할 수 없는데도 계속 연습하려고 할지도 모른다. 그럴 때는 개입해서 아기를 잠시 쉬게 하라. 그리고 아기가 쉬는 동안 엄마가 직접 아기가 연습하고 있는 (또는 이미 할 수 있는) 동작들을 선보이라. 아기 앞에서 그런 동작을 어떻게 하는지 보여주되, 동작을 너무 빠르게 재현해서는 안 된다. 엄마 역시 그런 동작을 하는 게 몹시 힘든 것처럼 행동하면 아기는 아주 재미있어할 것이다. 동작들을 선보이며 신음 소리도 내고 헉헉거리기도 하면 아기는 더욱 즐거워할 것이다!

 관찰

너는 플레이 펜에 누워 동작을 연습하는 걸 좋아해/ 별로 좋아하지 않아.
너는 어떤 동작을 할 수 있을 때까지 오랫동안 연습해/ 오랫동안 연습하지 않아.
너는 지칠 때까지 연습을 계속해/ 계속하지 않아.
너는 지금 이런 동작들을 연습하고 있어.

• 고개 들어 올리기
  처음 해낸 날짜 _____ – _____ – _____

• 누운 상태에서 엉덩이 들어 올리기
  처음 해낸 날짜 _____ – _____ – _____

• 뒤집기(엄마 손의 도움으로/ 도움 없이)
  처음 해낸 날짜 _____ – _____ – _____

• 발가락을 잡고 입속에 집어넣기
  처음 해낸 날짜 _____ – _____ – _____

- 뭔가에 의지해 몸을 일으켜 앉기

  처음 해낸 날짜 _____ – _____ – _____

- 뭔가의 도움으로 '서기'

  처음 해낸 날짜 _____ – _____ – _____

- 엎드린 자세에서 팔을 쭉 펴기

  처음 해낸 날짜 _____ – _____ – _____

- 엄마에게 기대고 있다가 스스로 똑바로 앉으려 하기

  처음 해낸 날짜 _____ – _____ – _____

- 방바닥에서 이리저리 배밀이하기(기어 다니기 전 단계)

  처음 해낸 날짜 _____ – _____ – _____

- 엎드린 자세에서 팔에 힘을 주고 상체 일으키기

  처음 해낸 날짜 _____ – _____ – _____

아기가 다양한 동작을 연습하는가, 아니면 우선 한 동작을 마스터한 뒤 다음 동작으로 넘어가는가?

_____

_____

_____

_____

주의할 점 이 월령의 아기가 이런 동작을 다 연습하지 않는 건 아주 정상적인 일이다. 신체 운동에 두드러진 흥미가 있는 아기들만이 이 모든 동작을 선보인다. 그러므로 위의 목록을 아기의 지능을 판가름하는 체크리스트로 여겨서는 안 된다. 늘 아기가 연습 중 하나를 성공적으로 끝마치면 기록 칸에 기입하라. 어떤 연습들은 다음 도약 혹은 그다음 도약에서야 해낼 것이다. 아기가 새로운 '기량'을 마스터할 때마다 해당 날짜를 기입하라. 나중에 즐거운 추억이 될 것이다!

> <u>미라, 24주</u> "미라는 계속해서 발가락을 붙잡고 이리저리 돌려보며 집중적으로 관찰해요. 그럴 때는 꼭 케겔 체조를 하는 것 같아요. 원래는 엄마가 그 체조를 해야 하는데요. 얕은 신음을 내뱉으며 발가락을 꽉 붙잡고는 아주 만족스러운 표정을 지어요. 그런 놀이를 할 때는 내 도움이 필요 없지요. 그럴 때 함께 해주고 싶으면 양말을 벗기고, 미라와 함께 발가락을 마사지해요. 미라의 발가락에 바람을 훅 불어넣거나 발에 뽀뽀를 해주면 미라는 소리 내어 웃어요."

'쥐기, 만지기, 느끼기' 영역의 놀이들

이번 도약을 마칠 즈음이면 아기는 이미 물체를 상당히 잘 쥘 수 있을 것이다. 지난 도약에서 물체를 쥐는 시도가 종종 빗나가곤 했으나 이제는 다르다. 아기는 이제 한결 더 능숙하게 쥐기 기술을 구사한다. 물건을 손으로 쥘 뿐 아니라, 얼굴 가까이 들고 관찰하거나 입속에 집어넣는다. 당신은 '쥐기 놀이'가 종종 '만지기', '느끼기', '보기'와 맞물려 진행된다는 것을 확인하게 될 것이다. 그러므로 이런 영역의 놀이에서는 아기가 손에 쥔 물체를 어떻게 다루고, 어떻게 '연구하는지'도 기록해야 할 것이다.

🦓 관찰

네가 처음 의도적으로 물체를 손에 쥔 날은 (날짜) _____ – _____ – _____
이었어.

그 물체는 이것이었어. _____
너는 이런 행동을 보였어.

_____

_____

(처음으로 제대로 물체를 '쥔' 사진을 여기에 붙이세요.)

🔮 기억하세요!

미지의 대상에 대해 우선 약간 두려움을 느끼는 경우, 아기는 특유의 패턴으로 그 물체를
탐색하기 시작한다. 우선 처음에는 거리를 두고 보기만 하다가, 서서히 다가가 그 물체를
한번 밀어본다. 보통은 손을 편 상태가 아니라 손등으로 그렇게 한다. 그러고는 그 물체를
잡으려는 마음이 생기면 우선 그 물체를 사방에서 요리조리 뜯어본다. 그런 뒤 최종적으로
두려움을 극복한 다음에야 그 물체를 쥐고 입에 가져다 넣고, 입술과 혀로 그 물체를 느껴
본다. 이런 방식으로 아기는 모든 감각으로 그 물체를 알게 되는 것이다!

액티비티 센터

배경 이제 아기는 액티비티 센터를 도구로 다양한 활동을 할 수 있다. 그러므로 이번 도약부터는 액티비티 센터를 특히 좋아한다. '순서'의 세계로 도약하게 되는 10개월 정도까지는 계속 그럴 것이다. 그러므로 액티비티 센터를 마련하면 아주 유용하다. 액티비티 센터를 구입할 때는 끌어당길 수 있는 레버나 누르거나 돌릴 수 있는 단추 등 다양한 놀이 가능성과 기능을 제공하는 제품인지 꼼꼼히 따져본다. 또한 색깔이 대비적이고 (알록달록하고), 가능하면 여러 가지 효과를 경험할 수 있는 것이라야 한다 (가령 딸랑거리는 방울이나, 한쪽만 열리는 개폐식 덮개가 있다든지). 전체로서 매력을 행사하는 동시에 각 부분을 세심하게 신경 써서 만든 액티비티 센터가 좋다. 액티비티 센터가 모든 면에서 아기가 사용하기에 적절한지 잘 살핀다(출시된 제품들 중 아기의 작은 손으로 사용하기에 부적당한 모델들이 얼마나 많은지 놀랄 정도다).

놀이 아기와 함께 액티비티 센터의 다양한 활용 방법을 탐구하라. 각각 어떻게 활용하면 되는지 아기 앞에서 선보이고, 아기와 함께 그것을 실행해보라. 아기가 이제 무엇보다 <u>스스로</u> 야기한 '사건'에 흥미를 보이는 것을 확인하게 될 것이다. 아기가 레버를 잡아당기면, 딸랑이가 모습을 드러내는가? 공을 밀면 그 안에서 작은 공들이 움직이며 굴러다니는가? 아기는 액티비티 센터의 개별적인 장난감을 떼어 관찰하고는 그것을 바닥에 집어 던질지도 모른다. 그러면 어떤 엄마들은 아기가 그 장난감을 싫어하나보라고 생각한다. 하지만 전혀 그렇지 않다. 아기는 '떨어지는' 사건에 매력을 느끼는 것이다. 아기는 자신이 손을 열면 잡고 있던 물체가 떨어져, 경우에 따라 몇 번 튀어 오른 뒤 바닥 위로 굴러가는 것을 지각한다.

주의할 점 이번 도약과 더불어 아기는 많은 것을 입에 집어넣기 시작한다.

그러므로 액티비티 센터의 작은 부품들이 부러졌거나 떨어져나가기 직전
이라면 곧장 폐기해야 한다.

응용 아기와 함께 외출할 때 액티비티 센터에서 분리할 수 있는 장난감을
떼어내 휴대해도 좋을 것이다.

🍲 **주의하세요!**

장난감은 크기가 적절해야 한다. 아기가 작은 손으로 잘 쥘 수 있을 만큼 작으면서도 삼킬
수 없을 정도로 커야 한다.

<u>미라, 25주</u> "미라는 이제 모든 걸 장난감으로 여겨요. 버터 바른 빵, 손수
건, 엄마의 머리카락……. 한마디로 손이 닿는 거리에 있는 모든 걸 말이
에요. 우선 그 물체를 손으로 잡고, 집중적으로 탐구해요. 그러고는 물건
을 흔들어대다가 입속에 넣어요. 아기 손으로 쥐기에 적합하지 않은 것일
수록, 오히려 미라에게 더 매력적으로 다가오는 게 아닐까 하는 생각까지
든다니까요."

꼬마 연구자

배경 이번 도약에서 아기는 각종 세부적인 것에 흥미를 보인다. 어떤 물
체를 손에 들고는 마치 시선으로 그것을 집어 삼킬 듯이 집중해서
관찰한다. 이런 상황에서 주변에 있는 다른 물건들은
아무래도 좋다. 아기는 특정 디테일에만 온전히 몰
두한다.

놀이 이런 놀이는 보통 아주 즉흥적으로 이루
어진다. 아기는 갑자기 매력적인 디테일을 발

견한다. 아기에게 뭐가 그렇게 흥미롭게 다가오는지 어른들의 시각으로는 단박에 이해할 수 없을 때가 많다. 그럼에도 이를 알아내는 것이 중요하다. 그럴 때만 아기에게 적절하게 맞춰줄 수 있기 때문이다. 아기에게 해당 디테일을 집중적으로 연구할 수 있도록 충분한 시간을 허락하라. 그러면서 엄마는 아기가 그런 디테일에서 무엇을 그렇게 멋지게 혹은 흥미롭게 생각하는지 탐구하라. 그것을 알면 아기에게 비슷한 물체를 건네주면서 아기가 그것에도 매력을 느끼는지 시험해볼 수 있다.

응용 어떤 아기들은 물체의 디테일한 부분에는 별로 관심 없거나 아예 관심 없다. 대신 이런 아이들은 자신의 여러 신체 부위나 다른 사람들의 신체를 탐구한다. 얼굴 역시 흥미로운 '연구 대상'이 될 수 있다. 엄마의 얼굴에 관심을 갖게끔 아기를 자극하려면 아기와 30센티미터 정도 거리에서 코를 씰룩이거나, 혀를 쑥 내밀거나, 격하게 눈을 끔뻑거린다. 아기는 그런 표정을 매우 우스워할 것이다. 하지만 이제 아기는 말을 하면서 짓는 엄마의 평범한 표정도 흥미롭게 여긴다. 얼굴에서 일어나는 '사건'들을 연구하고, 작은 손으로 만지면서 더 정확히 탐구하고자 할 수도 있다.

🐤 관찰

물건들을 관찰하는 네 모습에서 이런 점들이 눈에 띈단다.

_____

_____

_____

_____

_____

이런 세부적인 것을 너는 아주 즐겁게 관찰한단다.

_____

_____

_____

네가 즐겨 쥐는 물건들은 이런 것들이야.

_____

_____

_____

너는 특정 장난감으로 무엇을 할 수 있는지 아는 것 같아/ 모르는 것 같아. 네가 처음으로 장난감을 이 손에서 저 손으로 어려움 없이 옮겨 쥔 날은 _____ – _____ – _____ 이었어.

🐟 기억하세요!

공갈 젖꼭지, 딸랑이, 티싱링(Teething Ring: 이가 날 무렵 아이에게 물려주는 고리 모양의 물리개), 또는 아기가 입에 넣을 수 있는 장난감 중 2000년도 이전에 구입한 것들은 사용 하지 마라. 당시에 생산된 제품들은 합성수지로 되어 있었고, 오늘날 우리는 그런 원료가 건강에 해롭다는 것을 알고 있다. 2000년 이후에 출시된 것들은 안심하고 아기에게 줘도 된다.

<u>토인테, 20주</u> "욕조의 수도꼭지에서 나오는 물줄기들이 아주 신기한가봐 요. 욕조에 앉아 있을 때면 토인테는 물줄기를 잡으려고 해요. 지난주에는 물줄기를 바라보는 것에만 흥미를 보이더니, 이젠 물줄기를 손으로 잡을

수 있다는 것을 발견했어요. 물론 물줄기를 잡아도 손엔 아무것도 남지 않는다는 사실에 매번 놀라는 것 같지만요."

'보기' 영역의 놀이들

이번 도약에서 아기는 진정으로 눈을 이용해 주변을 관찰하게 된다! 이제 주변의 모든 사건을 감지하는 센서를 가지게 되었다고 말할 수 있다.
빵 썰기(칼이 이리저리 움직이는 것), 머리 빗기(브러시가 왔다 갔다 하는 것), 바이바이하기(손이 이리저리 왔다 갔다 하는 것), 또는 통통 튀어 오르는 공 같은 것이 모두 그런 사건들이다.

일상적인 일들

배경 엄마는 아기의 가장 좋은 놀잇감이라는 사실은 이미 알고 있을 것이다. 이 시기에 엄마는 아기가 여러 가지 일상적인 일들을 수행하는 모습을 지금까지와 다른 방식으로 관찰한다는 것을 확인할 것이다. 아기는 이제 자신에게 제공되는 사건에 흥미가 있다.

준비 아기가 매일매일 주변에서 어떤 사건들을 지각할 수 있는지 생각해보라. 그리고 시간을 내어(아기가 낮잠을 잘 때라든지) 목록을 한번 작성해보라. 정말로 많은 사건이 떠오르는 것에 놀랄 것이다. 이런 목록을 작성해보면 아기의 입장이 되어 경험하는 것이 한결 쉬워진다.

놀이 유아의자를 가까이 가져다놓고 아기를 앉힌 다음 손걸레를 들고 커다란 동작으로 먼지를 훔쳐보라. 물론 그렇게 하면서 아이와 이야기를 나누면 좋다. 해당 동작에 어울리는 소리를 내주면 아기는 특히 즐거워할 것이다. 팔을 아래로 향할 때는 목소리를 낮추고, 팔을 위로 올릴 때는 목소리를 점점 높인다. 기본적으로 간단하다. 먼지 닦는 리듬으로 온몸을 움직일 수도 있다. 아기는 매우 열광할 것이다! 부끄러워하지 마라. 엄마는 약간의 '연극'을 해야 한다. 그리고 당연한 말이지만 연극의 소재가 꼭 청소일 필요는 없다!

주의할 점 아이에게 자극을 제공하려고 모든 가사 일을 과장된 몸짓으로 수행할 필요는 없다. 아기에게 때때로 그런 '사건'을 제공하는 것으로 충분하다. 그렇지 않으면 해야 할 가사 일의 분량을 달성하기가 힘들 테니까 말이다.

응용 머리를 빗는다, 공을 통통 튀긴다, 아기를 팔에 안고 추시계 앞에 선다, 손톱을 손질한다, 커피를 젓는다……. 한마디로 아기와 함께 일상의 '사건들'을 누리면 된다.

🌱 관찰

네가 특히 즐거워하는 일상의 일은 이런 것들이야.

_____

_____

_____

_____

_____

아기가 이 모든 것에 어떤 반응을 보이는지도 메모하라.

주먹 쥐고 손을 펴서…

배경 모든 아기가 노래에 동작을 곁들이는 놀이를 좋아한다. 이번 도약부터는 특히 그렇다. 동요 가사와 그에 상응하는 동작은 사건들로 가득하다. 〈머리 어깨 무릎 발〉이나 〈주먹 쥐고 손을 펴서〉와 같은 노래가 특히 알맞다.

주먹 쥐고 손을 펴서

손뼉 치고 주먹 쥐고

또다시 펴서 손뼉 치고

두 손을 머리 위에

해님이 반짝 해님이 반짝

해님이 반짝

반짝반짝

손으로 손뼉을 치는 동작, 반복해서 무릎을 흔드는 동작, 손가락으로 머리를 두드리는 동작 등 동요 전체가 사건들로 이루어져 있다! 다음 두 번의 도약에서 엄마는 아기가 이런 동요를 계속 다른 방식으로 경험하고, 새로운 것들에 흥미를 느낀다는 것을 확인하게 될 것이다.

준비 특별한 준비는 필요 없다.

놀이 엄마와 마주 보게끔 아기를 무릎에 앉힌다. 그러고는 〈주먹 쥐고 손을 펴서〉 동요를 부른다. 해당 동작들을 엄마가 먼저 선보이고, 이어서 아기가 따라 할 수 있도록 도와주어야 하는 것은 자명한 일이다. 마지막에 "들어와!"라고 외치며 아기를 품에 꼭 안아준다.

주의할 점 아기는 이제 상당히 안정감 있게 앉을 수 있다. 그럼에도 노래에 몰두하다보면 아기가 한순간 균형을 잃어버릴 위험이 있다. 아기가 앞으로 고꾸라지거나 뒤쪽으로 넘어가지 않도록, 필요한 경우엔 늘 손으로 받쳐주어야 한다.

응용 봉제 동물인형을 가지고 노래에 맞추어 동작을 선보여도 좋다.

🐢 관찰

너는 이제 '사건'의 세계로 도약하고 있고, _____ 주가 되었어. 우리가 〈주먹 쥐고 손을 펴서〉 노래를 하며 율동을 할 때 너는 이런 행동을 보인단다.

_____

_____

_____

_____

너는 이제 '관계'의 세계로 도약하고 있고, _____ 주가 되었어. 우리가 〈주먹 쥐고 손을 펴서〉 노래를 하며 율동할 때 너는 이런 행동을 보인단다.

_____

_____

_____

_____

너는 이제 '범주'의 세계로 도약하고 있고, _____ 주가 되었어. 우리가 〈주먹 쥐고 손을 펴서〉 노래를 하며 율동할 때 너는 이런 행동을 보인단다.

_____

_____

_____

266

_____

너는 이제 '순서'의 세계로 도약하고 있고, _____ 주가 되었어. 우리가 〈주먹 쥐고 손을 펴서〉 노래를 하며 율동을 할 때 너는 이런 행동을 보인단다.

_____

_____

_____

_____

너는 이제 '프로그램'의 세계로 도약했고, _____ 주가 되었어. 우리가 〈주먹 쥐고 손을 펴서〉 노래를 하며 율동할 때 너는 이런 행동을 보인단다.

_____

_____

_____

_____

토인테, 20주 "토인테는 우리가 놀아주는 걸 아주 좋아해요. 함께 노래를 부르며 무릎 위에서 말을 태워주면 큰 소리로 웃지요. 약간 신나는 리듬의 노래를 부르며, 리듬에 맞춰 흔들어주면 특히 즐거워해요."

모빌

아기는 플레이 펜이나 기저귀 교환대 위에 달린 모빌을 여전히 좋아한다. 경우에 따라서는 모빌에 대한 흥미가 약간 줄어들기도 한다. 이제 모빌을 마음을 가라앉

히는 용도의 예쁜 '모양'이 아니라, 장난감으로 여기기도 한다. 이번 도약은 아기가 모빌에 아직 매력을 느끼는 마지막 도약이다. 하지만 그렇다고 이번 도약이 끝난 뒤 아기가 모빌에 전혀 흥미를 보이지 않을 거라는 이야기는 아니다. 하지만 흥미의 클라이맥스는 지나갔다. 이제 아기는 모빌이 제공하는 사건에 관심을 갖게 된다.

빛 놀이
아기는 빛 프로젝터에 친숙해진 지 오래다. 그리고 엄마는 빛 프로젝터가 이제 차츰 아기에게 그리 많은 자극이 되지 않는다는 것을 확인하게 될 것이다. 그렇다고 아기가 빛 프로젝터에 전혀 흥미를 느끼지 못한다는 뜻은 아니다. 그러나 이번 도약이 아기가 빛 프로젝터에서 뭔가 새로운 것을 발견하는 마지막 도약이 될 것이다. 아기는 이제 모티브가 방구석에서 '사라졌다가' 맞닿은 벽에서 다시 등장한다는 걸 처음으로 인지하게 될 것이다. 이것 역시 사건이다.

도약

5단계
23~26주

| 관계 |

이것과 저것은 무슨 관계일까?

6개월 정도 되면 아기에게 '관계'의 세계가 열린다. 이것과 저것이 어떻게 연결될까? 그 둘은 무슨 관계일까? 이제 이 질문이 중요해진다. 두 물체의 거리나 위치 같은 것들도 그에 속한다. 나무 블록이 상자 속에 있을 수도 있고, 상자 뒤나 상자 위 혹은 상자 밑에 있을 수도 있다. 또한 이제 아기는 엄마가 가족 중 누군가가 잊고 나간 물건들을 가져다주러 불시에 방을 나가면 갑자기 울음을 터뜨릴지도 모른다. 이런 울음은 아주 정상적인 것이다. 이제 아기는 자신과 엄마 간의 거리가 갑자기 멀어질 수 있음을 알아챈 것이다.

여기서 '관계'라는 것은 사물이나 사람 상호 간의 위치와 관련된 것일 뿐 아니라, 넓은 의미에서 "이것이 저것과 어떤 관계일까?" 하는 것을 말한다. 그리하여 아기는 이제 암소 그림과 "음매" 하는 소리도 관계 짓기 시작한다. 서로 다른 감각적 자극, 즉 시각과 청각을 연결시키는 것이다. 노래를 듣는 것(따라서 청각적 자극)과 그 리듬에 따른 율동 사이에도 관계가 있다. 관계라는 것은 굉장히 복합적인 상황이다. 관계는 아기가 지금까지의 도약을 통해 알게 된 개별적인 요소들을 이어준다.

⊗ 관계의 퍼즐 맞추기

아기는 이제 다음 요소들을 관계 짓는다.
• 감각적 인상과 감각적 인상
• 감각적 인상과 패턴

• 감각적 인상과 유연한 변화

• 감각적 인상과 사건

다음 요소들도 관계 짓는다.

• 패턴과 패턴

• 패턴과 유연한 변화

• 패턴과 사건

• 유연한 변화와 유연한 변화

• 유연한 변화와 사건

• 사건과 사건

이런 '퍼즐 조각들'을 서로 연결시키는 가운데 아기는 일련의 새로운 능력을 습득하게 된다.

관계의 세계의 장난감, 놀이, 상황

아기는 이제 이런 장난감을 가장 좋아한다.

• 액티비티 센터

• 그림책

• 다양한 가재도구가 담긴 골판지 상자

• 빈 상자

• 까꿍 놀이를 할 수 있는 수건

• 속에 아기가 볼 수 있는 것이 들어 있는 장난감

• 블록

• 천으로 마감된 공

• 장난감 악기

• 쌓기 놀이를 할 수 있는 둥근 컵

아기는 이제 이런 놀이를 가장 좋아한다.

• 노래와 율동 놀이

• 까꿍 놀이

'사물 다루기' 영역의 놀이들

아기는 이제 '안쪽', '위쪽', '뒤쪽', '아래쪽' 등의 현상과 '사건', '유연한 변화', '패턴', '감각적 인상' 사이의 관계에 흥미를 느끼기 때문에 다양한 방법으로 가지고 놀 수 있는 장난감이 필요하다. 지난 도약(사건의 세계로)에서 아기는 이미 액티비티 센터에 흥미를 보였다. 이제는 액티비티 센터에 더욱 흥미를 보일 뿐 아니라, 흥미가 좀 다른 성격을 띨 것이다. 이제 아기는 시중에서 구입한 장난감을 가지고 놀 뿐 아니라, 가재도구 '컬렉션'도 좋아할 것이다. 이런 컬렉션은 액티비티 센터만큼이나 아기의 흥미 대상으로 떠오를 것이며, 다양한 탐구 가능성을 제공할 것이다.

<u>미라, 28주</u> "미라는 이제 점점 더 다양한 자세로 사물을 쥐고 움직일 수 있어요. 옆으로 누워서, 유아의자에 앉아 몸을 구부린 채로, 또는 기어 다니는 자세로 그렇게 할 수 있어요. 그 밖에 이제 동시에 두 개의 장난감을 가

지고 놀아요. 한 손에 하나씩 쥐고 말이에요. 그러다가 내가 장난감을 또 한 개 내밀면 잠시 생각한 다음 두 손 중 한 손에 있던 장난감을 떨어뜨리지요."

액티비티 센터

배경 아기는 이제 가령 단추를 누르는 것과 뒤이어 뚜껑이 열리는 것 사이의 관계를 파악한다. 레버를 잡아당기거나 원반을 돌리는 것도 마찬가지다. 다시 말해 아기는 이제 행동에 반응이 따를 수 있다는 것을(작용에 반작용이 따를 수 있다는 것을) 이해한다. 액티비티 센터가 보여주는 것이 바로 그것이다.

놀이 아기와 함께 액티비티 센터가 제공하는 모든 놀이 가능성을 발견해 나가면 좋을 것이다. 각 놀이에 어울리는 소리와 함께 약간의 연기를 곁들이면 발견의 즐거움은 더욱 배가된다. 단추를 눌러 뚜껑이 열리면 감탄하면서 안을 들여다보라. 눈을 크게 뜨고 "우아아아!" 하며 감탄사를 발하라. 아기는 이런 방식으로 액티비티 센터의 다양한 기능들을 발견해나갈 수 있을 것이다. 그 밖에도 이런 놀이를 통해 아이가 특히 흥미를 보이는 것이 무엇인지 쉽게 알 수 있을 것이다.

주의할 점 액티비티 센터를 구입하기 전에 기능을 꼼꼼히 테스트해보라. 중요한 것은 아이가 모든 것을 문제없이 사용할 수 있어야 한다는 것이다. 쓸데없는 지적처럼 들리지만 그렇지 않다. 시중에 나와 있는 제품들 중에 아기 손가락으로 누르기에 단추가 너무 뻑뻑한 것들이 많다. 그러므로 제품을 선택할 때는 근육의 힘을 동원하지 않고 슬쩍 누를 때 단추가 들어가는지 시험해보아야 한다. 그렇지 않다면 다른 제품을 찾아보는 것이 좋을 것이다. 저렴하게 구입했다 해도 아기가 제대로 가지고 놀지 못하면, 공연한 돈을 들이는 셈이 된다. 게다가 장난감이 제대로 작동하지 않으면 아기는 실망하게 될뿐더러, 실패 원인이 자신에게 있으며 자신이 뭔가 잘못했다는 인상을 받게 된다.

응용 액티비티 센터는 혼자 놀기에 적합한 장난감이다. 먼저 아기와 함께 액티비티 센터가 제공하는 놀이들을 탐구한 뒤, 아기를 혼자 놀려보라. 그러면 아기는 많은 것을 배울 것이며, 무엇보다 혼자서 뭔가에 열중하는 연습을 하게 될 것이다. 하지만 아기가 혼자 잘 놀더라도, 근처에서 아기의 행동을 관찰하고, 아기의 시선과 소리에 주의를 기울여야 한다. 아기는 간혹 엄마를 필요로 할 것이다. 자신이 발견한 무엇인가를 보여주려고 할 수도 있고 엄마의 도움이 필요할 수도 있다. 아기가 필요하다는 신호를 하면 적극적으로 응해주어야 한다. 아기는 이를 통해 의사소통을 배우게 될 것이다.

🐮 **관찰**

사건의 세계로 도약을 마친 뒤, 네가 액티비티 센터에서 가장 흥미를 보이는 것은 이런 것들이란다.

_____

_____

_____

이제 너는 이런 것들을 이해하고 있어.

_____

_____

_____

서프라이징 박스

배경 이 월령의 많은 아기가 물체들 간의 위치에 대해 흥미를 보일 것이다. 이런 연관들을 배우고 연습할 수 있는 장난감은 시중에 아주 많다. 하지만 집에서도 손쉽게 만들 수 있다. 기본적으로 '만들기'가 아니라 '수집'에 가깝지만 말이다. 일단 슈퍼마켓에 갈 일이 있으면 골판지 상자를 하나 사온다. 그리고 집에서 여러 가재도구들과 장난감들(작은 플라스틱 그릇, 숟가락, 나무 블록, 천으로 된 공 등)을 모아 상자를 채운다. 그러면 관계로 가득 찬 '서프라이징 박스'가 탄생하게 된다.

놀이 가재도구와 장난감이 들어 있는 상자를 아이에게 보여주고는 담긴 물건들을 하나씩 꺼낸다. 엄마가 꺼내는 모습에 아기도 즐거워하며 함께하려고 할 것이다. 여기서 첫 번째 관계가 드러난다. 뭔가가 상자 '안에' 있고, 엄마는 그것을 '밖으로' 꺼낸다고 하는 것이다. 다 꺼낸 다음에는 모든 물건을 상자 안으로 다시 집어넣는다. 그러면 새로운 관계가 드러난다. '옆에' 있던 것들이 다시 '안에' 놓이는 것이다. 물건들 자체를 가지고도 근사하게 놀 수 있다. 가령 공을 플라스틱 그릇 '안에' 쏙 집어넣을 수도 있다. 공이 쏙 들어가는 것은 사건이기도 하다. 게다가 공이 알록달록한 패턴으로 되어 있다면, 아기가 지금까지의 도약에서 배운 것들을 적용할 수 있는 모든 전제조건이 갖추어지는 셈이다.

주의할 점 아이가 가지고 놀다가 다칠 염려가 있는 물건들, 즉 끝이 뾰족하거나 모서리가 날카롭거나, 틈새에 손가락이 낄 염려가 있거나, 너무 작아서 삼킬 염려가 있는 물건들은 절대로 상자에 넣으면 안 된다.

응용 아기에게 '위', '아래', '안', '밖' 등을 가르쳐주는 용기가 꼭 골판지 상자일 필요는 없다. 아기 전용으로 작은 장 하나를 마련해놓고, 물건들을 거기에 넣었다 뺐다 할 수도 있다. 낮은 선반도 물건들을 그 위에 올려

놓았다 내려놓았다 하면서 같은 목적으로 활용할 수 있다. 가사 일을 하는 장소에 그런 작은 장이나 선반이 있다면, 일하는 동안 아기가 물건들을 올렸다 내렸다 하면서 놀 수도 있을 것이다. 선반이나 장에는 서프라이징 박스와 다른 물건들을 놓아야 할 것이다. 그래야 아기가 지루하지 않고 변화를 맛볼 수 있다. 물론 아기는 그리 쉽게 지루해하지 않지만 말이다. 또한 작은 장이 아이가 취급하기에 안전한지 유의해야 한다. 조금이라도 위험 요소가 있다면 보호 장치 같은 것을 부착해야 한다.

🐘 **관찰**

네 서프라이징 박스에는 이런 물건들이 들어 있단다.

_____   _____

_____   _____

_____   _____

_____   _____

네가 가장 좋아하는 것은 이런 것들이야.

_____

_____

_____

_____

🐰 쿠션을 이용해요!

아이는 그동안 상당히 안정감 있게 앉게 되었을 것이다. 그럼에도 놀이를 하면서 몸의 균형까지 잡는 것은 아기에게 아직 힘든 일이다. 그러므로 아기가 앉아서 놀 때는 수유 쿠션을 받쳐주어야 한다. 그러면 아기가 혹시 뒤로 넘어지더라도 딱딱한 바닥에 부딪히는 일이 없을 것이다. 아기가 아직 잘 앉지 못하거나, 앉으려는 노력을 별로 하지 않는 경우에도 수유 쿠션을 활용하면 좋다. 공간 지능이 높은 아이들은 신체운동 지능이 좋은 아이들에 비해 신체 능력을 구사하는 데 더 소심하다. 앉고 싶지만 넘어지지 않을까 하는 두려움이 더 큰 것이다. 이런 아이들에게 수유 쿠션을 받쳐주면 훨씬 안정감을 느끼고, 놀면서 신체를 훈련할 수 있다.

액티비티 매트 혹은 놀이 매트

아기는 이제 놀이 매트에서도 새로운 것을 발견하고 그것이 제공하는 많은 기능에 한층 더 관심을 갖게 될 것이다. 관찰 내용을 기입하기 전에 몇 주 기다리며 아기가 이런 '소재'를 자기 것으로 만들 기회를 주라.

세계를 발견하기

이제 아기는 절대적으로 엄마 마음에 들지 않는 행동양식들을 선보일 것이다. 장난감을 고장 낸다든지, 물건들을 탁자 밑으로 떨어뜨린다든지, 갑자기 그림책을 집어 던진다든지……. 이런 상황에서 엄마들은 자칫 자신의 양육 방식에 문제가 있는 것 아닐까 고민하게 된다. 그러나 아이의 이런 행동이 반항이나 엄마를 화나게 하려는 것이 아님을 명심하라. 아기는 그저 관계를 발견하는 데 열심인 것이다. 물건들을 해체할 수 있는지, 물건들이 바닥에 어떻게 떨어지고, 공중으로 어떻게 날아갈 수 있는지 시험해보는 것도 그에 속한다. 이 모든 것이 관계다!

👑 관찰

장난감이나 다른 물건들을 종종 조각내는가?

_____

_____

_____

_____

때로 방 안의 물건을 다른 장소로 끌고 가는가?

_____

_____

_____

_____

물건들을 던지는 걸 좋아하는가?

_____

_____

_____

_____

뭔가가 어딘가로 '사라지는 걸' 보면 재미있어하는가?

_____

_____

_____

_____

🐸 조심하세요!

물론 늘 아기의 안전에 유의해야 하지만, 아기가 발달하는 과정에서 특히 어른의 주의가 필요한 시기들이 있다. '관계'의 세계로 도약하는 시기도 바로 그렇다. 아기는 이제 '발견 여행' 가운데 있고 가능한 모든 것을 탐구한다. 특히 집안일처럼 엄마가 하는 활동에 매력을 느낀다. 그러다보니 상당히 잘 움직일 수 있고 능동적인 아이들은 엄마 일을 '도와준답시고' 가령 청소를 하는 데 세제를 탐색하려고 할 수도 있다. 그러므로 이 시기에는 각별한 주의가 필요하다!

<u>미라, 31주</u> "미라는 봉제 동물인형 림을 무척 좋아해요. 그럼에도 우리는 이제 림을 압수할 수밖에 없어요. 림이 너무 위험해져 버렸거든요. 최근에 갑자기 림의 왼쪽 눈이 없어졌는데, 아무 데서도 찾을 수가 없는 거예요. 그리고 코도 거의 달랑거려요. 아기 손에서 얼마 견디지 못하고 망가져버리는 장난감이 많아져서 상당히 걱정돼요."

'보기, 듣기, 말하기' 영역의 놀이들

아기는 이제 그림과 소리 사이, 생물과 무생물 사이, 생물/무생물과 그에 해당하는 소리들 사이의 관계를 발견할 수 있다. 또한 특정 행동과 그에 상응하는 소리 사이에서도 관계를 발견한다. 이제 그림책을 가까이 하고, 슈퍼마켓에서 상표들을 관찰하고, 동물원에 방문할 때가 된 것이다.

나는 네가 짧은 문장을 알아들을 수 있다는 걸 느껴/ 느끼지 못해. 넌 이런 문장들을 알아 듣는 것 같아.

_____

_____

_____

너는 이제 '단어들' 혹은 몸짓을 사용하기 시작해. 너의 이런 행동에서 그걸 느낄 수 있단다.

_____

_____

_____

그림책

배경 책은 일생의 동반자다. 독서는 문화적으로 중요한 기술일 뿐 아니라, 진정한 즐거움을 선사하는 활동이다. 이번 도약에서 아기는 그림책 '읽는 것'을 즐거워할 것이다. 아직 이야기 자체에 흥미를 느끼지는 않지만, 무엇보다 그림 보는 걸 좋아한다. 이미 알고 있던 물건이나 동물을 책에서 발견하는 걸 가장 즐거워한다.

놀이 아기와 함께 편안히 소파에 앉으라. 독서는 푹신한 소파에 편안한 자세로 앉아서 할 수 있는 활동이다. 그런 다음 그림책 하나를 택해 아기와 함께 보라. 각각의 그림들을 가리키며 그림에 보이는 동물이나 사물의 이름을 말해주고, 그에 부합하는 소리를 들려주라. 암소를 보면서는 낮은 소리로 "음매애애애" 소리

를 내고, 오리를 보면서는 "꽥꽥" 하는 소리를 들려주라. 물고기가 나타나면 뻐끔거리는 동작을 흉내 내라. 그러면 아기가 그림책에서 느끼는 즐거움이 상당히 배가될 것이다.

책 속의 그림에 나오는 대상들이 가까이 있다면, 책 속의 그림을 본 뒤 실제 대상을 가리켜 보여주라. 가령 동물 그림책에 고양이 그림이 나왔다면 방 안에 있는 진짜 고양이를 가리키며, 각각 '고양이'라고 말해주라. 아기에게 아기 자신의 손을 보여주고, 이어 엄마의 손과 그림책에 나온 손을 보여주라. 아기가 좋아할 것이다. 이번 도약 초기에는 아기가 아직 엄마의 의도를 제대로 파악하지 못한다는 인상을 받을지도 모른다. 아기는 해당하는 능력을 막 습득해가는 중이기 때문이다. 그러나 규칙적으로 아기와 함께 그림책을 보다보면 얼마 안 가, 아기가 그림과 소리, 혹은 그림과 실물 사이의 관계를 지각하기 시작했음을 느낄 것이다.

주의할 점 그림책을 보는 것은 언뜻 아주 편안하고 휴식을 주는 활동처럼 느껴진다. 그럴 수도 있다. 하지만 한편으로 아기 입장에서는 상당한 사고의 노력이 필요한 일이기도 하다. 그러므로 아기의 보디랭귀지에 주의를 기울이라. 잠시 그림책에서 눈을 떼었다가 다시금 열중한다면, 아기에겐 잠깐의 휴식으로 충분했던 것이다. 하지만 아기가 그림책에 전혀 관심을 보이지 않더라도 책을 보라고 강요하면 안 된다. 아기의 집중력은 아직 그림책 전체를 볼 만큼 되지 않는다. 아무리 10페이지밖에 되지 않는 책이라고 해도 말이다. 때로는 3페이지 정도에서도 물려버린다. 그것은 아기의 집중력이 부족하다는 의미가 아니라, 지금 주어진 새로운 인상들이 아기에게 충분하다는 의미다.

그림책을 선택할 때는 아기가 책에 묘사된 대상을 쉽게 알아볼 수 있을지 고려해야 한다. 그러므로 그림에 관한 한 비판적인 시각을 견지하라. 아기가 보기에는 일러스트가 너무 추상적인 그림책들이 많다. 몸통이 직각으로 되어 있거나 도식적으로만 그려진 오리는 아이의 눈에 오리로 보이기 힘들다. 물론 사진으로 보면 가장 명확하지만 그림이 주는 자극과 유익함도 있다. 아기는 더불어 사진과 그림도 관계 짓게 될 것이다.

응용 음향 효과를 제공하는 그림책도 있다. 특정 부분이나 장착된 단추를 누르면 소리가 나온다. 이런 그림책들은 이 시기의 아이에게 특히 매력적으로 다가올 것이다. 그림과 소리의 관계를 알 수 있고, 그 밖에도 작용(단추 누르기)에 반작용(소리)이 따른다는 걸 배울 수 있기 때문이다.

🥣 관찰

너는 이런 그림책들을 좋아한단다.

_____

_____

_____

너는 그림책에 이런 반응을 보여.

_____

_____

_____

그림책을 볼 때 네가 가장 좋아하는 것은 이런 것들이야.

_____

_____

_____

> **📖 기억하세요!**
>
> 아기는 변화를 좋아한다. 하지만 그렇다고 계속 새로운 그림책을 사들일 필요는 없다. 지역 도서관에서 빌려봐도 되고, 벼룩시장을 이용해 아기를 위한 '첫 문고'를 마련해줄 수도 있다. 그림책 전체를 상자에 담아놓고 아기 스스로 자신이 보고 싶은 책을 고르게 하면 아기는 더욱 재미있어할 것이다.

슈퍼마켓-모험

배경 엄마는 아기가 슈퍼마켓을 특히 좋아한다는 걸 이미 눈치챘을 것이다. 처음에 아기는 포장지의 무늬와 패턴을 인지했고, 이후 굴러가는 쇼핑카트의 흐르는 변화들과 이어진 사건들을 인지했다. 이제 아기는 이 모든 요소들 간의 관계를 배우게 된다. 아기는 주변에서 쇼핑하는 다른 사람들을 볼 것이고, 알록달록하게 포장된 많은 물건을 보고, 엄마와 다른 사람들이 이야기 나누는 소리를 들을 것이다. 이 모든 것이 합쳐져 슈퍼마켓에서의 장보기는 아이에게 매우 흥미로운 모험이 된다.

놀이 아기를 쇼핑카트에 앉혀 슈퍼마켓을 한 바퀴 돈다. 구입할 물건을 진열대에서 꺼낼 때마다 그 물건의 이름을 불러준다. 사과를 하나 집어서, 아기가 잘 볼 수 있게끔 봉지에 넣으며 '사과'라고 말한다. 기본적으로는 아주 단순한 놀이지만, 아기는 매우 즐거워할 것이다. 동물 사료 포장에 그려진 고양이나 강아지의 모습을 보는 등 아기와 함께 다양한 상품들이 어떤 포장 용기에 담겨 있는지도 구경한다. 아기가 먹을 과일 퓌레한 병을 진열대에서 꺼내면서 입맛을 다시는 소리를 낼 수도 있다. 그러면 아기는 '과일 퓌레'와 '먹는 것' 사이의 연관을 배우게 될 것이다……. 이런 식으로 하면 쇼핑은 아기뿐 아니라 여러분에게도 즐거운 일이 될 것이다!

주의할 점 아기가 이제 물건을 비교적 능숙하게 쥘 수 있기 때문에 엄마가 미처 보지 못한 사이 아기가 진열대나 쇼핑카트에서 뭔가를 집어 바닥에 던지는 일이 일어날 수도 있다. 아이에게는 흥미로운 실험이지만, 엄마에게는 달가운 일이 아닐 것이다. 그러므로 잘 살펴보라!

응용 슈퍼마켓을 둘러보는 일은 그 자체로 때마다 달라지는 변화무쌍한 경험을 하게 한다. 아기에게 계속해서 관심을 가지고 아기의 흥미에 부응해준다는 전제하에서 말이다. 어떤 엄마들은 슈퍼마켓에서 장보는 일까지 생동감 있는 놀이로 만드는 것을 창피하게 생각한다. 하지만 전혀 그럴 필요가 없다. 아이와 함께 웃고 이야기하며, 사랑으로 아기의 필요에 부응해주는 행동이 다른 사람들에게 거부감을 자아내지는 않을 것이다.

🦓 **관찰**

우리는 슈퍼마켓에서 이런 경험을 했단다.

_____

_____

_____

_____

<u>보아스, 34주</u> "우리는 정말 하루 종일 놀이를 해요. 물론 어른의 시각으로는 우리가 하는 모든 걸 놀이라고 말할 수 없겠지만요."

체험 동물원에서

배경 아기는 이제 동물과 동물이 내는 소리를 관계 짓는 걸 아주 즐거워할 것이다. 따라서 체험 동물원에 가도 좋을 때가 된 것이다!

놀이 가만히 동물들을 구경한다. 처음에는 아기가 동물들을 약간 무서워할 수도 있으므로, 충분한 거리를 확보한 상태에서 동물들을 관찰하라. 아기에게 그 동물 이름이 무엇인지, 그가 무얼 먹고 사는지 말해주라. 소가 정말로 음매 하며 울고, 엄마가 그 소리를 흉내 내면 아기는 소와 소의 울음, 엄마의 흉내를 관계 짓게 될 것이다.

주의할 점 염소나 소 같은 동물을 직접 만져보기에는 아기가 아직 너무 어리다. 동물이 장난삼아 물 경우, 아무리 슬쩍 문다고 해도 아기에겐 큰 상처가 날 수 있다. 아기의 손가락은 어른보다 훨씬 작고 여리기 때문이다.

응용 아기와 함께 공원에 가서 오리에게 먹이를 주어도 좋고, 우리에 갇힌 상태의 동물들을 볼 수 있는 일반 동물원으로 소풍을 가도 좋다. 숲을 산책하다가 강아지를 데리고 나온 사람들을 만나는 것도 아기에게는 즐거운 경험이 될 것이다.

🔆 **주의하세요!**

관계 짓는 것은 쉬운 일이 아니다. 그러므로 아이가 곧장 이해할 거라고 생각하지 마라. 어느 정도 시간이 흐른 뒤에야 관계를 이해할 때가 많을 것이다. 어떤 아기는 도약을 마칠 때쯤, 어떤 아기는 다음 도약을 마치고 나서야 관계를 이해했음이 드러날 것이다. 어른들이 아기가 뭔가를 이해했는지 잘 분간할 수 없는 것은 아기 때문이 아니라, 어른의 사고방식 때문인 경우가 많다. 아기가 잘 이해하지 못하는 것 같아도 엄마가 아기와 함께하는 놀이들이 결코 헛수고가 아님을 명심하라. 아기가 금방 반응을 보이지 않는다고 하여 아기의 발달이 지체되는 것이 아닌지 걱정할 필요는 없다. 아기는 모든 경험을 축적해놓고 있으며, 특정 관계를 이해했다는 것이 언제 명확히 드러날지는 아기의 성격에 달려 있다!

'엄마—아기 관계' 영역의 놀이들

최근에 아기는 엄마가 방 밖으로 나가면 울부짖는 경우가 더 많아졌을 것이다. 전에는 그렇지 않았는데 말이다. 이 역시 현재의 도약으로 인한 행동이다. 아기는 이제 엄마가 멀리 가버릴 수 있으며, 아기 자신은 그에 대해 어쩌지 못한다는 것을 파악한 것이다. 이 사실은 아이에게 두려움으로 다가올 수 있으며, 그렇기에 아기는 이제 항의를 하는 것이다. 엄마와 아기 사이의 거리가 변할 수 있다는 사실에 아기가 익숙해지도록 시간을 주면 아기는 두려움을 한결 빠르게 극복할 것이다. 까꿍 놀이를 하라. 문 쪽으로 가면서 계속 아이와 이야기하라.

빅토리아, 28주 "빅토리아는 처음엔 순한 아기였어요. 함께 노는 걸 아주 좋아하고, 혼자서도 잘 놀곤 했지요. 최근까지는요……. 그런데 이젠 달라졌어요. 플레이 펜 매트에 누워 평화롭게 놀다가도, 내가 잠깐 화장실에 가느라 방 밖으로 나가면 악을 쓰며 울부짖어요. 그러면서 물론 헛수고지만 나를 따라오려고 하지요. 난리도 아니에요. 이제 난 그 문제를 이렇게 해결하고 있어요. 빅토리아를 유아의자에 앉혀 내가 가는 곳마다 데리고 다니는 거예요. 화장실에도요. 화장실 문을 반쯤 열어놓고 문 뒤에 앉아서 즐겁게 까꿍 놀이를 하지요. 화장실에서까지 놀이를 한다니까요."

까꿍!

배경 이제 관계의 세계로 도약한 아기는 '아래', '뒤', '위' 등의 현상들을 이해한다. 이와 관련된 놀이들은 아기에게 특히 즐거움을 선사한다. 까꿍 놀이는 이번 도약의 선두주자라 할 수 있다. 하지만 뭔가가 더 이상 눈에 보이지 않아도 여전히 존재한다는 사실을 아기가 아직 확실히 알지 못한다는 점을 염두에 두라. 엄마가 수건으로 얼굴을 가리고 있을 때 아기는 엄마의 머리를 찾아야 한다는 것을 잘 안다. 하지만 엄마가 완전히 모습을 감추고 더 이상 보이지 않으면 패닉에 빠진다. 55주경 '프로그램'의 세계로 도약한 후에야 아기는 비로소 이런 정황을 이해할 수 있을 것이다.

준비 이 놀이는 특별한 노력 없이 얼마든지 응용할 수 있다. 그래서 별다른 준비가 필요 없다. 하지만 아기가 이 놀이를 할 기분인지 고려하고, 기분이 나지 않는데 억지로 시키는 일이 없도록 한다. 어른들에게는 단순한 놀이처럼 보이지만, 아기에게는 상당한 사고가 필요한 놀이다.

놀이 아기에게 말을 걸면서 엄마와 함께 까꿍 놀이를 하자고 권한다. 그러고는 수건 하나를 손에 들고 아기가 보는 앞에서 머리에 수건을 쓴다. 이때 동작을 천천히 해서, 아기가 엄마의 머리가 수건 아래로 사라지는 것을 확인할 시간적 여유를 주어야 한다. 이어서 아기에게 엄마를 찾아보라고 권한다. 그런데 반응이 없으면 잠시 후 엄마가 직접 수건을 벗고 밝은 목소리로 "까꿍!" 하고 말한다. 다음번에는 아기가 주도적으로 수건을 벗기며 굉장히 재미있어할 것이다.

주의할 점 수건을 능숙하게 벗길수록 아기는 이 놀이에 열광하게 될 텐데, 아기가 너무 흥분한 나머지 수건을 쥐다가 엄마의 머리칼을 잡아당기거나 코를 할퀼 수도 있으므로 거칠게 머리카락을 쥐어뜯기는 일이 없도록 조심하라.

응용 수건을 뒤집어쓰고는 혀를 쑥 내밀어 수건을 살짝 움직이면서 까꿍 놀이에 변화를 줄 수 있다. 다른 신체 부위나 다른 물건을 수건 아래에 숨길 수도 있다. 엄마의 발을 숨겨도 좋고 장난감을 숨겨도 좋다. 아기는 자신의 머리나 손을 수건 밑에 숨기는 것도 재미있어할 것이다. 도약이 끝나고 몇 주 지나면 몸을 완전히 감추는 놀이를 시작할 수 있다. 단, 아기

에게 엄마가 아직 그 공간에 있음을 확실히 알게 해야
한다. 커튼 뒤에 몸을 숨기고는 아기의 이름을 부
른다. 이때는 물론 아기가 엄마를 찾아낼 수 있
을 만큼 가까운 곳에 몸을 숨겨야 한다. 수유
쿠션을 받친 상태로 아기를 바닥에 앉혀놓거나,
커튼 근처에 유아의자를 놓고 앉힌다.

🍲 관찰

우리가 함께 까꿍 놀이를 할 때면 넌 이렇게 행동해.

_____

_____

_____

넌 뭔가가 숨어 있을 수 있음을 이해했어. 난 그걸 _____ – _____ – _____ (날짜)에
너의 이런 행동을 통해 알아챘단다.

_____

_____

_____

'동작 모방' 영역의 놀이들

지난 도약에서 여러분은 〈주먹 쥐고 손을 펴서〉와 같은 노래에 동작을 곁들이는 놀이를 시작했다. 아기는 손뼉 치는 것과 다른 사건들을 즐거워했다. 노래와 유연한 변화는 두 번째 도약에서부터 이미 아기가 좋아하는 것들이며, 이제 동요 가사와 해당 동작에 대한 흥미가 한층 강해진다.

주먹 쥐고 손을 펴서…

배경 아기는 이제 '손뼉 치고 주먹 쥐고'라는 가사와 실제로 손뼉 치고 주먹 쥐는 행동을 연결하는 것을 즐거워한다. '머리 위에'와 '위에'의 관계를 파악한다. 그러나 손뼉을 친 뒤 두 손을 머리 위에 올려야 하는 등 동작의 '순서'는 아직 이해하지 못한다. 이를 이해하려면 두 번의 도약을 더 거쳐야 한다.

놀이 노래를 부르면서 아기가 해당 동작들을 할 수 있도록 돕는다. 노래를 자주 부를수록, 아기는 말과 동작 사이의 연관을 더 빨리 파악할 수 있을 것이다. 아기에 따라서는 여러 번 노래를 부르고 난 뒤 스스로 한두 가지 동작을 시도하려는 모습을 보이기도 한다.

응용 한 가지 노래만 하면 지겨우니 〈머리 어깨 무릎 발〉이나 〈곰 세 마리〉처럼 율동이 있는 노래로 변화를 준다. 가사가 잘 떠오르지 않으면, 인터넷을 검색해보라. 기억이 되살아날 것이다.

'균형 잡기' 영역의 놀이들

어른들에게는 아주 쉬운 연습이다. 어른들은 일어선 상태로 이야기하거나 다른 일을 처리할 수 있다. 그러나 어른들에게 일어서 있는 것 자체는 그냥 무의식중에 자동적으로 되는 일이지만 아기에게 균형 잡기는 쉬운 과제가 아니다. 앉아서든 서서든 모두. 다른 모든 발달에서와 마찬가지로, 어떤 아기는 균형을 잡으려고 매우 애쓰는 반면, 어떤 아기는 더 자라서 저절로 할 수 있을 때까지 기다린다. 그러므로 아기가 균형 잡기 놀이를 좋아하는지 시험해보라. 아기가 좋아하지 않으면 한동안 그냥 미뤄놓는다. 결국 모든 아기는 언젠가 스스로 앉고 설 것이다. 어떤 아기는 더 이른 월령에 그렇게 하고, 어떤 아기는 더 늦은 월령에 그렇게 한다. 이것은 지능과 전혀 무관하며, 아기의 흥미에 좌우된다.

미라, 31주 "액션! 노래와 율동(동작), 그리고 스스로 거기에 약간의 변형을 주는 걸 미라는 너무나 좋아해요. 우리 둘은 노래하고 율동을 하면서 아주 즐겁게 놀지요."

무릎 위에서 균형 잡기

놀이 아기를 엄마의 무릎에 앉히고, 손으로 아기 겨드랑이 밑을 받쳐주라. 그런 다음 아기가 먼저 움직일 때까지 기다린다. 아기는 앞쪽 혹은 뒤쪽으로 몸을 숙이려 할 것이다. 그렇게 할 수 있도록 아기를 격려하라. 아기를 특정 방향으로 움직이고 그에 대한 아기의 반응에 유의하면서 엄마가 놀이를 주도할 수도 있다. 아기는 긴장감이 느껴지면서도 많이 무섭지 않은 놀이를 좋아할 것이다. 이런 연습을 하다보면 엄마는 아기의 한계를 금방 알게 될 것이다. 느낌을 신뢰하고 아이가 보내는 신호에 유의하라.

주의할 점 목은 아직 민감하므로, 아기가 고개를 갑작스럽게 뒤로 젖힐 것에 대비해 필요한 경우 손가락으로 받쳐줄 준비를 하고 있어야 한다.

응용 아기의 몸으로 원을 그리며 친숙한 노래를 불러주라. 아기는 엄마가 개입하지 않아도 균형 잡는 연습을 할 것이다. 스스로 알아서 그런 동작을 훈련하려는 욕구를 가지고 있는 것이다. 넘어지더라도 다치지 않도록 미리 조치를 취하라. 푹신한 깔개를 깔아놓거나, 수유 쿠션을 받침대로 사용하라. 짐볼을 가지고 있다면, 짐볼에 바람을 넣어 아기가 그 위에 엎드리거나 구르는 용도로 활용하면 좋다. 짐볼의 움직임에 따라 아기의 몸이 움직이면 아기는 자연스레 균형을 잡아야 할 필요성을 느끼고 균형을 유지하려고 할 것이다.

관찰

내 무릎에 앉히면 몸을 뒤로 한껏 젖히기를 좋아하는 걸로 보아 너는 상당히 용감한 것 같아/ 별로 용감하지 않은 것 같아. 넌 이미 몸의 균형을 상당히 잘 잡고 있어. 네가 이런 행동을 하는 걸로 알 수 있단다.

협응의 문제

협응(coordination)이라는 개념은 보는 것과 느끼는 것을 연결시키거나 바닥과 신체 사이에서 균형을 잡는 것을 말한다. 따라서 두 측면 간의 관계에 적절하게 반응하는 것이 중요하다. 이번 도약에서는 협응 능력이 한층 다듬어진다. 엄마는 이제 아기가 그것을 가지고 실험하는 것을 확인하게 될 것이다.

'스스로 하기' 영역의 놀이들

어떤 아기는 상자 속에서 블록들을 꺼냈다가 다시 집어넣었다가 하며, 어떤 아기는 스스로 상자 속으로 기어들어갔다 나왔다 하는 것을 더 즐거워한다. 장롱 문을 열고 엄마가 눈치채기 전에 얼른 안으로 기어 들어가기도 하고 빈 종이상자에 기어가, 상자를 머리 위로 뒤집어쓰기도 한다. '안', '위', '아래' 등의 현상을 몸소 체험하는 것은 아기에게 도전으로 다가온다.

아기로 채워진 상자

배경 '서프라이징 박스' 부분에서 아기가 가재도구로 채운 상자를 가지고 멋지게 놀 수 있음을 이야기했다. 어떤 아기들은 상자 속 내용물보다는 상자 자체에 더 관심이 많다. 그럴 경우엔 상자를 비워서 아기에게 주라.

놀이 엄마가 상자를 뒤집어쓴 뒤 아기에게 벗겨달라고 요청하라. 그 일은 아기에게 아직 어려울 것이므로, 아기가 진짜로 벗기려고 하면 도와주어야 한다. 몇 번 연습한 다음에 아기는 곧 스스로 상자를 뒤집어쓰거나 상자 속으로 기어 들어갈 것이다. 함께 놀이를 하고, 필요하면 아기를 도와주라. 아기가 그동안 물건들을 상당히 능숙하게 다루게 되었을지라도, 상자의 양옆을 꽉 잡기에는 아기의 팔이 아직 짧을 것이다.

응용 이미 기어 다니는 아기들은 종종 '안에', '위에', '아래에' 등의 현상에 대한 놀이를 스스로 생각해낼 것이다. 식탁 '주변'을 기어 다니거나, 식탁 '아래로' 기어 들어가거나, 높은 문턱과 같은 장애물을 넘거나(우선 '위쪽으로', 그리고 나서 '아래쪽으로'), 장롱 '속'으로 기어 들어가거나, 의자 '밑으로' 들어가거나……. 아기들은 자신의 몸을 이용해 이런 관계들을 탐구한다. 아기와 함께 기어 다니거나, 숨바꼭질 놀이를 하라. 스스로 꼭 꼭 몸을 숨겼다고 생각하면 아기는 엄청나게 자랑스러워할 것이다.

🎍 관찰

우리는 빈 상자를 가지고 놀았단다. 그때 너는 이렇게 했어.

_____

_____

_____

상자 속에 들어간 아기의 사진, 혹은 엄마는 상자를 머리에 뒤집어쓰고 있고, 아기는 그것을 벗기려고 하는 사진을 붙인다.

🚙 벌써 기어 다닌다고?

어떤 부모들은 지금 '잘못 읽은 건가?' 하고 눈을 의심할지도 모른다. 생후 6개월 지난 아기가 벌써 긴다고? 그렇다. 흔하지는 않지만, 6개월에 기어 다니는 아기들도 있다. 신체 지능이 뛰어난 아이들은 이 정도 월령에 기어 다니기도 한다. 이런 아이들에게 운동은 절대적인 '필요'이자 기본 욕구다.

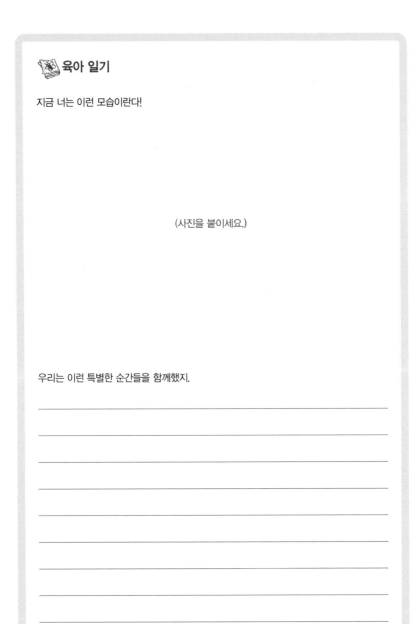

육아 일기

지금 너는 이런 모습이란다!

(사진을 붙이세요.)

우리는 이런 특별한 순간들을 함께했지.

_____

_____

_____

_____

_____

_____

_____

_____

_____

도약

6단계
34~37주

| 카테고리 |

세계는 어떻게 분류될까?

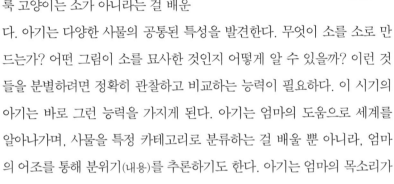

이제 아기에게 '카테고리'의 세계가 열
린다. 이 세계에서 아기는 가령
강아지는 말이 아니며, 흑백 얼
룩 고양이는 소가 아니라는 걸 배운
다. 아기는 다양한 사물의 공통된 특성을 발견한다. 무엇이 소를 소로 만
드는가? 어떤 그림이 소를 묘사한 것인지 어떻게 알 수 있을까? 이런 것
들을 분별하려면 정확히 관찰하고 비교하는 능력이 필요하다. 이 시기의
아기는 바로 그런 능력을 가지게 된다. 아기는 엄마의 도움으로 세계를
알아나가며, 사물을 특정 카테고리로 분류하는 걸 배울 뿐 아니라, 엄마
의 어조를 통해 분위기(내용)를 추론하기도 한다. 아기는 엄마의 목소리가
다정한지, 화나 있는지도 알아챈다.

규칙을 이해하기에는 아직 어리지만, 이번 도약부터는 아기에게 무엇
이 '좋은 것'이고 무엇이 '좋지 않은 것'인지 알려줄 수 있다. 놀이를 통해
이런 면을 일관적으로 다뤄주면, 15개월경부터(이 시기부터 서서히 제1반항
기가 시작된다) 아기가 '생떼' 부리는 일을 예방하거나 최소한 줄일 수 있
다. 이번 도약에서 소개하는 놀이들은 '실생활', 즉 나중에 사람들과 어울
려 살아가는 데 도움이 되는 연습들이다. 아기가 엄마와 더불어 세계를
더 많이 발견할수록 아기는 각각의 '카테고리'를 더 빠르게 파악할 수 있
을 것이다.

⊗ 많이 접하게 할수록 많은 도움이 될까?

아기가 엄마의 도움으로 더 많은 것을 알아갈수록 아기의 세계는 더 넓어지고 커진다. 현재 아기의 세계가 얼마나 크든 간에, 보고 경험하는 세계는 아기에게 매우 중요하다. 뭔가를 보고, 듣고, 느끼고, 맛보고, 냄새 맡고 하면서 비로소 아기는 경험을 각각 합당하게 분류할 수 있다. 이 월령에서 아기는 아직 인지적 지식을 습득하지 못한다. 이론적 설명을 이해하기에는 아직 어리다. 아기의 세계는 아기가 경험한 것으로 구성된다. 경험 밖에 있는 것은 알지 못한다. 아니, 아기는 자신이 경험하는 것 외에 다른 세상이 있다는 것 자체를 알지 못한다. 보거나, 느끼거나, 듣거나, 냄새 맡거나, 맛보지 못하는 것은 아기에게 존재하지 않는 것이나 마찬가지다. 그러니 세상을 한 걸음씩 발견하고 탐구해나가는 것이 아기에게 얼마나 흥미로울지 상상이 갈 것이다. 그렇다면 아기로 하여금 온종일 세상을 발견하고 탐구해나가도록 자극하는 게 좋을까? 아기는 온종일 그 일에 몰두할 수 있을까?

대답은 쉽지 않다. 엄마는 아기와 함께 많은 것을 하고 많은 시간을 보내는 것은 물론 원칙적으로 좋은 일이다. 그러나 한편으로는 너무 지나칠 염려가 있다. 좋은 것도 과하면 좋지 않다. 너무 많은 인상이 쏟아지면 아기는 불안해지거나 잠을 제대로 못 잘 수도 있다. 따라서 어느 정도가 적절할까? 무엇에 흥미를 보일 것인가와 마찬가지로, 여기서도 아기 스스로 질문에 답할 수밖에 없다. 엄마는 아기의 신호를 잘 감지할 수 있을 것이다. 아기의 태도와 반응에 유의하고, 자신의 직관을 신뢰하라. 아기를 잘 관찰하면 과하지 않도록 적절히 조절할 수 있다.

🐢 관찰

너의 이런 행동을 통해 나는 네가 충분한 인상을 수집했고 더 이상 소화할 수 없다는 걸 알 수 있단다.

_____

_____

_____

_____

카테고리의 세계의 장난감, 놀이, 상황

아기는 이제 이런 장난감을 가장 좋아한다.

- 책들
- 나만의 책
- 다양한 모양과 색깔의 블록
- 공
- 팽이

아기는 이제 이런 놀이를 가장 좋아한다.

- 간단한 지시를 따르는 것("~좀 집어줘", "~좀 찾아봐")
- 던지거나 안을 수 있는 쿠션, 찢을 수 있는 종이

아기는 이제 이런 상황을 가장 좋아한다.

- 초인종과 전등 스위치
- 거울
- 스스로 움직이는 사물(그림자, 바람에 흔들리는 나뭇가지 등)
- 아이가 이미 아는 동물이나 사물을 보여주는 이미지
- 계단

'동물, 사물, 사람을 알아보기' 영역의 놀이들

 아기는 이제 세계를 부분으로 나누는 것을 배우고, 무엇이 세계의 어떤 부분에 속하는지 배운다. 그리하여 이제는 이런 새로운 능력에 부합하는 놀이들을 좋아하게 된다.

말하고, 말하고, 또 말하기

배경 아기는 일상적인 일들로부터 가장 많이 배운다. 주변 사람, 동물, 사물의 이름이 무엇인지 배우려면 엄마가 그것들을 뭐라고 부르는지 우선 들어야 한다. 그러므로 아기와 이야기를 하는 건 절대적인 '필수사항'이다. 아기들과 이야기하는 것이 별 의미 없다는 생각이 만연했던 때가 있다. 아기들은 어차피 대답을 할 수 없다는 것이다. 그러나 다행히 오늘날에는 생각이 바뀌었다. 엄마와 대화를 하는 가운데 아이는 세계를 카테고리로 분류하는 걸 배울 뿐 아니라, (아직은 수동적이지만) 자신의 어휘를 확장시켜나간다. 아직 말을 하지 못한다고 해서, 말을 전혀 알아듣지 못한다고 생각하면 오산이다. 반대다! 아기는 다 입력하고 있다. 그러므로 이번 도약부터는 엄마가 아기가 보고, 느끼고, 듣고, 냄새 맡고, 맛보는 모든 것의 명칭을 명확하게 발음해주는 것이 중요하다.

놀이 이미 아기와 늘상 이야기를 나누고 있다면 잘하고 있는 것이다. 단, 몇 가지 유념해야 할 사항이 있다. '주스 마시기'를 예로 들어보자. 이 설명은 원칙적으로 엄마가 아기와 함께하는 모든 것에 해당된다. 주스를 마시면서 아기는 이것이 어떤 맛인지 알게 된다. 이제 엄마가 아기에게 이것이 "주스"라고 말하면, 아기는 "주스"라는 말과 '주스'의 맛을 연결시킨다. 반면 엄마가 막 커피 잔을 들고 마시면서 아기에게 주스를 좋아하느냐고 물으면, 아기는 헷갈린다. 주스가 눈앞에 있거나, 주스를 마시고 있지 않은데 주스라는 단어를 듣게 되었기 때문이다. 커피가 주스일까? 아니면 엄마가 뭔가 다른 것을 말하고 있는 걸까? 그러므로 아기가 지금 막 경험하고 있는 것, 지금 여기에서 보고 있는 것의 명칭을 말해야 한다. 연습을 거치다보면 아기는 '주스'의 맛이 여러 가지라는 것을 파악하고, 이런 맛의 종류를 '주스라는 카테고리'에 집어넣게 된다. 아기가 주스가 무엇인지 아는지 모르는지, 금방 표시가 나지 않을 수도 있다. 아기는 이제 모든 것을 '카테고리'로 분류할 수 있는 능력을 가지고 있지만 이런 새로운 기술을 선보이기까지는 많은 연습이 필요하다.

관찰

너는 이제 이런 말들을 알아들어.

_____ (날짜) _____ – _____ – _____

_____ (날짜) _____ – _____ – _____

_____ (날짜) _____ – _____ – _____

_____ (날짜) _____ – _____ – _____

_____ (날짜) _____ – _____ – _____

우리가 매일 나누는 수다 주제는 이런 것들이야.

_____

_____

_____

_____

_____

_____

네가 수다를 잘 떠는 시간과 장소는 아침/ 점심/ 저녁/ 밤/ 야외에서/ 침대에서

_____ 란다.

🦋 수다는 재밌어

어떤 아기들은 스스로 입을 떼어 '말'을 하기까지 오랜 시간 듣기만 하는 것으로 만족한다. 그리고 어떤 아기들은 상대적으로 빨리 입을 떼어 일찌감치 작은 '대화'를 가능하게 한다. 늘 아기에게 맞춰주라. 아기가 옹알이와 비슷한 알아들을 수 없는 음절을 말하면 그에 반응해주라. 시간이 흐르면서 아이와의 수다는 점점 더 길어질 것이며, 아이와 수다를 떠는 것이 무척 즐거워질 것이다. 하지만 이런 시기는 유감스럽게도 금방 지나가고, 금방 잊힌다. 그러므로 이런 미숙한 수다를 한번쯤 동영상으로 찍어 남겨놓는 것도 좋다. 그러나 동영상을 찍을 때 당신이 직접 카메라를 들고 찍지는 마라. 그러면 아기는 수다보다 카메라에 마음을 빼앗길 것이다. 카메라를 삼각대에 고정시켜놓거나, 식탁 위에 세워놓은 뒤, 아기 곁에 앉아 대화를 시작하라. 몇 년 뒤 동영상을 다시 한 번 보면, 눈물이 날 정도로 감동스러울 것이다!

나만의 책 만들기

배경 그림책을 보는 것은 좋은 일이다. 그러나 아기의 경험과 정확히 맞아떨어지는 책을 시중에서 구입하기는 쉽지 않을 것이다. 그러므로 아기가 특히 좋아하는 카테고리가 무엇인지 고려해 직접 이런 책을 만들어보면 좋다.

준비 사진을 붙일 수 있는 스프링북을 구입하라. 그리고 아이가 그동안 잘 알게 된 사물, 동물, 사람의 그림이나 사진을 오려라. 아기가 어려움 없이 알아볼 수 있는 일상적인 품목을 선택하라. 한 페이지는 먹는 것을 주제로 꾸며볼 수도 있다. 미지근한 물로 유리병이나 깡통에 붙은 상표들을 떼어내거나, 광고 전단지에서 식료품 사진을 오려 붙이면 된다. 숟가락 사진을 추가해도 좋다. 고양이 사진이나 그림 등을 붙여 고양이 페이지를 꾸며도 좋을 것이다. 이런 방식으로 '강아지', '목욕', '유모차', '엄마', '아빠', '오빠(형)', '언니(누나)' 등에 대한 페이지들을 만들 수 있다.

좋아하는 장난감이 실린 페이지도 빠져서는 안 될 것이다. 상품 카탈로그나 상자, 포장지 등에 있는 장난감 사진을 활용하라.

놀이 아이와 소파에 앉아서 함께 세상에 단 하나뿐인 이런 책을 보라. 거기에 나온 모든 것을 손가락으로 가리키며 이름을 불러주라. 하지만 먹는 것이라고 해서 매번 "먹는 거!" 이런 식으로 말하지는 마라. 반복이 너무 많으면 아기는 지루해한다. 때로는 입맛 다시는 소리를 내주거나 숟가락을 가리키며, 그것을 사용해 음식을 먹는다고 말해주라. 숟가락 사진을 보며 진짜 숟가락 하나를 손에 쥐여주고는, 아기가 그것이 사진 속의 것과 똑같은 물건임을 아는지 살펴볼 수도 있다. 이렇듯 서로 연결시키고 관계 짓는 능력을 아기는 지난 도약 때 획득했으며, 이제는 넓은 의미에서 '먹는 것'의 개념을 알아가기 시작한다.

응용 아기는 세상에 하나뿐인 책을 오랫동안 즐겨 보면서 경험을 차츰 더 확장시켜나갈 것이다. 아이의 발달에 맞추어 새로운 페이지들을 만들어 책을 보완하면 좋을 것이다. 아이가 자전거에 관심을 보이고 있다면 자전거를 주제로 새로운 페이지를 만든다. 광고지나 잡지 등에서 예쁜 이미지들을 보면 오려두는 것을 습관화하라. 미리미리 자료들을 모아두면 필요할 때 새로운 페이지들을 만들 수 있을 것이다. 페이지마다 아랫부분에 아이가 몇 개월 때 해당 주제(즉 카테고리)에 흥미를 보였는지 적어두면 나중에 소중한 추억거리가 될 것이다. 그러고도 공간이 남으면 아기가 그 페이지를 보며 어떤 반응을 보였는지, 어떤 소리를 냈는지 기록하라.

👑 탁자란 무엇일까?

어른들은 어떤 물건을 순식간에 탁자로 분류한다. 우리는 탁자가 무엇인지 알고 있고, 어떤 물건이 탁자인지 쉽게 분간할 수 있다. 그러나 어떤 물건을 '탁자'로 분류하기까지 우리 두뇌 속에서는 의식할 수 없을 정도로 번개처럼 빠르게 일련의 과정들이 진행된다. 대체 어떤 특성을 지닌 것이 탁자인지 한번 조곤조곤 따져보자. 네 개의 다리 위에 상판이 놓여 있는 것이 탁자일까? 아니다. 가운데에 두툼한 다리 하나만 달려 있는 것도 탁자가 아닌가. 그러면 바닥과 높이 차이가 있고 위에 수평으로 큼직한 판이 달려 있는 걸 탁자라고 할 수 있을까? 아니다. 기둥도 그렇지 않은가. 생각해보면 탁자가 갖는 모든 특성을 언급하는 것이 전혀 쉬운 일이 아니라는 것을 확인하게 된다. 아기는 현재 이런 걸 배워나가고 있는데, 이것은 아기에게 절대로 쉬운 일이 아니다!

그림책

배경 지난번 도약 이래 아기는 그림책에 흥미를 갖게 되었다. 그러나 이제 아기는 전과 다른 방식으로 그림책을 본다. 예전에는 그림과 소리, 또는 그림과 실물을 연결시키는 것이 주된 과제였다면, 이젠 중점이 달라져 그림들을 카테고리로 분류한다. 그러므로 아기에게 이미 친숙한 사람, 동물, 사물의 모습이 담긴 책들을 선택하면 아기가 이런 과제들을 수행하는 데 도움이 될 것이다. 사물을 카테고리로 분류하는 일은 쉽지 않다. 그러므로 각각의 사물, 동물, 사람을 따로따로 묘사한 그림이나 사진이 담긴 책을 골라야 할 것이다. 식물, 동물, 사람이 한데 어우러져 있는 이미지는 아기의 카테고리 분류 작업을 힘들게 한다.

놀이 아기와 함께 그림책을 볼 때는 10분 만에 급하게 해치우지 말고, 충분한 시간적 여유를 가지고 보아야 한다. 그림 속에 담긴 모든 대상의 명칭을 불러주라. 해당 동물의 울음소리 등 이미지에 부합하는 소리를 내는 것 역시 아기는 여전히 좋아할 것이다. 아기는 먼젓번 도약을 통해 그림과 소리를 연결시키는 능력을 획득했으며, 이제 정신적으로 한층 더 성숙했기에 이런 연결이 훨씬 더 수월해진다. 처음에는 아기가 그림을 보고 금세 카테고리로 분류해내는지, 서로 다른 책에 담긴 그림들이 같은 동물을 묘사하고 있음을 아는지 등을 확인하기 어려울 것이다. 카테고리를 배우는 것은 많은 시간이 필요한 까다로운 과제라는 점을 명심하라.

응용 아기와 더불어 다양한 그림책을 보면서, 아기가 그동안 알고 있는 사람, 동물, 사물의 다양한 묘사를 접하게 하라. 아기는 얼마 안 있어 나무 그림, 나무 사진, 실제 나무 사이의 공통점을 배우게 될 것이다. '응용(variation)'이라는 말이 이번 도약의 매직 워드다.

 기억하세요!

세상에는 이 워크북에서 일일이 호명할 수 없는 무지막지하게 많은 카테고리가 있다. 만약 그것들을 일일이 언급한다면 백과사전만 한 책이 될 것이다. 314페이지에 아기가 특히 좋아하는 카테고리를 메모하라. 아기가 해당 카테고리에 관심 있다는 사실이 처음으로 눈에 띈 날짜도 기입하라. 아기는 이번 도약을 마치고도 꽤 오래 카테고리에 몰두할 것이다. 자신의 능력으로 세상을 점점 더 능숙하게 카테고리로 분류할 것이며, 그러면 아기가 그렇게 할 수 있다는 사실이 뚜렷하게 표시 날 것이다.

 동그란, 각진, 노란, 빨간…

이런 개념들 역시 카테고리다. 손가락으로 둥근 물체를 어루만지거나 그림 속 둥근 물체의 윤곽을 따라가면서 '동그랗다(둥글다)'고 말하라. 물체의 모양에 대한 선호가 나타나는 월령이 가령 말과 강아지를 구분하는 월령보다 앞서는 경우가 많다. 평소에 아기가 둥근 모양의 장난감을 주로 가지고 노는지 유심히 보라. 어쩌면 아기에게 이미 좋아하는 색깔이 생겨 가령 빨간 것이라면 다 멋지게 생각할지도 모른다.

🍚 **관찰**

너는 이런 모양을 좋아해.

_____

_____

내가 그걸 어떻게 알았느냐 하면,

_____

_____

_____

<u>토마스, 41주</u> "무슨 물건이든 토마스에게 중요한 것은 그 물건이 동그란 모양이냐는 거예요. 색깔은 아무래도 좋아요. 토마스는 '둥근 것에 꽂혔어요'. 장난감들 앞에 앉아서 순식간에 동그란 모양들만 골라 만족스러운 표정으로 방바닥에 내던져요. 처음에 나는 이런 장난감들을 싫어하나보라고 생각했어요. 그런데 가만히 보니 그런 것 같지 않더라고요. 다른 모양의 장난감들에는 관심을 보이지 않고 그냥 내버려두었거든요. 이제 나는 계속 둥근 것들을 찾아서 토마스에게 줘요. 토마스는 그걸 받자마자 던져버리고는 나에게 다시금 찾아오게 하지요. 토마스는 2주 전부터 이 놀이를 매우 좋아해요!"

'감정 인지' 영역의 놀이들

인간의 감정도 카테고리로 나눌 수 있다. 화가 나거나, 기쁘거나, 초조하거나, 감동스럽거나……. 아기는 이제 엄마의 어조와 해당하는 얼굴 표정의 의미를 파악할 수 있다. 전에는 주변 사람들이 언성을 높이거나 화난 목소리로 이야기하면 혼란스러웠지만, 이제는 목소리나 보디랭귀지, 표정 등에 감정이 담겨 있음을 파악한다.

엄마 화나, 엄마 기뻐

배경 세계를 카테고리로 나눌 수 있는 새로운 능력은 아이로 하여금 엄마를 기쁘게 하는 것이 무엇이고, 화나게 하는 것이 무엇인지 알 수 있게 한다. 그러므로 이제는 아이에게 무엇이 엄마를 기쁘게 하고, 무엇이 화나게 하는지 분명히 알려주는 것이 중요하다. 물론 아기가 말을 안 듣는다고 정말 화를 내거나 벌을 주는 것은 아직 시기상조다. 규칙을 가르치는 일은 빨라도 15개월 정도 지나야 시작할 수 있다. 하지만 놀이를 통해 아이에게 그의 행동이 엄마에게 어떤 감정을 불러일으키는지 알려주는 것은 지금이라도 가능하다. 언제나처럼 여기서도 중요한 것은 아이에게 절대로 헷갈리는 신호를 주어서는 안 된다는 것이다. 커피 잔을 들고 주스 이야기를 하면 안 되는 것처럼, 어떤 행동이 나쁘다는 말을 웃는 표정으로 해서는 안 된다. 아기가 감정을 더 수월하고 신속하게 올바른 카테고리로 분류할 수 있게 하려면 명확한 정보를 전달해야 한다.

놀이 수건이나 종이 한 장을 손에 들고 아기 앞에 앉아 걱정스러운 표정을 지어라. 말투에서도 그런 감정이 묻어나게 하라. 이때는 과장해도 된다. 아니, 과장해야 한다. 이어 수건이나 종이로 엄마의 얼굴을 가린 뒤 잠시 후 수건이나 종이를 치우며 반대되는 감정, 즉 기쁨의 감정을 표현하라. 환하게 웃는 표정을 지으며, 명랑한 어조로 이야기하라. 여기서 중요한 것은 부정적인 감정은 잠시만 표현하고 지나가야 하며, 너무 과장하지 말아야 한다는 것이다. 슬퍼하는 엄마의 모습을 보고 싶은 아기는 없을 것이기 때문이다.

응용 이 놀이에서 중요한 것은 엄마가 진짜로 감정을 느끼는 것이 아니라 아기를 위해 감정을 표현해주는 것이다. 하지만 일부러 보이려고 한 것도 아닌데 엄마에게 격한 감정이 밀려오는 상황들이 있다. 아기가 귀고리를 세게 잡아당긴다거나, 잘못해서 머리끄덩이를 잡는 경우에도 그럴 수 있다. 아기가 일부러 나쁜 의도로 그렇게 한 것은 아니지만, 그럼에도 이제부터는 자신의 행동이 누군가에게 아픔을 줄 수 있음을 가르치는 것이 중요하다. 그러므로 그런 경우 "아야, 아파!"라고 분명히 외치고는 해당하는 표정을 지어라. 말투와 표정으로 엄마의 감정을 확실히 드러내야 한다. 하지만 잠시만 그렇게 하라. 아기로 하여금 죄책감을 느끼게 하려는 것이 아니기 때문이다.

아기가 카테고리 놀이에 푹 빠져 엄마가 아프다고 했는데도 그 말이 끝나자마자 다시금 귀고리를 잡아당길 수도 있다. 이 역시 나쁜 의도로 그런 것은 아니다. 아기는 오히려 '아픔 – 아야! 카테고리'를 가지고 실험하는 것이고, 엄마가 두 번째로 똑같은 반응을 할 것인지 알고 싶어 하는 것이다. 물론 똑같은 반응을 하되 이번에는 더 명백한 반응을 보여주라. 이런 놀이가 절대로 재미있지 않다는 것을 아기에게 분명히 보여줘야 한다.

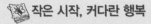

작은 시작, 커다란 행복

아기는 엄마가 세상에서 가장 사랑하는 대상이다. 아이가 늘 그런 존재가 되고, 다른 사람들에게도 사랑받을 수 있도록 하려면 이제부터는 서서히 아이에게 사회적으로 용납되는 태도들을 가르쳐주는 것이 중요하다. 아이가 사회적으로 적절한 행동을 해야 다른 아이들과도 문제 없이 지내고, 좀 더 자라 귀여운 티를 벗은 다음에도 어른들에게 인정받을 것이다. 그러므로 아이에게 인간의 공동생활을 유쾌하게 만드는 토대들을 가르치는 것은 결코 아기를 괴롭히는 것이 아니라, 행복의 기본 요소다.

관찰

너는 이제 표정으로 감정을 표현하는 연습을 해. 때로는 연극이라도 하는 것 같아.
네가 표정으로 의식적으로 표현하는 감정들은 이런 것들이란다.

_____

_____

_____

'엄마 역할 해보기' 영역의 놀이들

아이가 차츰 알아가는 카테고리 중에 '엄마 카테고리'도 있다. 물론 아기가 지금에야 엄마를 알게 된다는 이야기가 아니라(그 시기는 이미 오래전에 지났다), '엄마 역할'을 알게 된다는 것이다. 어떤 아기들은 이런 역할을 아주 흥미롭게 생각해 그것으로 실험을 하고 싶어 한다.

<u>보아스, 37주</u> "현재 보아스 앞에서는 정말이지 아무것도 남아나지 않아요. 손에 닿는 곳에 있는 모든 것을 집어 던지거나 먹으려고 해요. 무슨 분쇄기라도 되는 것처럼 종잇조각이 손에 들어오면 갈기갈기 찢으면서 계속 '마마마마마마마!' 하고 외쳐요. 플레이 펜 안에 앉으면 난간을 잡고 일어서서 나를 따라오려고 해요. 때로는 한 손을 놓았다가, 곧장 바닥에 엉덩방아를 찧고 말지요! 내가 청소를 하면 기어서 진공청소기 뒤를 쫓아다녀요. 진공청소기 뒤에서 나오는 바람을 얼굴에 맞아 머리칼을 휘날리면서 말이에요. 아휴, 식기 세척기를 정리할 때면 일단 위험한 물건들을 치워놓고 나머지는 보아스에게 넘겨줘요. 보아스는 이미 문턱에 앉아 기다리고 있지요."

인형 놀이

배경 아이와 함께 엄마 역할 놀이를 하기 전에 아기가 엄마 놀이에서 정확히 어떤 것을 흥미로워하는지 알아야 한다. 어떤 아기는 인형에게 우유 먹이는 걸 좋아하고, 어떤 아

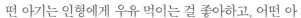

기는 인형을 그냥 데리고 다니는 걸 좋아한다. 엄마의 일 중 어떤 것을 좋아하는지는 아기의 관심사에 따라 다르다. 그러므로 자신이 생각한 놀이로 아이를 끌어들이기 전에 아기 스스로 무엇을 하고 싶은지 선택하도록 일단 기다려주어야 한다. 아기가 이런 놀이에서 무엇을 중요하게 생각하는지 알면 아기가 엄마 놀이를 할 때 더욱더 뒷받침을 잘해줄 수 있을 것이다. 경우에 따라 아기는 엄마가 아니라 아빠 역할을 하려고 할 수도 있다. 아기가 엄마 역할을 좋아하는지, 아빠 역할을 좋아하는지는 아기가 엄마, 아빠 둘 중 누구를 더 좋아하는지와 전혀 상관없는 일이다. 그것은 그냥 흥미의 문제다. 여자아이라고 꼭 '엄마 놀이'를 좋아하고 남자아이

라고 꼭 '아빠' 역할을 좋아하는 것은 아니다. 엄마와 함께 '부모라는 카테고리'를 연습하기 위해 여자아이가 아빠 역할을 하려고 할 수도 있다.

놀이 아기에게 우유병과 인형을 주고 아기가 인형에게 우유를 주려고 하는지 관찰해보라. 그런 제스처를 보이면 충분히 칭찬해주고 아이의 행동을 이런 식으로 묘사해주라. "인형 아가가 목이 마르대. 우유를 먹고 싶대. 이런? 우리 예쁜이가 벌써 주고 있어? 아유, 잘했어. 우리 예쁜이가 인형에게 우유를 주고 있네."

아기가 우유병을 거꾸로 든 채 인형의 얼굴에 대주거나, 심지어 인형의 귀에 우유병을 대줄지도 모른다. 여기서는 그런 행동을 고쳐주면 안 된다. 아기에게 우유를 먹이려면 우유병을 조심스레 입에 대고 병을 약간 들어주어야 한다는 것을 아기는 아직 파악하지 못한다. 여기서는 다만 인형에게 '마실 것을 주면서' 평소 엄마의 역할을 모방하고 있다는 점이 중요하다. 물론 엄마가 우유를 한 모금 먹을 수 있겠느냐고 아기에게 물어보아도 좋다.

어떤 아기들은 인형에게 우유를 줄 생각을 하지 않고, 그냥 인형을 데리고 다니는 걸 좋아할 것이다. 이미 기어 다니는 아기는 인형을 끌고 온 방 안을 누빌 수도 있다. 인형을 소파에 눕혔다가, 탁자 밑에 두었다가, 플레이 펜 안에 두었다가 하면서 말이다. 아기가 아직 기지 못하는 경우엔 인형을 잡을 수 있는 범위에서 여기 놓았다 저기 놓았다 할 것이다. 아니면 엄마에게 인형을 특정 위치로 가져다달라는 의사표현을 할지도 모른다. 아기가 원하는 것이 정확히 무엇인지 알 수 없을 때도 많겠지만, 마음을 다해 아기에게 맞춰주다보면, 시간이 흐르면서 아기가 원하는 것을 알 수 있게 될 것이다.

관찰

엄마/아빠 놀이를 할 때 넌 이렇게 노는 걸 가장 좋아해.

_____

_____

_____

_____

_____

우, 우, 우

엄마는 그동안 아기가 스스로 즐겨 발음하거나, 알아듣게 된 특정 음절이 있다는 걸 알고 있을 것이다. 이 역시 카테고리, 즉 소리 카테고리에 속하는 것이다. 아기는 스스로 이런 음절을 말하거나, 엄마가 그런 음절을 말하면 웃을 것이다. 아기가 왜 웃는지 알 수 없는 경우엔 엄마가 방금 했던 말을 다시 한 번 천천히 발음해주며, 어떤 말 또는 음절에서 아기가 웃는지 주의해서 보라. 아기는 귀에 쏙 들어오는 음절에서 웃음을 보일 것이다. 아기의 웃음은 '내가 알아들었어!'라는 의미다.

　아기가 처음엔 아무 음절에도 반응하지 않는다 해도 이런 놀이를 계속할 수 있다. 아이의 눈을 쳐다보며, "우, 부, 무, 이, 티, 피……" 하면서 여러 가지 다양한 음절을 발음해주라. 물론 이런 음절들을 너무 빠르게 발음하면 안 된다. 아기가 소리를 듣고 처리하고, 경우에 따라 웃을 수 있는 시간을 주라. 이런 놀이를 계속하면서 아기가 어떤 음절에 반응하는지 유의하라. '좋아하는 음절'이 생기면, 며칠 간 그것을 가지고 놀이를 하라. 그러다보면 아기는 금방 그에 대한 흥미를 잃게 될 것이다. 아기는 새로운 것을 알게 되거나, 무엇인가를 분류하고 나면 잠시 그것에 흥미를 보이지만 그런 능력을 마스터하자마자 지루해한다. 그러면 이제 새로운 것으로 옮겨갈 때가 된 것이다.

🍲 관찰

네가 좋아하는 음절은 이런 것들이야.

_____ (날짜) _____ - _____ - _____

_____ (날짜) _____ - _____ - _____

_____ (날짜) _____ - _____ - _____

_____ (날짜) _____ - _____ - _____

'카테고리' 영역에 속한 다른 놀이들

– 아이와 함께 숲을 산책하며 젖은 나뭇잎, 풀, 흙, 모래, 작은 돌 등 여러 가지를 만져보고 느끼게 해주라. 이런 방식으로 아기는 다양한 촉감에 친숙해질 수 있다. '촉각' 또는 '촉감'도 카테고리다. 어떤 것들은 부드러운 느낌이 나고, 어떤 것들을 딱딱한 느낌이 나고, 어떤 것들은 차갑고, 어떤 것들은 따뜻하다. 어른들은 뭔가를 보면 그것이 어떤 느낌이 날지 대략적으로 말할 수 있다. 가을비 내린 날, 습기 머금은 채 땅에 떨어져 있는 갈색 단풍잎은 부드럽고 촉촉하며 약간 미끈거린다. 잎맥은 딱딱하다. 어른들은 특유의 반짝임을 보면 그것들이 젖어 있다는 것을 단번에 안다. 이 역시 카테고리의 예들이다. 아기에게 여러 가지를 만져보고 감촉을 느껴볼 수 있도록 하라. 아기는 이제 감각적 인상을 카테고리로 분류하는 법을 배우게 될 것이다.

- 아기와 함께 동물원이나 시내, 숲, 공원 등 여러 장소를 방문하라. 엄마와 함께 자전거를 타면 아기는 매우 즐거워할 것이다.

- 아기의 손에 거울을 쥐여주고, 아기가 거울을 가지고 무엇을 하는지 관찰하라. 어떤 아기는 이야기하기 시작할 것이고, 어떤 아기는 오래오래 거울을 쳐다보다가 마지막에 가벼운 한숨을 내뱉을지도 모른다. 아기는 거울 속에 비친 자기 자신의 모습을 유심히 관찰하고 거기서 모은 정보들을 특정 카테고리로 분류할 수 있다.

- 아기는 이제 간단한 '지시'를 수행하는 걸 좋아한다. 아기에게 머리빗이나 인형 또는 다른 물건들을 달라고 말하라. 뭔가를 찾아보라고 지시하라. 아기의 손이 닿을 수 있는 곳에 다양한 물건들을 가져다놓고 가령 숟가락이 어디 있느냐고 물어보라. 여기서 중요한 것은 엄마는 그것이 어디 있는지 모르는 척, 아기의 도움이 필요한 척하는 것이다. 아기를 충분히 칭찬해주는 걸 잊지 마라. 아기의 도움에 감사를 표하면서 아기가 다른 사람을 도우려는 마음가짐을 가진 사람으로 성장할 수 있도록 장려하라. 그 밖에도 이 놀이를 통해 아기가 이미 어떤 말을 알아듣는지 분간할 수 있다.

🦆 관찰

너는 이런 카테고리에 가장 흥미를 보인단다.

카테고리

_____ (날짜) _____ ‒ _____ ‒ _____

_____ (날짜) _____ ‒ _____ ‒ _____

_____ (날짜) _____ ‒ _____ ‒ _____

_____ (날짜) _____ ‒ _____ ‒ _____

_____ (날짜) _____ ‒ _____ ‒ _____

_____ (날짜) _____ ‒ _____ ‒ _____

_____ (날짜) _____ ‒ _____ ‒ _____

_____ (날짜) _____ ‒ _____ ‒ _____

_____ (날짜) _____ ‒ _____ ‒ _____

_____ (날짜) _____ ‒ _____ ‒ _____

_____ (날짜) _____ ‒ _____ ‒ _____

_____ (날짜) _____ ‒ _____ ‒ _____

_____ (날짜) _____ ‒ _____ ‒ _____

_____ (날짜) _____ ‒ _____ ‒ _____

_____ (날짜) _____ ‒ _____ ‒ _____

_____ (날짜) _____ ‒ _____ ‒ _____

_____ (날짜) _____ ‒ _____ ‒ _____

_____ (날짜) _____ ‒ _____ ‒ _____

_____ (날짜) _____ ‒ _____ ‒ _____

_____ (날짜) _____ ‒ _____ ‒ _____

🐟 육아 일기

지금 너는 이런 모습이란다!

(사진을 붙이세요.)

우리는 이런 특별한 순간들을 함께했지.

_____

_____

_____

_____

_____

_____

_____

_____

_____

_____

지금 그리고 나중을 위해

"세월이 진짜 빨라요. 어쩌다보니 아이가 금세 커버렸어요!" 우리는 이런 말들을 자주 듣는다. 정말 그렇다. 아기가 갓 태어나면 엄마, 아빠는 아기가 빨리 자라 아기와 좀 더 많은 것을 같이하기를 바란다. 얼른 말도 하고 걸음마도 했으면 좋겠다고 생각한다. 하지만 아기가 어느덧 자라 말도 하고 걸어 다니면, 부모는 아쉬운 마음으로 갓난아기 시절을 돌아보고 그리워한다. 다른 많은 엄마처럼 어느 날 눈물을 머금고 사진첩이나 육아일기를 넘길 것이다. 그러나 사진은 많은 이야기를 해주지 못한다. 사진들은 아기가 언제 몸무게가 얼마나 불었는지 말해주지 못하며, 특별한 순간을 구체적으로 포착하지 못한다.

　도약이 찾아오면 아기는 엄마에게 과도하게 달라붙고, 짜증 내고 칭얼댄다. 이때마다 아이와 부모는 어려운 시기를 보내게 된다. 이런 시기는 간격을 두고 되풀이되며, 언제 이런 시기가 찾아올지 예측할 수 있다. 약 5주, 8주, 12주 등 아기는 생후 20개월간 총 10회 도약을 한다. 그러면 생후 중요한 첫 발달기가 마무리된다.
도약이 어려운 시기를 동반하는 것은 공연한 일이 아니다. 각각의 도약 때마다 아기는 새로운 인지능력과 학습능력을 획득하며, 이로 인해 갑자기 아기의 세계가 뒤죽박죽된다. 아기는 이제 주변을 다르게 지각하고 이해하며 지금까지와 다른 것들을 할 수 있다. 기본적으로 도약 이전과 같은 것은 아무것도 없다. 아기는 이제 나름의 방식으로 새로운 세계를 탐구하기 시작한다. 우선적으로 자신이 끌리는 것, 자신의 개성에 부응하는 것에 관심을 가지면서 말이다.

『엄마 나는 자라고 있어요 워크북』을 이용해 아기와 함께 경험하는 것들을 기록하면 좋을 것이다. 아기가 처음으로 소리를 내어 웃었거나, 처음으로 당신의 코를 쥐었던 것과 같은 특별한 순간들을 기록하라. 중요한 것은 아기의 발달을 세세하고 정확하게 메모하는 것이다. 종종 세부적인 것에서 커다란 행복을 맛볼 수 있다. 이렇게 기록하다보면 아이의 개성을 발견하는 데 도움이 될 것이다.

육아 궁금증을 해결하고 아이 개성을 발견하는 체크리스트 가득

엄마, 나는 자라고 있어요 워크북

초판 1쇄 발행 2016년 7월 20일 | 초판 8쇄 발행 2023년 1월 10일

지은이 프란스 X. 프로에이 | 옮긴이 유영미

펴낸이 신광수
CS본부장 강윤구 | 출판개발실장 위귀영 | 출판영업실장 백주현 | 디자인실장 손현지
단행본개발팀 권병규, 조문채, 정혜리
출판디자인팀 최진아, 당승근 | 저작권 김마이, 이아람
채널영업팀 이용복, 우광일, 김선영, 이채빈, 이강원, 강신구, 박세화, 김종민, 정재욱, 이태영, 전지현
출판영업팀 민현기, 최재용, 신지애, 정슬기, 허성배, 설유상, 정유
영업관리파트 홍주희, 이은비, 정은정
CS지원팀 강승훈, 봉대중, 이주연, 이형배, 이우성, 전효정, 장현우, 정보길

펴낸곳 (주)미래엔 | 등록 1950년 11월 1일(제16-67호)
주소 06532 서울시 서초구 신반포로 321
미래엔 고객센터 1800-8890
팩스 (02)541-8249 | 이메일 bookfolio@mirae-n.com
홈페이지 www.mirae-n.com

ISBN 978-89-378-3876-7 03370

* 북폴리오는 ㈜미래엔의 성인 단행본 브랜드입니다.

* 책값은 뒤표지에 있습니다.

* 파본은 구입처에서 교환해 드리며, 관련 법령에 따라 환불해 드립니다.
  다만, 제품 훼손 시 환불이 불가능합니다.

북폴리오는 참신한 시각, 독창적인 아이디어를 환영합니다.
기획 취지와 개요, 연락처를 bookfolio@mirae-n.com으로 보내주십시오.
북폴리오와 함께 새로운 문화를 창조할 여러분의 많은 투고를 기다립니다.

유치원 선생님이 직접 뽑은

솜사탕 CD book

BEST 30곡

유치원에서
아이들이 즐겨 부르는

인기 동요

200×200mm | 60쪽 | 값 5,500원

BEST 50곡

영어 유치원 선생님이
직접 뽑은

영어 동요

200×200mm | 60쪽 | 값 5,500원

BEST 25곡

EBS
송지현 교수가 뽑은

중국어 동요

200×200mm | 60쪽 | 값 5,500원

BEST 27곡

영어 발음의 원리를
쉽게 익히는

알파벳 파닉스

200×200mm | 60쪽 | 값 5,500원

BEST 29곡

유아 교육학자가
추천하는

자장노래

200×200mm | 60쪽 | 값 5,500원

동요를 많이 듣고
부르게 하세요!
유아 언어 발달에
큰 도움이 됩니다!

미래를 밝히는 힘 **Mirae N** 아이세움　서울특별시 서초구 신반포로 321　미래엔 고객센터 1800-8890　http://cafe.naver.com/iseum